新时代 北京卷
教育文库

北京医科大学附属小学

五育融合视角下的小学校大课程

田国英◎著

中国言实出版社

图书在版编目(CIP)数据

五育融合视角下的小学校大课程 / 田国英著.
北京：中国言实出版社，2025.1. -- ISBN 978-7-5171-
5052-7

Ⅰ. G622.3

中国国家版本馆CIP数据核字第2025SY3285号

五育融合视角下的小学校大课程

责任编辑：史会美
责任校对：李　岩

出版发行：中国言实出版社
　　　　地　　址：北京市朝阳区北苑路180号加利大厦5号楼105室
　　　　邮　　编：100101
　　　　编辑部：北京市海淀区花园北路35号院9号楼302室
　　　　邮　　编：100083
　　　　电　　话：010-64924853（总编室）　010-64924716（发行部）
　　　　网　　址：www.zgyscbs.cn　　电子邮箱：zgyscbs@263.net

经　　销：新华书店
印　　刷：北京虎彩文化传播有限公司
版　　次：2025年5月第1版　　2025年5月第1次印刷
规　　格：710毫米×1000毫米　　1/16　　18印张
字　　数：220千字

定　　价：89.00元
书　　号：ISBN 978-7-5171-5052-7

作者简介

　　田国英，2010 年至 2024 年担任北京医科大学附属小学书记、校长；2024 年 12 月至今担任学校党总支书记，高级教师。曾获全国特色教育先进工作者、国家教师科研基金"十二五"科研优秀校长、北京市学生综合素质评价工作先进个人、海淀区"三八"红旗手、海淀区优秀党务工作者、海淀区优秀教育工作者等荣誉称号。著有《灵动生长 一起向未来》，主编《以心育心 让生命灵动绽放》《经典润心》《剪纸》等，并有《基于学生核心素养的小学课程一体化建设》《以"多彩"教育 筑就学生七彩人生》《以特色任务群推动劳动教育有效落实》《"双减"推行以来，课后服务成效如何？》等多篇论文获奖及在核心期刊上发表。

文库编委会

主　任：顾明远

编　委：（以下按姓氏笔画排序）

尹后庆　代蕊华　朱卫国　朱旭东

李　烈　李有毅　吴颖民　陈如平

罗　洁　姚　炜　唐江澎　韩　平

褚宏启

总　序

　　党的二十大报告中指出，"高质量发展是全面建设社会主义现代化国家的首要任务"、"教育、科技、人才是全面建设社会主义现代化国家的基础性、战略性支撑。必须坚持科技是第一生产力、人才是第一资源、创新是第一动力，深入实施科教兴国战略、人才强国战略、创新驱动发展战略，开辟发展新领域新赛道，不断塑造发展新动能新优势"。为深刻领会以习近平同志为核心的党中央作出这一战略部署的深义和赋予教育的新使命新任务，加快建设教育强国，加快推进教育高质量发展，展示新时代我国基础教育的发展变革和取得的重大成就，中国言实出版社策划、出版了"新时代教育文库"丛书。

　　进入新时代以来，教育系统全面贯彻党的教育方针，落实立德树人根本任务，培养德智体美劳全面发展的社会主义建设者和接班人；促进教育公平、提升教育质量，加快推进教育现代化，办好人民满意的教育。教育的中国特色更加鲜明，教育面貌正在发生格局性变化。新时代以来，我国教育普及水平实现了历史性跨越，更好地保障了人民受教育的机会；教育服务能力稳步提升，为国家重大战略实施和经济社会发展提供了强大的人才和智力支撑；教育改革开放持续深化，服务全民终身学习的教育体系进一步完善。"新时代教育文库"丛书记录了、见证了基础教育事业的发展变革，对研究我国基础教育具有一定的史料价值。

　　本丛书选题视野开阔，立意深远。丛书以地区分卷，入选学校办学特色鲜明、教学教研成果突出，既收录了办学者、管理者高水平的理论研究创新成果，也收录了一线教师对课堂教学的真实感悟案例，收录了一线管理者的成功经验总结，这些，对基础教育工作者、研究者具有一定的参考价值。

　　是为序。

著名教育家，中国教育学会名誉会长、北京师范大学资深教授

2022 年 12 月

— 序 —

五育融合的关键在于深入理解五育

五育并举的根本目标在于培养全面发展的社会主义建设者与接班人，这是今天我国各级各类学校推进五育并举工作的出发点和归宿，也是所有五育工作者需要时刻谨记的行动纲领。

从学校教育工作的实际情况来看，五育并举是当前备受关注的学校教育探索方向，也是很多教育实践者发挥聪明才智努力投入的重要工作主题。在当前的探索中，一些学校教育实践者主要从补齐五育中的短板着手，把过去没有充分重视的体育、美育或劳动教育抓起来。另有一些学校主要从建构五育体系出发，把五育工作和学校特色办学充分结合起来，努力探索既体现学校育人特色又能推动五育工作系统化和实效化的创新型办学模式。需要注意的是，一些学校在深入推动五育工作系统化的过程中，也遇到了五育工作分离化带来的巨大挑战和冲突，越来越多的教育者意识到今天开展的五育并举更需要在五育的有机融合中得到整体实践。但是，五育要做到融合并不容易，毕竟很多学校开展的五育工作本身就是分离化思维的结果。因此，对五育融合的学校探索需要直面两个问题：一是对五育本身认识的澄清；二是对五育融合机理和瓶颈的揭示。

事实上，今天有两个意义上的五育：一是作为教育效果或学生发展维度的五育；二是作为学校教育工作领域的五育。在马克思主义教育理论中，人的全面发展可具体化为德智体美劳五个纬度，因此作为教育效果或学生发展维度的五育本身是一种理论认识上的分离态，也可以理解为五个不同的维度和方面。在目标导向思维下，教育目标效果或学生发展维度上的五育在学校教育工作体系上会形成作为学校教育工作领域的五育，这个意义的五育主要是为了实现教育效果或学生发展的五个维度目标。但是，需要注意的是，学校教育工作领域意义上的五育是现实的五育，也是行为活动化的五育，因此这个意义上的五育就不会完全等同于理论认识上的相互分离态。具体来说就是，现实中的很多五育活动本身就具有超越自身五育定位的多种效果和功能。比如，很多体育工作和活动就有不同水平的德智美劳教育效果，很多劳动教育工作和活动也会有德智体美上的教育效果。从对五育这两个层面的认识的澄清可以看出，理论认识上的五育分离可以是清晰的，而实践活动上的五育则是可以实现融合或一体化的。在这个意义上说，我们教育者可通过融合或一体化的五育实践来实现理论层面可分维度的五育效果。

在今天，实现实践活动上的五育融合最需要突破的是把单育化的教育活动进行其他诸育维度的开发。从根本道理来说，单育化的教育活动常常具有其他诸育的效果和作用，只是在设计实施之初没有考虑如何发挥其他方面教育的价值和功能。因此，把单育化的教育活动进行其他诸育的开发就是从五育的维度重新审视这些教育活动的可能价值与功能，考虑如何通过合理的内容和方式优化来实现从单育化到多育化的拓展。例如，推动五育融合的教育者要检验作为美育的音乐课教学是否本身就有德育和智育的内涵，或者通过在不改变美育性质和功能的前提下多加入一些德育内容元素来增加德育价值和功能。如果学校教育工作者能够娴熟地进行这种开发实践和操作，那五育融合的状态和效果就具有更大的可能性。

这本书体现了对五育融合实践的学校特色化实践，正是很多学校都在努力探索的五育融合新实践。多年前，我曾去海淀区北京医科大学附属小学进行参观学习，当时就对学校的特色化育人实践留下深刻的印象，今天拿到了这个书稿后更是感慨这所学校和学校领导多年持之以恒的追求和坚持，学校提出的"康+"文化让人印象深刻。

　　由于本书的内容很丰富，对其中很多内容的深入理解还需要更多时间，就借着本书的主题写一些想法与作者一起和各位读者朋友交流。

北京师范大学教育学部副部长、教授

2025 年 3 月

前　言

在北医附小，我倾注了十余载教育生涯的大部分心血与时光，与学校一同成长，校园生活早已渗透融入我的日常，成为生命中不可或缺的、紧密相连的一部分。小学是孩子们踏入社会的第一片土壤，滋养着未来的种子，孕育着孩子们的希望与梦想。在这里，知识的种子被播撒，品格的基石被奠定，梦想的翅膀也开始扇动，准备翱翔。

教育的面貌正经历着前所未有的深刻变革，在北京市海淀区这片充满无限活力的土地上，我有幸成为这场波澜壮阔的教育变革的亲历者与见证者。在"五育融合"教育理念的指引下，我深入参与并探索实践了学校"康+"课程体系，见证了它的诞生与成长，最终汇聚成眼前的这本《五育融合视角下的小学校大课程》。

"五育融合"，即德育、智育、体育、美育、劳动教育的和谐统一，是新时代教育发展的迫切要求，也是培养全面发展的社会主义建设者和接班人的必由之路。在这个快速变化的社会环境中，新一代面临着前所未有的挑战与机遇，学生们需要具备更加全面、更加综合的能力与素质来应对未来成长过程中的不确定性。因此，如何在小学这一关键阶段，通过构建与实施"大课程"来实现"五育"深度融合，成为我长期思考与实践的核心问题。

可以说，"康+"课程体系是我们在"五育融合"教育理念引领下，结合北医附小的独特优势与时代需求而精心打造的一项课程创新。"大课程"

并非传统意义上的学科课程的简单堆砌，而是一种超越学科界限，以学生为中心，注重实践与创新，促进学生全面发展与个性成长的全新课程形态。在"五育融合"的视角下，"康+"课程体系是一个相互关联、相互促进的有机整体，共同编织成学生成长成才的立体"网络"载体。

本书分为四篇。第一篇回溯了北医附小的历史沿革与文化底蕴，以历史的智慧为基石，以时代的呼唤为动力，梳理了具有鲜明北医附小特色的课程体系的构建背景。第二篇聚焦于"康+"课程的数次迭代与升级，通过展现"五育融合"背景下"康+"课程体系的更新与构建思路，展现了课程体系构建的关键节点与系统结构。第三篇从理论跨越到实践，通过一系列生动具体的案例还原了"康+"课程体系在学校实施的真实场景，对"康+"课程体系的实施成果进行全面深入的剖析，无论是学生"六力"素质的提升，还是教师教学观念的转变，都充分体现了"五育融合"理念在课程实践中的引领价值。第四篇是对未来学校课程发展的进一步反思与展望，持续推动课程体系的优化与发展，需要我们不断反思与探索。

撰写此书，既是对自己多年教育实践经验的系统梳理与总结，也是对未来教育趋势的一次深刻洞察与前瞻。我希望通过此书让更多的人了解北医附小的教育理念与课程实践成果，共同推动基础教育事业的繁荣发展。每当看到孩子们在"五育融合"的课堂上绽放出灿烂的笑容，听到他们自信而坚定的声音，我便更加坚定了前行的步伐。

这本书既是对过去的回顾，更是对未来的期许。十余万字的书稿可能仍有不足之处，但贵在真实、情真意切。愿这本书能够抛砖引玉，成为连接理论与实践的桥梁，激发更多教育者思考、行动，共同推动"五育融合"的真正落实，为孩子们的健康成长与全面发展贡献我们的智慧与力量。最后，愿这本书能让每一位读者都能受益，共同书写教育的美好未来。

目　录

第二篇　上下求索　引领课程建设方向

第三篇　五育融合　夯实全面育人六力

第一篇

启思引航 深耕基础教育沃土

在教育的浩瀚星空中，我始终仰望着指引方向的星辰，脚踏实地，以初心为舵，以使命为帆，深耕基础教育沃土。初心源于对知识的敬畏，对孩童的期许，对教育本质的深刻洞察与不懈追求。正如种子深埋土下，虽不见其形，却以顽强之力破土而出，向着光明与希望的天空奋力生长。新时期的教育改革方向，引领着我们在时代浪潮中破浪前行，在变革的洪流中，更需成为那勇敢的弄潮儿，每一份努力、每一滴汗水都将浇灌生命之花，只为那最绚烂的灵动之心的绽放。

第一章　新时期教育改革下的"风向标"

教育之重，重于泰山。着眼于新时期基础教育现代化改革发展的时代要求，中小学要全面落实立德树人根本任务，更好地肩负起"办人民满意的教育"的使命。"问渠那得清如许，为有源头活水来。"作为校长，我肩负重任，学校培养什么样的人，取决于时代需要什么样的人，以及教育面向未来需要什么样的人。基于国家政策与教育方针的要求，我反复研究得出结论：根植新时期教育改革的沃土，才能培养出符合时代要求的、具备未来竞争力的优秀人才。

一、从素质教育谈素养教育

谈及素质教育，我们已不陌生。回顾我国基础教育改革的历程不难发现，从素质教育的提出，到课程改革的实施，再到核心素养的深化，这一系列举措构成了教育改革顶层设计的有机链条，环环相扣，一脉相承。

从素质教育到素养教育，是我国基础教育改革历程的重要里程碑。1999年6月，中共中央、国务院在北京召开改革开放以来的第三次全国教育工作会议，发布了《中共中央　国务院关于深化教育改革全面推进素质教育的决定》，分析了面向21世纪的中国基础教育改革和发展的形势，阐释了全面推进素质教育的重要性，提出了下一阶段的工作任务。此后，素质教育在全国范围内普遍实施。2001 年，义务教育阶段课程改革国家级实验在全国 38 个县、区进行，旨在建立符合素质教育要求的基础教育课程教材体系，以课改为核心带动基础教育变革。

2013 年，教育部委托北京师范大学林崇德教授及其团队研究学生核心素养问题，正式启动"我国基础教育和高等教育阶段学生发展核心素养总体框架研究"项目，表明我国正式进入核心素养研究和教育阶段。2014 年，教育部印发《关于全面深化课程改革落实立德树人根本任务的意见》，首次提出"研究制订学生发展核心素养体系和学业质量标准"，把核心素养置于深化课程改革、落实立德树人根本任务的首要位置，学校开始积极探索素养教育的实施路径。

2016 年，《中国学生发展核心素养》研究成果正式颁布，给基础教育改革带来了新挑战、新方向。学生发展核心素养主要指学生应具备的、能够适应终身发展和社会发展需要的必备品格和关键能力。以科学性、时代性和民族性为基本原则，以培养全面发展的人为核心，分为文化基础、自主发展、社会参与三个方面。综合表现为人文底蕴、科学精神、学会学习、健康生活、责任担当、实践创新六大素养，具体细化为十八个基本要点。其中提到的三个方面、六大素养、十八个基本要点是培养全面发展的人的清晰指向。

2016 年，教育部在《关于全面深化课程改革落实立德树人根本任务的意见》指导下，明确提出中国学生发展核心素养的概念、体系及指标，系统阐释学生应具备的适应终身发展和社会发展需要的必备品格和关键能力。学生发展核心素养是一个多维度、多层面、动态发展的概念，对学生全面发展和终身发展有利并能够为学生的学习生涯和未来生活、工作奠定基础。

时代变迁促使整个社会对人才的核心素养要求也已迭代升级。[①] 从素质教育到第八次基础教育课程改革，再到核心素养，都是国家教育改革意志的体现。美国著名教育家杜威曾说："教育不是把外面的东西强迫儿童或青年去吸收，而是需要使人类与生俱来的能力得以生长。"尽管育人的"参照"在不断变化，但教育规律和学生成长的规律不变。从"素质"到"核心素养"是关于培养什么样的人的进一步追问，核心素养是对素质教育内涵的具体阐述，使得新时期素质教育目标更加清晰，内涵更加丰富，也更具备指导性和可操作性。

我亲历并见证了从素质教育到素养教育的深刻转变，这是国家对教育理念的持续深化，也映射出社会对人才需求的根本性变化。回望基础教育改革，素质教育无疑是一座重要的里程碑，更如同一股强劲的东风，吹遍全国的每一个角落。随着时代的进步和发展，我逐渐意识到，素质教育固然重要，但仅仅停留在"全面"和"多元"的层面还不够，我们需要进一步关注学生的核心素养，尤其是小学阶段，需要培养孩子们能够适应未来社会发展和个人终身发展所必需的品格和关键能力。在实践中，我也逐渐认识到，素质教育和素养教育并不割裂，而是相互融合、相互促进的。素质教育为素养教育提供了坚实的基础和丰富的资源，而素养教育则是对素质教育的深化和升华。因此，需要更加注重二者的有机结合，实现优势互补、协同发展，既关注学生的全面发展，又注重培养核心素养；既注重知识的传授，又注重能力的培养和价值观的塑造。

我深知，当前很多学校过于追求学生的"好成绩"，过分强调对"标准答案"的精准研究和判断，甚至要求小学生处处谨慎小心，唯恐出错，在面对生活实践问题的时候，也没有勇气和创新思考的主见。这样看似

---

① 朱英杰. 北京师范大学中国教育与社会发展研究院教授褚宏启：提升孩子在一辈子生活中都需要的素养 [N]. 人民政协报，2024-11-05（10）.

"听话"的"好孩子",在生活中也会因为惧怕权威表现得畏手畏脚,甚至会为迎合他人标准而表里不一,难以真实面对自我。教育应当培养一个生命体在持续的生命历程中、在未来一辈子生活中所需要的素养,而不是一时成绩的高低。教育要帮助孩子过好这一生,而非仅仅关注他们在某一阶段的一时表现。

教育直接决定着一个国家和民族的未来,基础教育具有全局性、基础型、先导性作用。因此,我认为,北医附小提供的教育应该是这样的:注重培养学生的批判性思维、创新能力和社会责任感,鼓励学生参与社会实践、了解社会、服务社会,培养孩子们的公民意识和社会责任感;加强跨学科学习和研究,打破学科壁垒,进行综合性学习和探索,提升学生的核心素养;注重个性化发展,尊重每个学生的兴趣、特长与潜能,激发学生的内在动力,成就自我;融入信息技术教育,培养学生的数字素养,为终身学习打下坚实的基础;构建一个开放、包容、富有创新精神的校园文化,鼓励学生表达自我,勇于尝试,不怕失败……迎着教育现代化的浪潮,聚焦学生核心素养的培养,我将用赤诚与热爱的力量,搭建属于北医附小学子的成长乐园。

二、从"五育并举"到"五育融合"

早在 1912 年,蔡元培在《对于新教育之意见》中就提出了"五育"思想,即军国民教育、实利主义教育、公民道德教育、世界观教育、美感教育。虽然与当前提的"五育并举"有差异,但基本上都覆盖了德、智、体、美、劳的内容。2019 年,《中共中央　国务院关于深化教育教学改革全面提高义务教育质量的意见》明确提出"坚持'五育'并举",强调要"突出德育实效""提升智育水平""强化体育锻炼""增强美育熏陶""加强劳动教育",以此全面发展素质教育。

自 2018 年习近平总书记在全国教育大会上提出"构建德智体美劳全面培养的教育体系"以来，全国各地大中小学都在开展基于"五育并举"的实践探索，随着"五育并举"育人模式探索的持续推进，当前有关从"五育并举"走向"五育融合"的主张也屡见不鲜。在一些实施方案中，强调"五育并举"的同时也提出了"五育融合"的思想，为落实"五育并举"，走向"五育融合"提供了政策依据。2019 年，中共中央、国务院发布的《中国教育现代化 2035》明确提出，更加注重学生全面发展，大力发展素质教育，促进德育、智育、体育、美育和劳动教育的有机融合。2020 年，中共中央、国务院发布《关于全面加强和改进新时代学校体育工作的意见》，提出学校体育对于培养学生爱国主义、集体主义、社会主义精神和奋发向上、顽强拼搏的意志品质，实现以体育智、以体育心具有独特功能。《关于全面加强新时代大中小学劳动教育的意见》指出，劳动教育具有树德、增智、强体、育美的综合育人价值。可见，从"五育并举"走向"五育融合"是国家政策的任务要求。

我深耕一线教学多年，也持有同样观点。这也是因为，人作为一个有机体，其发展具有整体性，一个领域的发展总会对其他领域产生影响，并以其他领域的发展作为条件。"五育并举""五育融合"作为新时代我国教育教学改革和发展的重要政策概念，既有区别又相互关联。"五育并举"主要针对全面发展教育体系问题，强调全面性、完整性，而"五育融合"主要针对全面发展教育机制与方法问题，强调融通性、有机性。[①]在学校实现五育并举，进一步深入推进五育融合，是一项具体而复杂的系统工程。

漫步于北医附小这方教育沃土，我时常思考，如何将"五育并举"的种子深植于心，又如何让"五育融合"的花朵绚丽绽放。这不仅是对

---

① 石中英，董玉雪，仇梦真. 从"五育并举"到"五育融合"：内涵、合理性与实现路径 [J]. 中国教育学刊，2024（02）：65-69.

教育理念的深刻领悟，更是对教育实践的细腻雕琢。在北医附小这片充满无限可能的天地里，我们首先要做的，是打破传统教育的壁垒，让德育、智育、体育、美育、劳动教育不再是孤立的存在，而是如同五彩斑斓的丝线，交织成一幅幅生动的教育画卷。实现五育并举，首先需要在课程设置上力求全面，确保每一门课程都能成为孩子们成长的阶梯。同时，注重"五育融合"的实践探索，让教育不再是简单的知识灌输，而是成为孩子们全面发展的助推器。这需要教师拥有跨学科的教学视野，将不同领域的知识与技能巧妙融合，设计出既富有挑战性又充满趣味性的教学活动。

校园文化与环境的营造是推进"五育融合"不可或缺的一环。学校占地面积不大，但我的期望始终是打造一个小而精、小而美的校园，为孩子们提供一个充满爱与尊重的校园环境，让每一个角落都成为孩子们学习与成长的乐园。图书馆里，孩子们可以沉浸在书海中，寻找智慧的火花；艺术画廊里，孩子们可以欣赏到各种艺术作品，感受美的力量；劳动实践基地里，孩子们可以亲手种植作物，体验劳动的艰辛与喜悦。这样的育人环境，能够激发孩子们的学习兴趣，促进德、智、体、美、劳各方面和谐发展。

强化家校合作，是实现"五育融合"的重要途径。家长是孩子们成长的第一任老师，言传身教对孩子的影响深远。多年来，学校通过多种形式加强与家长的沟通与合作，共同为孩子们营造一个良好的成长环境。通过家长会、家校共育活动等形式，向家长传递"五育融合"的教育理念，引导他们在家庭教育中注重孩子全面素质的培养。

总之，从"五育并举"到"五育融合"，不仅是对教育理念的升华，更是对教育实践的深刻变革。在教育教学的每一个环节，都要以孩子为中心，以全面发展为目标，用心去感受教育的魅力，用爱去滋养每一个幼小的心灵。

三、"双减"政策"减"什么

1955年，自教育部颁布新中国第一个"减负"文件——《关于减轻中小学生过重负担的指示》以来，关于"减负"的政策与讨论从未停歇。2021年7月，《关于进一步减轻义务教育阶段学生作业负担和校外培训负担的意见》发布实施，特别是在新时代教育深化改革以及第九次义务教育课程改革实施与课堂改革背景下，如何做好"双减"？我认为，一线校长不能把"双减"看成简单的就事论事，而要认清楚"双减"的本质是提高教育质量，背后的底层逻辑是回到小学教育的本质与基本规律，提高基础教育的高质量，打牢高质量的基础。

陶行知说："校长是一个学校的灵魂。"校长是教育的传播者、实践者和领导者，更是学校教育的关键，是学校牵一发而动全身的命脉。从教以来，我越来越深切地感受到家长、社会对教育的"特别关注"和与日俱增的焦虑情绪。因此，我从心底里非常支持国家出台能够改变教育生态、构建教育新格局的"双减"政策，也期盼北医附小的孩子们能在"减负"的教育氛围中实现自我发展。对于一所小学而言，"双减"工作的落实与深化，务必以减轻学生过重的课业负担为切入点，重构一个高质量的教育体系。校长必须在对"双减"政策有深刻了解的基础上，对学校"双减"工作的开展进行全面领导。"双减"的宏观要求是减负增效，但实现增效的措施，还需要落实到具体的育人目标、具体的教育教学中。

"双减"并非权宜之计，而是将引发基础教育领域的全面而深刻的变革。因此，课程改革必须紧密围绕"双减"背景，服务于"双减"目标，致力于将学校打造成为高质量育人的主体。从这个角度来看，"双减"政策不仅为课程改革指明了方向，更为其深入推进提供了有力支撑和保障。

在我看来，教师的专业成长是最终破解减负难题的不二法门。专业能力是门槛，帮助教师专业化备课是教师上好课，提升教学质量的第一步。我们知道，40分钟的课堂教学就好比是一只水桶，只有这只水桶的短板越来越少，才能扩大水桶的容量，提高课堂的质量。"共研高质课堂"一直是学校多年坚持的常态课研究活动。起初，该活动以教学常规检查为核心目的，但随着时间的推移，经过不断调整与优化，现已发展成为一项更为精细和深入的教学实践。教学干部分年级、分阶段，围绕不同主题和侧重点，深入教研室和学科课堂，旨在携手教师共同打造高质量的常态课堂。两年间，全校共进行线下常态课研究160余次，进行学科、年级、主题，以及不同层面教师的常态课教研活动40余场次。

这一过程中，我们从"四有"灵动课堂起步，历经评估与调整，现已升级为"四真"创新课堂，即"真情境、真问题、真探究、真成长"。它以真情境为基，真问题为引，真探究为桥，真成长为果，促进"康+"课程的落地，实现教与学的同步发展，形成一个全面而深入的教学体系。它要求教师在备课阶段就需明确目标，这包括整体目标和课时目标，核心在于"让学习真实发生"。根据这些目标，教师需确定教学方法，"让学生真实可见"。在课堂上，教师需将教学目标和方法转化为学生的学习活动，通过引导学生深入思考、乐于表达和积极交流，从多角度将知识进行关联，从思辨、迁移、创新的角度促进学生的思维发展，全面落实核心素养的达成。

作为"双减"工作的重要突破口，我始终高度重视作业管理，并深入落实作业研究。以往，"题海战术"曾是教学的一大常态，尤其是对小学生而言，作业量的把握往往难以适度，这成为学生负担过重的一个重要原因。此外，作业的难度和类型对于不同学生来说也存在显著差异，部分学生可能觉得轻松应对，而部分学生则可能感到力不从心。因此，我们亟须通过分层分类的作业设计,实现作业的"以质取胜",以减轻学生负担,提高学习效率。

近年来,学校坚持作业"三查、三展和两研"工作同步推进。严格执行作业的班级自查、年级互查和校级检查,定期开展作业的班级、年级和校级展示活动。同时,加强前期的作业设计研究和后期的作业效果研究,通过实践探索,语、数、英等学科的教师已将作业设计融入单元设计的整体环节中,将作业作为学生学习评价的重要一环。在作业设计中,不断创新实践,在作业效果上及时反馈并完善。此外,继续拓展线上评价的广度和效度,运用项目平台对优秀实践作业进行固化、展示。老师们在展示中不断探索,在探索中不断提升,在提升中不断固化,从单项的课时作业设计逐步深入,最终形成了以单元为整体的学科活动的全面架构。其中,英语学科的跨学科作业设计更是脱颖而出,入选北京市优秀案例并出版发行。

在"双减"政策的引领下,北医附小积极响应号召,双管齐下,一方面强化"作业管理",另一方面深化"课后服务"。为此,学校紧急召开会议,对《北医附小课后服务工作方案》进行了全面调整,确保与"双减"要求紧密相连,不断丰富和完善课后服务的内容与形式。首先,我们明确了分工,压实了责任。学校专门建立了一套完善的课后服务工作体系及相关制度,涵盖课后管理总方案、作业辅导方案、体育教学管理、心理管理、社团管理、课后托管管理、学生考勤管理以及安全管理等多个方面,确保课后服务工作有明确的指导和规范。其次,注重丰富课后服务内容,促进学生全面发展。我们推动课后服务全员参与,服务内容涵盖课业辅导、综合素质培养和课后托管(社团活动)三大板块,每日课后服务时间得到科学统筹。在课后托管服务方面,遵循学生自愿参与的原则,分年级开设,确保零拒绝、全覆盖。同时,教师也全员参与,做到有计划、有落实。针对个别学习有困难的学生,充分发挥语、数、英老师，特别是骨干教师的优势，根据参与课后托管服务学生的特点，提供分层次、个别化的课业辅导。

"双减"，目的是让学习回归校园。家校共育要从概念变成学校的新常态，实现"双减"。另外，家校沟通的提质增效也要尽早提上日程。近些年以来，北医附小积极疏通家校沟通渠道，搭建沟通平台，完善家校育人机制，引导家长支持配合学校"双减"举措，全面推进学校"减负提质"行动。定期举办家长开放日、家长进课堂等活动，加强家校沟通，增进相互了解，形成了教育合力，共同引领孩子成长，共同应对"双减"这个新命题。此外，加强对家庭教育的指导。通过设立家长学校，召开家长会议，举行家委会座谈等形式，大力宣讲"双减"政策，给家长和孩子心理减负，同时深入摸排家长面临的真问题、真困难，及时疏导解决，引导家长理性确定孩子成长预期，形成减负共识。当然，营造家校协同育人新局面，还需要家长在关心、支持学校教育，积极充当学校教育有益助手的同时，尊重学校教育教学管理自主权，各尽其责、各履其职。从孩子的健康成长、全面发展出发，这才是"双减"背景下家校协同育人的最佳状态。

"双减"给予了学校教育更大的责任和空间，学校唯有统筹规划提质增效，在政策精神的"变"与"不变"中建构出高质量的课堂教学，才能真正实现"减负"目标。

四、奠基拔尖创新人才培养

面对科技发展与国际竞争这一百年未有之大变局，我国已迈入创新驱动引领的高质量发展新阶段，对拔尖创新人才的需求前所未有的迫切与关键。党的二十大报告首次指出，"全面提高人才自主培养质量，着力造就拔尖创新人才"。报告中"创新"一词出现多达几十次，是高频词之一，"科技""教育""人才"等词也反复提及。

拔尖创新人才是新知识的创造者、新领域的开拓者、新技术的发明者，是引领科技创新与产业发展方向的关键力量，是人才资源中最宝贵、最稀缺的资源，其稀缺性和价值性不言而喻。在提升国家全球竞争力、抢占未来发展先机及保障国家发展安全等关键领域，拔尖创新人才发挥着不可替代的作用。为深入贯彻党的二十大精神，我们必须将人才自主培养置于国家战略高度，致力于培养大批拔尖创新人才，聚焦于关键共性技术、前沿引领技术、现代工程技术及颠覆性技术的研发创新，为实施创新驱动发展战略、构建创新型国家、实现高水平科技自立自强奠定坚实的人才基础。

从改革开放之初紧缺人才的背景下，1978年中国科技大学创办少年班，正式开启了我国当代拔尖创新人才自主培养的先河。我国中小学校拔尖创新人才培养，先后经历了从大学少年班到少年班预备班，从创办全国理科实验班再到北京、上海等地实施区域推进创新人才培养的新阶段。[1] 党的十九届五中全会明确指出，"十四五"期间，要坚持创新在我国现代化建设全局中的核心地位。北京市委贯彻《中共中央关于进一步全面深化改革推进中国式现代化的决定》的实施意见中提到，要统筹运用好各类教育资源，建立健全青少年拔尖创新人才早期发现与培养模式，加强北京青少年创新学院建设。北京市教委也曾明确表示，此项改革坚决不与基础教育阶段招生入学挂钩。

教育兴则国家兴，教育强则国家强。创新的根基在人才，当今世界综合国力的竞争归根结底是人才的竞争，人才越来越成为推动经济社会发展的战略性资源。人才的培养又靠教育，我深切感受到，教育的基础性、先导性、全局性的地位日益凸显。学校作为育人主阵地，在培养与造就拔尖

---

[1] 刘世清，吕可. 从"加速"走向"丰富"：中小学拔尖创新人才培养的模式变革与政策建议 [J]. 北京教育（普教版），2023（11）：21-25.

创新人才中的重要性不言而喻。基础教育阶段，作为创新素养培育与创新人才发展的黄金时期，如何在这一阶段激发学生的创新精神、提升创新能力、涵养创新素养，为未来的创新成果奠定坚实基础，是当前教育工作者面临的重大时代挑战。在我看来，以往追求的"状元类"人才，并不完全等同于目前所说的拔尖创新人才，创新能力、突破思维等与考试分数并没有必然关联。校长对育人导向的把握至关重要，尤其在小学阶段，需要做到的不是"拔尖""掐尖"，而是去发现每一个孩子的潜能，保护好奇心，滋养创造力，为他们提供一个自由探索、勇于创新的成长环境。这不仅是教育的本质要求，更是新时代赋予我们的神圣使命。

拔尖创新人才的培养是一个长期且系统的过程，其中基础教育阶段的早期培育扮演着至关重要的角色，夯实"基点"是基础教育培养人才的战略定位。习近平总书记明确指出，建设教育强国，基点在基础教育，基础教育搞得越扎实，教育强国步伐就越稳，后劲就越足。培养拔尖创新人才的"基点"必然在基础教育，夯实"基点"是基础教育培养拔尖创新人才的战略定位和根本对策。在人才强国战略的大背景下，基础教育领域需要重新审视并重塑其基础观，紧密围绕"基点"展开深入讨论与精心设计。这意味着，基础教育在培养拔尖创新人才的过程中，不仅要注重知识的传授，更要激发学生的创新思维，培养探索精神与实践能力，这一理念已成为当前教育界探讨"拔尖创新人才培育"的普遍共识。

"不同的种子会成长为不同的树，但当种子还埋在土壤里时，不必去细加区分它是柏树的种子、松树的种子还是泡桐的种子。基础教育应该做的'衔接'其实很简单，就是给种子足够的有营养的环境，让它尽可能地饱满、冒出芽苞来。"[1] 培养拔尖创新人才的命题所蕴含的深层警示

---

[1] 梁丹. 拔尖创新人才培养大中小衔接如何"破题"——"走好拔尖创新人才自主培养之路"观察（下）[N]. 中国教育报，2024-11-12（04）.

就在于，我们需要审时度势，求得国家教育事业的跨越式发展，创造适于拔尖创新人才脱颖而出的教育环境。这绝非高校的专利，中小学也同样需要作出深度的思考与回答。[①] 作为一所小学的校长，我也看到了现实中拔尖创新人才培养的艰难探索，更加认识到学校的使命所在。我深以为然，当前改革的目标不是要设置一条封闭而神秘、人迹罕至的拔尖创新人才特殊轨道，而是要将整个教育系统建设成为中国式的因材施教体系，让每一个孩子都能在其中找到适合自己的成长路径，逐渐挖掘和促进各类一流人才的涌现。

对于小学阶段而言，拔尖创新人才培养的核心在于早期识别与潜能激发。这一阶段不仅是拔尖创新人才成长的"基点"，其基础性作用无可替代，更是决定未来能否在更高层次上实现创新突破的关键。正如基础之于建筑，从 0 到 1 的突破是构建知识大厦的第一层，为后续的创新与发展奠定坚实基础。然而，基础教育并非一成不变，它需紧跟时代步伐，不断适应并引领社会发展的需求。拔尖创新人才所需的核心素养，如批判性思维、创新能力、跨学科融合能力等，正随着科技的进步与社会的变革而持续演进。因此，学校教育体系必须保持动态调整，确保培养出的学生不仅具备扎实的基础知识，更拥有适应未来挑战的创新精神与实践能力。

2023 年，学校融合多方优质教育资源，对标未来拔尖创新人才的培养，创立"E+ 星球创新学院"，先行试点大中小学贯通培养的新形势，为拔尖创新人才提供"绿色创新通道"。学院采用"书院制"，聘用一名校内负责人为学院院长，维持学院的日常管理和运营工作。此外，学校还聘请专家、大学及中学负责人为名誉院长，为创新学院提供学术指导与资源支持。

---

① 钟启泉. 中小学如何孕育拔尖创新人才 [N]. 中国教育报，2024-05-29（05）.

二十大以来，学校已积极投身于拔尖创新人才内涵标准与培养路径的深入思考与探索之中，然而拔尖创新人才的培养需要的是全局性、整体性的变革与重构。它需要从小学到中学、大学，再到科研院所，打造紧密的联合培养协作体，共同构建拔尖创新人才早期培养课程体系，形成一条完整且高效的培育链。作为教育者，我们要努力打破传统教育模式的束缚，创新教育理念和方法，为拔尖创新人才的成长提供更加广阔的空间和更加有力的支持。同时，加强与社会各界的合作与交流，共同推动教育事业的繁荣发展，为国家的未来培养更多具有创新精神和实践能力的人才。

五、教育从"心"开始

倡导心理健康，功在当代，利在千秋。2023 年，中科院心理研究所发布了《中国国民心理健康发展报告（2021—2022）》，对全国 3 万多名青少年调查数据进行系统分析。结果显示，参加调查的青少年中有 14.8% 存在不同程度的抑郁风险，比例高于成年人群体。调查还显示，相较于男生，女生的抑郁、孤独倾向比例更高。总体上，抑郁、孤独、手机成瘾等情况伴随着年级的增长有升高趋势，低收入家庭、缺少父母陪伴、多子女家庭被忽视的孩子有更多焦虑、抑郁、孤独和手机成瘾的问题，青少年抑郁症已经不再是鲜有的个例，呈现出群体化、年轻化的趋势。

随着经济社会快速发展，学生成长环境不断变化，心理健康问题更加凸显，成为世界各国普遍面临的社会性难题。尤为值得注意的是，心理健康问题呈现出"低龄化"趋势，故而加强心理健康教育已成为当前全社会的广泛共识。培养身心健康、朝气蓬勃的青少年，不仅是教育工作者义不容辞的责任，更是一项关乎社会稳定、国家发展的重要任务。

2024 年《政府工作报告》明确提出要加强学生心理健康教育。心理健康教育具有强大的"育心、启智、养德、导行"等思政引领力，是建设教育强国的重要保障和任务。《中共中央关于制定国民经济和社会发展第十四个五年规划和二〇三五年远景目标的建议》对青少年心理健康教育提出了明确要求；《国务院关于实施健康中国行动的意见》和《健康中国行动（2019—2030 年）》部署开展心理健康促进行动；教育部等十七部门联合印发的《全面加强和改进新时代学生心理健康工作专项行动计划（2023—2025 年）》（以下简称《行动计划》），标志着加强学生心理健康工作上升至国家战略层面。《行动计划》提出五育并举促进心理健康，以德育心、以智慧心、以体强心、以美润心、以劳健心，心理健康教育与德智体美劳五字方针的有机融合，进一步深化并丰富了心理健康教育的内容，使得心理健康教育从课内逐渐延伸到课外。

教育是培养人的工作，而培养人的第一标准就是身心健康。然而，现实中学生心理问题往往被忽视，没有得到真正意义上的疏导和关怀，长此以往极有可能引发惨痛事件。我们深知，心理健康教育不是一项临时性的任务，而是一项长期且系统的工作。因此，学校要充分发挥教育主渠道作用，从自我、学习、人际、情绪情感、社会适应等方面入手，大力促进学生心理健康发展，重点关注学生自我意识的形成、学习兴趣与能力的提升、良好人际关系的建立、情绪调适能力的培养等，为学生的行为实践提供充足的"心理营养"，并加强实时动态监测。

心理健康教育工作不仅是专职心理健康教师的责任，更是全体教师的共同使命。学校当务之急除了需要配齐配强具有专业资质的心理健康教师，还应重点增强班主任、学科教师等的心理健康教育能力。研究发现，接受过心理健康培训的班主任，更善于通过改善师生关系来影响学生，能够有效缓解班级学生的不良心理状况，为存在严重心理问题的学生提供帮助时也更具优势。学科教师也可利用课堂教学的优势，将不同年龄段学生的心理健康素养和授课内容有机结合，在课堂教学中全方位渗透心理健康教育，发挥课堂心理育人的重要作用。

此外，学校充分发挥自身的专业优势，统筹整合社会资源，通过心理健康普查等多种途径全面了解学生家庭在心理方面遇到的问题，提供有针对性的预防措施，及时疏导、有效干预。学校可安排教师或心理专家采取"理论＋实操"的模式，用通俗易懂的语言向家长普及心理知识，传授心理疾病的预防与干预技术；还可让教师带领学生和家长深入社会情境，参与特殊教育学校、心理咨询机构等的工作，提升主体对心理健康教育的认知水平。

北医附小是海淀区乃至北京市都比较早开展心理健康教育的学校，基于"心育"理念形成了相对完整的文化体系，学校在心理健康教育方面的经验成果和特色品牌得到很好的传承和发展。但在这个过程中，我们也越来越深刻地认识到：仅靠学校的力量不能从根本上有效解决学生的心理问题。家庭、学校是孩子成长过程中的两个重要"摇篮"，家庭教育作为整个教育体系的基石，在孩子的成长道路上起着至关重要的作用。事实证明，家校共育能够使得家庭和学校共同承担起教育学生的责任，只有充分发挥学校教育与家庭教育各自的优势，增强两者的整体合力，才能实现学生的健康发展。

作为校长，我是教育实践的参与者，在实践中成长；也是教育理论的反思者，在深思中寻求发展。没有人生来便是行家里手，皆是在日复一日的实践中磨砺自我，由生疏走向成熟。是否能成长为一名经验丰富的教育工作者，关键在于我能否不断充实自身的专业素养，以及能否培养出跨越不同情境与时代的广泛适应能力。

我始终坚信，教育如同耕作，播种与收获绝非同步于一季，它们之间，需要的是时间的积淀与不懈的坚持。未来，我将以此为方向，做一位引领现代化教育发展、培育灵动少年全面成长的智慧型校长。

第二章　新时代教育浪潮中的"弄潮儿"

入职北医附小以来，我与学校领导班子、教师团队，从相逢相识到同甘共苦，始终扎根一线，以无数日夜潜心于身边的每件小事，孜孜不倦地学习、省思感悟中实践、知行合一里成长，以爱为舟，承载责任，攻坚克难，开启了北医附小发展新篇章。

一、"'三色'先锋"，引领优质成长

新思想引领新征程，新时代呼唤新作为。十多年来，学校全面总结党建工作的典型经验和做法，以推动"党建 + 业务"双融合为导向，创建"'三色'先锋"党建品牌，构建党建品牌建设体系，以高质量党建引领学校高质量发展，办人民满意的教育。

（一）绘就"三色"先锋底色

历经多年探索与实践，学校已逐步形成具有鲜明特色的党建品牌体系。党建品牌建设最早可追溯到 2011 年，学校深入落实"双培养"工程，即"把业务骨干培养成党员，把党员培养成业务骨干"，提高了选人、用人的公信度，促进了教育教学质量和管理工作的全面提升，使学校的特色发展取得了长足进步，学校荣获"全国中小学创先争优活动优秀奖"。

2012年，学校在"双培养"工程的基础上，进一步提炼出"三小工程"，包括小目标工程、小策略工程和小成果工程。通过制订个人发展计划、实施伙伴互助行动计划以及党员骨干带头参加各类教学活动，有效激发了教师自主发展的内驱力，培育了一支品德好、素质强、业务硬的教师队伍。这一阶段的创新实践和探索，为党建品牌建设注入了新的活力。自2019年起，学校进入了党建品牌建设的第二个阶段，对党建工作的实践成果进行梳理与总结，凝练出"三色四微"党建特色。通过擦亮初心底色、永葆先锋本色、追求办学特色，实施微党课、微服务、微沟通、微阵地等具体措施，提升党建工作效能，进一步丰富党建品牌的内涵。

进入"十四五"开局之年，2021年学校持续优化党建特色，将"四微"领域提升为"核心引领、成长根基、优质服务"三大目标，与"三色"相呼应，正式创立"'三色'先锋"党建品牌，彰显了学校党建特色，成为海淀区教育系统第一批党建品牌。

（二）铸造"三色"先锋体系

在新时代的征程中，学校党总支全面贯彻落实习近平新时代中国特色社会主义思想和党的二十大精神，紧握党的建设这一关键，以"党建＋业务"双融合为引擎，精心打造"'三色'先锋"党建品牌，为学校的高质量发展注入了不竭动力。

学校党建品牌建设，始终秉持着创新与创意的理念，坚持党建引领时代特色，确保在内容上形成闭环管理，措施上注重拓展延伸，成效上力求突破创新。品牌定位清晰明确，"坚持核心引领，擦亮初心底色；筑牢成长根基，永葆先锋本色；推进优质服务，追求办学特色"，三方面相互支撑，共同构成"'三色'先锋"党建品牌的丰富内涵。

"'三色'先锋"党建品牌标识的设计更是匠心独运，以"红船"为整体造型，寓意学校在党的领导下，扬帆起航，驶向新时代的辉煌彼岸。

旗帜高高飘扬，红船凝心聚力，三色帆乘风破浪，共同承载着学校对党的忠诚与对教育事业的热爱。标识色彩的选择寓意深远，红色代表初心底色，蓝色象征先锋本色，金色则寓意特色办学与优质服务。采用渐变色调，寓意学校党建工作坚持"规范＋融合"原则，不断与时俱进，始终追求卓越。

在党建品牌建设体系上，注重理论与实践紧密结合。党建品牌建设的指导层面包括党建理念、建设依据、建设目标、建设原则。明确学校党建理念和品牌建设目标，是品牌建设的指南针和火车头，引领学校可持续发展。党建品牌建设的实践层面包括品牌理念、行为规范、传播载体、管理制度、保障措施、考核评价、建设成效、改进提升，是品牌建设道路的交通线和操作杆，推动学校高质量发展。

多年来，学校以党建为魂成就了"三色"融合的辉煌篇章，以品牌为本，塑造了先锋典范的崭新形象，提升了学校的知名度和美誉度，更重要的是培养了一支忠诚于党、热爱教育、勇于担当的教师队伍，为学校的高质量发展奠定了坚实的基础。未来，我们将继续深化"'三色'先锋"党建品牌建设，不断创新党建工作思路和方法，以更加饱满的热情和更加务实的作风，推动学校各项工作再上新台阶。

党建品牌建设指导层面
【包括　党建理念、建设依据、建设目标、建设原则】
指导体系明确了学校党建理念和品牌建设目标，是品牌建设的指南针和火车头，引领学校可持续发展。

党建品牌建设实践层面
【包括　品牌理念、行为规范、传播载体、管理制度、保障措施、考核评价、建设成效、改进提升】
实践体系构建出学校党建品牌的建设途径与提升方向，是品牌建设道路的交通线和操作杆，推动学校高质量发展。

北医附小"'三色'先锋"党建品牌建设体系

（三）夯实"'三色'先锋"实践

学校党总支遵循党建理念，围绕建设依据，制定建设目标，廓清建设原则，结合学校党建工作实际和发展诉求，围绕"四突出"为学校高质量发展凝聚核心引领和建设指导。

第一，突出"先锋"引领理念。学校党总支坚持党组织的"引领·培养·服务"导向，牢记立德树人初心，发挥党员先锋模范作用，亮身份、亮课堂、亮业绩，担当"为党育人、为国育才"使命，引领学校优质发展，办人民满意的教育。第二，突出"整体"效应。学校党总支坚持党建工作的科学性、整体性、系统性，加强政治建设、思想建设、组织建设、作风建设、纪律建设、制度建设，做实党建常规基础工作，打造党建特色亮点工作，实现"点线面体"的深度融合。第三，突出"党建＋服务"目标定位。学校党总支强调党建工作的核心是服务"师、生、校"协同发展，抓实党员队伍的整体内涵建设，落实党建品牌实践的资源保障，加强党建活动阵地建设，不断提升师生获得感和幸福感。第四，突出"特色"实践原则。学校党总支注重"细、小、实、活、新"的特色体现。"细"是指把好细节关，从细微处着手；"小"和"实"是指党建工作从小事、实事做起；"活"和"新"是指灵活创新工作机制，党团队建设一体化。

与此同时，学校党总支紧紧围绕中心工作，从理念到行为、从载体到制度、从保障到考评，通过"党建＋"系列行动，把党建工作深度融合到学校的全面工作中，提升学校育人品质。第一，从理念到行为不断深化。学校秉持"为党育人、先锋引领"党建理念，制定《先锋支部行为规范》，强调"四化"建设，即做到"责任落实常态化、教育管理科学化、自身建设规范化、组织生活制度化"；制定《先锋党员行为规范》，强调四个"先锋"，即做好"思想政治先锋、组织观念先锋、党性修养先锋、作用发挥先锋"。第二,从载体到制度不断完善。学校坚持核心引领,通过常态化党员教育、主题党日活动、网上支部阵地、群团组织建设,擦亮为党育人的初心底色;筑牢成长根基,通过"双培养""七带头"工作机制,永葆示范引领的先锋本色。推进优质服务,通过三级先锋服务岗、爱心帮扶行动、党建工作群,追求精准卓越的办学特色。第三,从保障到考评不断健全。学校加强组织领导,设置党建品牌领导小组和工作小组;加大资源投入,制定配套制度和激励措施;筑牢宣传阵地,持续深入开展"先锋行动";强化组织落实,细化责任机制,层层分解执行;建立考核评价,设立"五有"评价标准,构建指标体系,注重任务驱动与清单管理在考评机制中的作用发挥。

"三色"先锋领航向,勇毅前行筑未来。通过"'三色'先锋"党建品牌建设,在认知、人文、人才、机制、社会等方面取得了显著成效,学校党建品牌的影响力不断攀升。学校党员教师将长征精神、红船精神、延安精神等中国共产党精神谱系渗透到教育教学实践中,做到"重要岗位有党员、主要骨干是党员、关键时刻见党员"。每一位北医人砥砺前行,增强了党员教师的党性原则,突出先锋引领作用,努力办好人民满意的教育,塑造现代优质学校。

近年来,学校先后获得全国中小学创先争优活动"双培双带"优秀奖、全国中小学中华优秀文化艺术传承学校、北京市艺术特色校、北京市金帆书画院、北京市非物质文化遗产传承示范校、北京市五四红旗团支部、海淀区教育系统"双培养"工作先进单位、海淀区先进党支部、海淀区党建创新项目先进单位、海淀区素质教育优质校、海淀区首批新优质学校、海淀区教育系统第一批党建品牌等多项殊荣。近年在海淀区"双满意"测评工作中,学校教职工对党组织、党总支书记评价的满意度均为100%。

二、以爱之名，笃行教育初心

学校者，文明进化之源泉。学校文化是学校的精神内涵，是学校发展的动力源泉，是学校在办学实践过程中形成的为学校成员普遍认可和遵循的具有本学校特色的价值观念、行为规范和思维方式的总和。[①] 正如陶行知先生所说："爱是一种伟大的力量，没有爱就没有教育。"在教育教学的长期实践中，我深刻体会到，教育的本质在于关注每一位师生的生命状态和心灵成长，营造一个充满生机和活力的教育，让每一个生命都能自由绽放、灵动生长。

（一）"康+"文化立校

校长的教育思想，很大程度上决定了一个学校的格局和特色，决定着一方教育的品味，甚至影响着一批又一批孩子的成长与未来人生的走向。作为校长，我深感荣幸能带领全校师生，以学校的独特背景为起点，共同绘制发展的蓝图。我们将"心育"为学校发展的"起点"，继承发展"康+"文化为学校发展的"根"和"魂"，致力于培养新时代身心健康的灵动少年。

回望过去，"康+"教育理念的种子早在20世纪末便已悄然种下，为"心育"理念的生长奠定了坚实基础。进入新世纪，随着海淀区"课程整合自主排课"课改实验项目的推进，学校迎来了新的发展机遇。借此东风，我们提出了"心育"理念，将环境育人、学科育人、课程育人、文化育人、活动育人等多元育人方式有机融合，为孩子们的成长撑起了一片更加广阔的天空。随后，2016年至2018年，学校加入了"新优质

---

① 葛东雷，徐丰，于冰，等. 集团化办学的文化治理转型：基于治理观的思考 [J]. 教育科学研究，2023（11）：90-96.

学校建设工程项目",北医附小又迈出了坚实的一步。经过全校教师、家长针对顶层设计的大讨论,最终确立了"康+"学校文化定位,明确了"护生命之花,育灵动之心"的办学理念及"培养身心健康的灵动少年"的育人目标。这三步走,历经20多年的不懈努力,让北医附小从一所普通学校华丽蜕变,焕发出了新的生机与活力。如今,站在新的起点上,学校将继续秉承"全面贯彻党的教育方针、实施素质教育"的宗旨,在这片热土上共同谱写属于每一位师生的生命成长之歌。

学校文化承载反映着内部师生的价值理念和思想观念,起到教育、启迪、陶冶、引领学校校风、学风、教风的作用,需要结合学校的办学实际、地域特色,在融入地域文化的过程中遴选师生喜闻乐见的文化元素,满足师生的精神文化需求。[①]鉴于此,我们从顶层设计出发,在传承与发扬原有"心育"理念的基础上,创造性地提炼出了"康+"教育文化。"康+"育人模式和理念,是对学校文化的创新,更是对身心健康教育领域的深度拓展。它实现了健康内容在学校各领域的全面覆盖,将健康理念深深融入教育的每一个环节,以全新的健康视角审视育人成果,为学校的未来发展描绘出了新方向与新场景。可以说,"康+"文化的探索与实践,为学校开辟了一条内生性发展路径,展现了学校创新发展的新格局。

作为校长,我深知学校文化对于引领学校发展方向、塑造师生价值观念的重要性。"康+"文化,作为学校创新的顶层思想,不仅促进了学校和全体师生的协同发展,更是统领各个实践主体具体行动的纲领指南。在"康+"文化的引领下,学校的发展目标始终关注着师生的发展与教育的质量。教育的本质是培养人,而人的发展离不开健康的身心与全面的素养。因此,我们逐渐构建起了一套以"康+"为核心的教育模

---

① 陈永堂,艾兴. 学校文化治理的多元逻辑、现实阻滞与纾解路径 [J]. 中国教育学刊,2024
（11）：48-54.

式，包括"康+"多元课程、智慧教师、合作课堂、学生发展、家长资源、和谐校园以及特色品牌等多个方面。

"康+"课程体系的建构注重课程的多样性与包容性，智慧教师的培养则是我们提升教育质量的关键一环，鼓励教师不断学习、创新教学方法，以更好地引导学生成长。合作课堂强调学生之间的合作与交流，培养了学生的团队协作能力。在学生发展方面，关注学生的全面发展，不仅注重学业成绩，更关注学生身心健康、兴趣爱好以及社会责任感等方面的培养。

家长资源是不可忽视的重要力量，我们积极与家长沟通、合作，共同为学生的成长创造更好的环境。和谐校园的构建则是校园文化建设的重点，致力于营造一个温馨、和谐、积极向上的校园氛围。特色品牌的打造，是学校在"康+"文化引领下不断探索与实践的结果。在"康+"文化的指引下，有了"康"的坚实与"+"的全面，有了"健康'美'一面"的教育理念。

校训"巧手灵心，乐知健行"，不仅是对师生们的殷切期望，更是学校精神的集中体现，我们坚信每个孩子都是独一无二的，都拥有无限的潜能与可能。因此，致力于引导每个孩子学会找到自我、悦纳自我，让他们明白，真正的成长是从认识自己、接纳自己开始的。"巧手灵心"，寓意着要用灵巧的双手和敏锐的心灵去探索世界、创造美好。鼓励孩子们动手实践，勇于尝试，用智慧与创意去点亮生活的每一个角落。同时，我希望他们拥有一颗细腻而敏感的心，能够感知世间的美好，懂得珍惜与感恩。"乐知健行"，倡导孩子们以快乐的心态去学习，将学习视为一种享受而非负担。在知识的海洋中畅游，收获知识的果实，体验成长的快乐与满足。健康的身体是实现美好理想的基础，注重培养孩子们的健康意识。我相信，用"巧手灵心"去创造，用"乐知健行"去实践，一定能够实现每一位师生的美好理想。

经过长期积淀，北医附小形成了"严谨灵动，勤思笃行"的校风。严谨，是一种态度，反映了一种学生学习、教师工作的作风；灵动，是一个目标，希望学生们灵巧、活泼、有智慧；勤思，是一种品质，勤于思考，凡事多问一个为什么；笃行，是一种行动，目标明确、意志坚定。校风即学校的风气，体现在学校各类人员的精神面貌上，体现在学生的学风、教师的教风、学校干部的作风、各班级的班风上，还体现在学校的各种事物和环境之中。良好的校风既是教育和管理的成果之一，又在教育和管理上具有特殊的作用，有一股巨大的同化力、促进力和约束力，是一种精神力量和优良传统。严谨，就是把做好每件事情的着力点放在每一个环节、每一个步骤上，不心浮气躁，不好高骛远；从一件一件的具体学习、工作做起，从最简单、最平凡、最普通的事情做起，特别注重把自己手中的事情做精做细，做得出彩。灵动，是顺应孩子的天性，辅以适当的教育，使其不仅仅开朗好动，更能够成为一个有智慧的活泼少年。勤思，不论是学生还是教师，都要做到勤于思考。学生要勤于思考，凡事多问一个为什么，乐于开动脑筋思考问题；教师要勤于思考，思考课本知识背后的故事、不断反思教学效果，多问自己一个为什么，这样才能促进自身不断进步。笃行，"勤于思而敏于行"，仅有思考还不行，还要把思考的结果付之于实践。《礼记·儒行》："儒有博学而不穷，笃行而不倦。"只有目标明确、意志坚定的人，才能真正做到"笃行"。

学校还形成了"尊重个体，启智明德"的教风。尊重个体，即尊重每个学生的独特性，平等对待每个学生。教育从尊重开始，尊重学生的学习需求，学习活动才能开始；尊重学生的知识储备，知识建构才能开始；尊重学生的学习规律，教学才能开始；尊重学生的学习效果，评价才能开始。所以，尊重是一种科学的工作态度，是一种充满智慧的教育行为，是教风的核心所在。启智，即启发学生智慧。教师在教学中要善于培养学生发现智慧，培养学生发现问题，并能够运用智慧采取恰当的方法去巧妙地解决问题。明德，即弘扬光明正大的品德。学校培养的学生要德才兼备，知识的学习固然重要，但是道德的培养也至关重要。以"明德"为教风，意在弘扬光明正大的品德，不断提高学生的道德修养。师德是教师最重要的素质，是教师之灵魂，只有教师具备了高尚的道德素质，才能成为学生学习的榜样。教育是永无止境的探索过程，一位优秀教师就是在不断实践、反思、再实践，再反思中成长起来的，在创新中不断超越自己也是我们为人师者生命价值的体现。

学校还确立了"诚信乐善，博学多思"的学风。诚信，是中华民族的优良传统。作为一名学生，学会诚信，坚守诚信，对其一生的成长至关重要。"诚"即忠诚老实、诚心诚意、言行一致；"信"是遵守信用、信守诺言。"乐善"，即乐于做善事。要学会如何做人，做一个心地善良，乐于帮助他人的人。善事不分大小，有分别的是是否具有一颗乐善的心。"博学"取于《礼记·中庸》，是为学的态度，意谓为学首先要广泛的猎取，培养充沛而旺盛的好奇心。好奇心丧失了，为学的欲望随之消亡，博学遂为不可能之事。"博"还意味着博大和宽容。唯有博大和宽容，才能兼容并包，使为学具有世界眼光和开放胸襟，真正做到"海纳百川，有容乃大"，学校为学生"博学"营造了丰富的课程文化、各色社团、主题活动，师生们从中获得了不一样的理论知识与情感体验。"多思"，学生的学习离不开思考，不仅要思考，还要多多思考，反复思考，多思善想，从不同角度分析和思考问题。"多思"并不意味着天马行空、乱思，而是在"多思"之中还要"慎思"。严谨思考，不仅能"海阔天空"，也能"脚踏实地"。

（二）和谐环境育人

校园文化是特色学校不可或缺的外在展现与内在精髓，不仅是学校灵魂的体现，更是营造安全、和谐、富有启迪性学习环境的基石。尽管校园空间有限，但我们始终秉持着精益求精的态度，不断探索与创新，以期在每一寸土地上都能绽放出文化的光芒。

学校高度重视校园文化品位的提升，通过一系列精心设计，让文化的种子在校园的每个角落生根发芽。学校虽然空间有限，但在努力为学生营造适合读书的环境：阅览室、教室流动书箱、楼道图书馆及教师书吧的建立与完善，不仅丰富了师生的精神食粮，更为校园增添了几分书卷气与雅致。同时，校园广播这一文化阵地也被充分利用，成为传播知识、弘扬美德、激发创意的重要平台。为了让每一位师生的才华与创意都能得到充分的展示与认可，我们利用宣传橱窗、德育长廊定期举办师生作品展，让一幅幅生动的画面、一件件精美的作品成为校园最美的风景线。此外，在教学楼综合修缮之际，更是抓住契机，围绕"一班一品"的特色理念，将学生优秀作品展巧妙地融入墙面设计之中，让孩子们的才艺与智慧在校园的每一面墙上灵动绽放，成为校园最亮丽的名片。

学校在隐性文化教育方面也未曾懈怠。校园网站与微信平台成了传播文化、引领风尚的新阵地。特别开辟了"养成教育"专栏，通过生动的故事、实用的建议、丰富的互动，让校园文化的精髓渗透到每一位师生的心田，也让学校的文化建设成果得到了更广泛的社会认可与赞誉，校园文化建设让每一位师生都能在这片文化的沃土上茁壮成长。

在丰富多彩的社团选修活动基础上，学校还开展了科技节、艺术节、传统文化节、心理节、合唱节、体育节，班级及校级排球赛、足球赛、跳绳赛等，满足了学生多样化的发展需求，为每个孩子提供了自主选择的机会和个性发展的空间。学校百余个社团选修，通过丰富多彩的活动，使孩子们开阔视野、陶冶情操、提高素质。学校、家庭共参与的每天体育打卡制，让排球、跳绳走进了家庭，家长和孩子共参与、同进步，努力实践着"打好健康底色，打造多彩育人文化"的美好愿望。

"呵护自己孩子是本能，热爱别人孩子是神圣。"身为教育工作者，我坚信教育的核心在于点燃学生内心的火种，挖掘并激发他们的无限潜能，引领他们走向全面而卓越的发展。学校致力于构建一个多彩且充满活力的育人文化环境，让每一位学生都能在这片沃土上茁壮成长，精心策划了多姿多彩的社团活动，为孩子们的兴趣与特长提供展示与提升的舞台。学校通过举办校园特色节目等一系列大型活动以及丰富的体育赛事，进一步拓宽了教育的边界，满足学生多元化的成长需求，激发探索精神与竞争意识，为每一个孩子搭建起一座通往自主选择、个性发展的桥梁。

我们的京剧、合唱、管乐、舞蹈以及戏曲等艺术团队，通过一系列精彩纷呈的活动，让孩子们在艺术的海洋中畅游，开阔视野、陶冶情操，更在无形中提升了综合素质。不仅丰富了校园文化生活，更在孩子们心中种下了艺术的种子，为他们未来的成长之路铺设了坚实的基石。作为北京市排球重点示范校，更是将排球运动融入日常教学中。从一年级到六年级，排球成为每个孩子的必修课，人手一球，让排球文化在校园内蔚然成风。

未来，我们将继续深化教育教学改革，不断创新活动形式，丰富活动内容，为孩子们提供更多元、更优质的教育资源，让每个孩子都能在这里找到属于自己的舞台，绽放出属于自己的光彩，为培养更多身心健康、全面发展的新时代灵动少年而奋斗。

三、用心管理，赋能学校发展

学校管理是一门学问，从制度的制定，到实施、监督、反馈、改进，无一不充满着挑战，小到一事一物、一草一木，处处隐藏着教育的契机。表面上，学校管理的目的在成效，重点在于事，但是，事成于人，真正好的管理是激发人的力量，让每个人都动起来，让每一方的资源都得以充分发挥价值。以我多年教学管理经验来看，学校中的管理工作既深邃复杂，又琐碎细致，还是一个需要循序渐进、不断推进的过程。如果能坚守科学合理的原则，将能够极大地提升管理效率，事半功倍。

（一）坚守原则，激发活力

以人为本，全面发展，是学校管理的核心要义。学校管理的核心在于人，无论是辛勤耕耘的各位教师，还是朝气蓬勃的学生，都是学校最为宝贵的财富。因此，在管理过程中，必须始终将人的需求和发展置于首位，深入关注他们的内心世界，尊重珍视每个人的个性差异，激发潜能与创造力。只有共同编织出一个和谐、包容、充满活力的校园环境，才能让每一位师生绽放属于自己的光彩。

公平公正，透明公开，是学校管理的基石与灵魂。每一项决策、每一个政策的制定与执行，都必须坚守公正与公平的原则，确保每个人都能感受到正义。加强信息公开，让师生及家长了解学校的各项事务，增强师生、家长的信任感和归属感，管理才能赢得人心，凝聚起推动学校持续发展的强大力量。

团队协作，共同进步，是学校发展的不竭动力。作为学校的领航者，校长要加强部门间的沟通与协作，打破信息壁垒，实现资源的优化配置和共享。同时，鼓励教职工之间的互助合作，营造一种积极向上、和谐共进的良好工作氛围，共同为学校的繁荣发展贡献力量。

持续改进，不断创新，是学校管理的永恒主题。学校管理需要不断地反思、总结、改进和创新。通过定期评估管理效果，发现问题并及时进行改进、反思、总结、创新；鼓励师生提出创新性的想法和建议，为学校的未来发展注入源源不断的活力。

总之，学校管理工作既是一门严谨的科学，也是一门充满魅力的艺术，需要我们以智慧为笔、以爱心为墨、以勇气为纸，共同绘制出一幅幅绚丽多姿的教育画卷。只有坚守科学合理的原则，才能在这片教育的沃土上深耕细作，收获更加丰硕的果实，为社会的进步和人类的文明贡献绵薄之力。

（二）精细管理，赋能教学

杰克·韦尔奇曾说："管理就是把复杂的问题简单化，混乱的事情规范化。"为落实"双减"政策，学校教学工作紧紧围绕"三精细管理"，即精细队伍管理、精细课堂管理、精细作业管理稳步推进。自 2021 年起，学校全面围绕"三精细管理"的核心理念，正朝着更加高效、优质的方向不断发展，稳步前行。

1. 教研：立足课堂精细队伍管理

追风赶月莫停留，平芜尽处是春山。教学管理与教师队伍建设、教研工作的紧密结合是学校持续发展和教育质量提升的关键。学校实施"三级精细管理"模式，通过分层次的指导策略，助力每一位教师在职业生涯的不同阶段实现专业成长。

校级层面，启动"领雁工程"，重点指导青年教师站稳课堂，规范教学起步。青年教师是学校的新鲜血液，他们的成长直接关系到学校的未来。通过系列培训、观摩和反馈机制，帮助其快速适应教学环境，掌握教学技巧，形成自己的教学风格。在学区级层面，充分利用教研基地的资源，指导发展期教师站实课堂，再上新台阶。教师在职业生涯中的每一个阶段都需要不同的支持和指导。与学区级教研机构紧密合作，为教师提供针对性的培训和指导，突破瓶颈，实现专业成长。在市区级层面，巧用专家资源，指导骨干教师站好课堂，淬炼教学风格。骨干教师是学校的教学骨干和领军人物，教学水平直接影响到学校的教学质量和声誉。学校积极邀请市区级专家来校指导，为骨干教师提供更高层次的培训和指导，帮助其形成独特的教学风格和理念。

欲予学生知识清泉，自身先有长流之水。在三级精细管理的基础上，将校内教研与科研紧密结合，以"大任务、小课题"的方式推进。教研做到有问题、有主题、有计划、有变化，鼓励教师从教学实践中发现问题、提炼主题，制订研究计划，并在实践中不断调整和完善。在学科主管干部和教研组长的带领下，教学研究力求扎实有效，每一次教研活动都充满活力和创新。通过教研指导和课题研究，一批有责任、敢担当、有情怀、勇奉献的优秀教师脱颖而出。在"十四五"期间，学校教师自发申报了近四十个国家、市、区级课题及科研项目，所有课题和项目均源于教学实践，真正实现了教研相长、学以致用。

通过实施三级精细管理，推进教研与科研的紧密结合，为学校教师队伍建设和教学质量的提升奠定了坚实的基础。未来，我们将继续深化教学改革，创新管理机制，为培养更多优秀教师、打造一流教育品牌而不懈努力。

2. 课堂：任务驱动精细课堂管理

教育的真谛在于激发学生的内在潜能，引导他们自主学习，终身学习。叶圣陶老先生那句"凡为教，目的在达到不需要教"，一直是我心中教学的至高境界。在北医附小，我致力于将这一理念转化为实际行动，通过实施"大任务学习"模式让课堂焕发新的生机与活力。

"大任务学习"的核心在于激发学生的内驱力，从"让我学"转变为"我要学"。学校鼓励教师以单元为单位，整体设计学习任务，将知识点融入任务之中，让学生在完成任务的过程中自然而然地掌握知识、提升能力，打破传统课堂的束缚，更让学生的学习变得更加主动、有趣。比如，数学学科教师们利用"度量"这一维度，将小学六年的相关知识点串联起来，实施大概念教学。不同年级的教师共同研究，确保六年的教学主题统一、方式一致，让学生更容易理解知识的连贯性和整体性。如在语文四年级上册的习作单元中，将学习任务与学生的实际生活紧密结合，通过布置写运动会接力比赛的任务，激发学生的写作兴趣，在完成任务的过程中学会如何描写人物、如何按照一定的顺序组织文章，达成了单元学习目标的同时，更让学生学得兴致勃勃，意犹未尽。

优秀的课堂离不开教师们的辛勤付出和深入研究。只有对课堂进行充分的教研，才能提升教师们的教学能力，打造高质量的课堂。我们建立了完善的课堂研讨流程，包括"上课—听课—评课"三个环节。每学期，学校每位教学干部深入课堂听评课60—80节次，学科组长每月听评课10节，并率先上示范课，带动组内教研。督促教师们时刻保持研究状态，及时了解教师的成长动态，进而提供有针对性的指导和支持。

此外，注重打造精品课、示范课，将优秀的教学设计推广到年级，固化教学成果。干部教师共研一节课，不仅抓亮点、创特色，更注重发现问题、解决问题，从不同角度规范课堂教学、提升课堂效率。鼓励教师们采用提前约课共研的方式，通过集体备课、组内共研，提升课堂质量，确保每一堂课都能成为学生成长的阶梯。

北医附小始终坚持以生为本、以标为纲、以学为主、以教为方的教学理念，不断探索和实践新的教学模式和方法。通过全体师生的共同努力和不懈追求，打造更加优质、高效的课堂，为学生的全面发展和终身发展奠定坚实的基础。

3. 作业：巧妙设计精细作业管理

作业的设计与完成是教学过程中的重要环节，亦是对课程实施效果的检验与反馈。新课改以来，如何设计出有效作业成为人们关注并亟待解决的问题。[①]在"双减"政策的引领下，学校积极响应，以作业管理和教学管理为切入点，力求打造高效、优质的课堂，为学生的全面发展奠

---

① 徐广华. 有效作业何以成为可能——义务教育新课标下的作业设计策略研究 [J]. 济南大学学报（社会科学版），2023, 33（06）:144-152+178.

定坚实基础。

在作业管理方面，学校实行"双统筹"策略，确保作业的科学性和合理性。教学干部对各科作业总时长进行统筹把关，确保学生作业负担适中。各年级学科组长则提前对教学进度、教学内容、作业内容进行统筹规划，确保作业与教学的紧密衔接。通过"作业大检查"专项活动，实现对各学科、各班级作业的全面覆盖，既找亮点又抓不足，不断推动作业质量的提升。在具体实施过程中，采用"三查三展两研"的精细化管理模式。班级自查、年级互查、校级监控，层层把关，确保作业管理的严谨性和有效性。注重优秀作业的展示和分享，通过班级、年级、校级三个层面的展示活动，激励教师和学生不断提升作业设计和完成的质量。在"两研"活动中，鼓励教师进行作业管理的全面修正和作业设计的深入研究，结合教学内容与具体学情，探索出更加符合学生需求的作业策略和评价方式。

在作业设计上，注重分层和个性化，让每个学生都能在适合自己的难度上得到提升。基础巩固、拓展延伸、综合实践三种类型的作业设计，满足了不同层次学生的学习需求，培养了学生的综合能力和创新精神。在教学管理方面，围绕办学理念，构建起"康+"课程体系，为学生提供了丰富多彩的跨学科拓展课程和社团选修课程，拓宽学生的认知视野，陶冶情操，发展人文、艺术、科技等综合素养。我们深知，让教师回到本位，让教育回归本质，才能从根本上满足学生多样化教育需求，让每一位学生在校内都能学会、学好、学足。

课堂是"双减"的主阵地，教学管理则是"双减"的"牛鼻子"。我们向课堂要效率，向教学要质量，通过赋能教学管理、创新课堂实践，有效落实了"双减"政策，科学提质增效，促进了学生的全面发展。正如苏霍姆林斯基所言："教育的真正目的应该是让人不断提出问题。"鼓励学生质疑、探索、创新，让他们在学习的过程中不断成长、不断进步。

赋能教学管理，创新课堂实践，才能有效落实"双减"，科学提质增效，促进学生全面发展。学校将继续深化教育教学改革，优化作业管理和教学管理策略，为学生的全面发展和终身幸福奠定坚实基础。

四、"三小工程"，绽放教师风采

十年树木，百年树人。教育的可持续发展，离不开一支高素质、专业化的教师队伍。当前，基础教育改革正如火如荼地进行，宛如一艘扬帆起航的巨轮，乘风破浪，勇往直前。在这场变革的洪流中，教师队伍建设无疑扮演着至关重要的角色。

教育是直面人的生命、通过人的生命、为了人的生命质量的提升而进行的社会实践活动，关乎每一个孩子的未来，关乎每一个家庭的希望，更关乎国家和民族的兴衰。在这场伟大的教育实践中，教师的成长与发展，是承载学生梦想、推动学校进步、实现教育目标的基石。从踏入教育领域以来，无论是站在三尺讲台，还是处于管理岗位，我始终将教师的发展视为学校发展的核心动力。

（一）工作原则——"四分四合"

每个教师都是学校这个大家庭中不可或缺的一部分，共同推动着学校的持续发展。"学高为师，身正为范"是为师的首要要求，因此，学校不断加强师德建设，注重教师素养提升，将"强师德、扬正气、树师表、铸师魂"作为师德建设目标，积极开展师德标兵、四有教师、最美教师、最美党员、"三八"红旗手等评选活动，增强教书育人的光荣感、责任感。通过完善制度提升教师师德素养，如师德建设与考评、教师职业道德规范、师德标兵评选方案等，党总支建立党员先锋岗、师德公约，签署党团员承诺书，让教师感受到"学校无小事，处处有教育；教师无小节，处处是楷模"。

学校始终秉持着"让人人都发光"的价值主张，致力于为每一位师生提供一个展现自我、实现价值的舞台。发光，对于教师而言，不仅意味着在教学上有所建树，也要在个人成长和职业发展上不断突破。这既需要具备强大的内在驱动力，勇于探索、敢于创新，也需要学校提供一个良好的环境支持力，如完善的教学设施、丰富的教育资源、和谐的工作氛围以及公正的评价体系等，让教师们能够心无旁骛地投身教育事业。

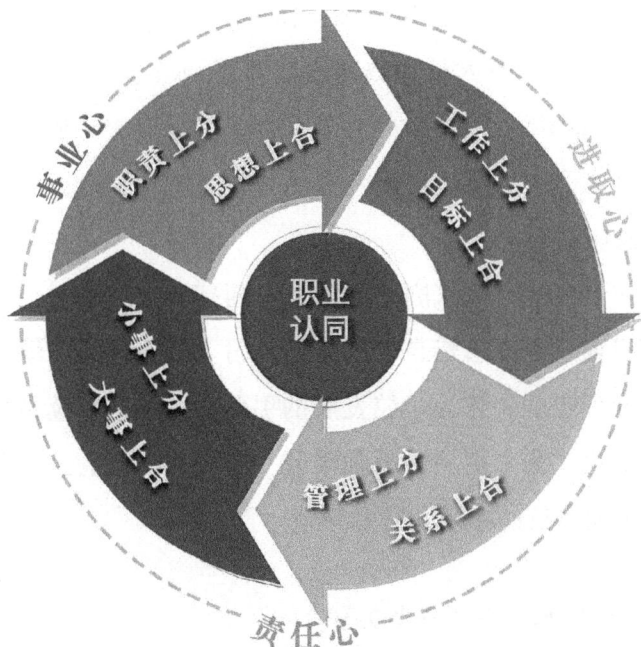

教师队伍建设"四分四合"工作原则

为实现"让人人都发光"的教师队伍建设目标，学校坚持"四分四合"的工作原则。在职责上，明确分工，确保每个团队、每位教师都能各司其职、各尽其责。在思想上，强调团结一致，共同为学校的发展贡献力量。在工作上，鼓励教师们根据自己的专长和兴趣进行深入研究和实践。在目标上，始终保持一致，共同追求教学质量的提升和学生综合素质的全面发展。在管理上，注重制度的完善和执行的严格。在关系上，倡导和谐共处，营造温馨如家的工作氛围。在小事上，允许教师有自己的想法和做法，鼓励其发挥创造性和主动性。在大事上，我们必须统一思想、统一行动，确保学校的整体利益和长远发展。

"幸福教师成就幸福学生"是学校教师队伍建设的重点。幸福教师应具备四种能力——心态平和、目标专注、积极认知、适应变化。学校在成就幸福教师路径上，给予教师全力支持。一是丰富活动，愉悦身心。插花、非遗药枕、胸花、肥皂制作等，让教师更加有审美、身心静；趣味运动会、公园长走，让教师锻炼身体、增强凝聚力。二是专业培训，提高心理韧性。请专业人员为教师做心理培训、沙龙，开设心语信箱、心理热线、温馨小屋，提高教师心理韧性。三是健康专班，积极适应变化。学校干部、心理教师、特聘专家组成健康专班，走近教师，帮其出谋划策，提高应对能力。

当教师在学校这个大家庭中找到了归属感和成就感时，他们就会更加热爱教育事业，更加珍惜自己的职业身份。职业理想与学校发展的情感认同是相互促进的。作为学校发展的引路人，我将继续秉持"让人人都发光"的价值主张，努力为教师创造一个更加美好的工作环境和发展空间，共同推动学校的持续发展和繁荣。

（二）成长机制——"三小工程"

学校坚持"走近个人，发现价值；搭建平台，成就发展"的教师团队建设方略，为打造业务精湛的教师队伍，立足学校实际，着眼于教师专业发展建立支持教师专业发展的"三小工程"，即小目标、小策略、小成果工程，以扎实推进校本研修，促进教师专业化成长。

小目标　小策略　小成果

结合学校发展规划，帮助不同层次的教师制定个人成长目标，明确发展方向。

通过四级教研、领雁计划、伙伴互助行动计划等，构建多层次学习共同体；实施"一三五"青年教师培养策略。

搭建全国、市区各级展示平台，助力教师展风采、强素质、再提升，在收获中成长。

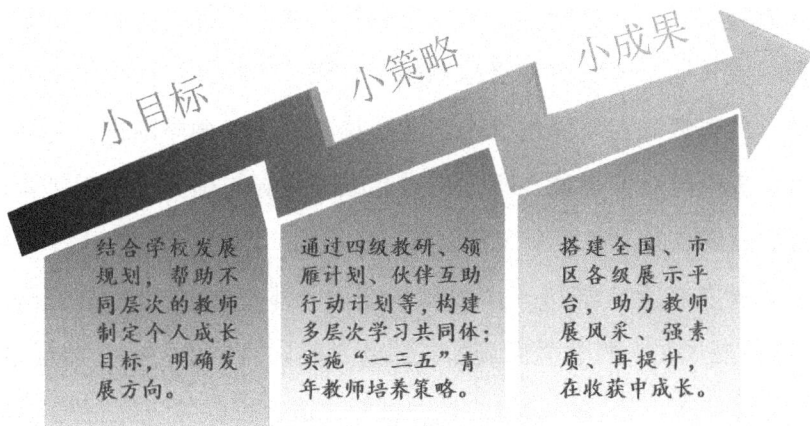

"三小工程"培养机制

1. "小目标"引领方向促发展

多年来，学校始终坚持实施"目标引领制度"，以科学、系统地推动教师队伍的成长与发展。

首先，鼓励并引领每位教师制定个人三年发展规划，帮助教师明确自身的职业定位和发展方向，更为长远成长奠定坚实的基础。其次，结合学校整体发展规划，每学年初，组织教师对上一学年的目标计划进行总结与反思。在此基础上，修订完善新一年的目标计划，记录到教师个人成长档案中，将长期规划与近期目标相结合。教师能够更有效地把握自己的"最近发展区"，集中精力攻克难关，努力实现每一个阶段目标。同时，鼓励教师对照自己的发展规划，定期回顾与检查自己的任务落实情况。哪些任务已经圆满完成，哪些还需要继续努力，这些都是教师调整后续工作计划的重要依据。通过自我反思与评估，教师不断总结经验教训，优化教学策略与方法，从而在教育教学工作中取得更加显著的成效。

2. "小策略"注重研修提素养

"教以潜心，研以致远。"依据五年发展规划，站在党政齐抓共管的高度，对教师培养采取了"分层培养"策略，构建一支梯次合理、动态发展的教师团队。通过制定切实可行的梯队建设目标，将教师成长分为适应期、成长期、成熟期和卓越期四个阶段，使教师团队建设形成一种螺旋上升的态势。在培养过程中，从帮扶到放手，循序渐进，为教师搭建平台、提供机会，邀请专家师傅进行跟进指导，确保每位教师都能明确自己的发展方向，实现个人价值。

在具体实施上，坚持"教师梯队建设为本"的原则。学校提出了"骨干教师展风采、特色教师施所长、青年教师打基础"的"分层培养"策略及进阶要求，让不同阶段的教师都能在适合自己的岗位上发光发热。此外，骨干教师是学校的宝贵财富，发挥着重要的引领作用，通过构建多层次学习共同体，依托四级教研、领雁计划、伙伴互助行动计划等，充分发挥骨干教师的示范带头作用，促进教师队伍整体素质的提升。同时，高度重视青年教师的成长，实施"一三五"培养策略，即让青年教师一年入门、三年站稳讲台、五年成为骨干。鼓励青年教师和骨干教师签订"师带徒"协议，通过系列教学活动，如学习新课标、钻研教材、集体备课、听评课、写反思等，实现学惑有解，共同成长。

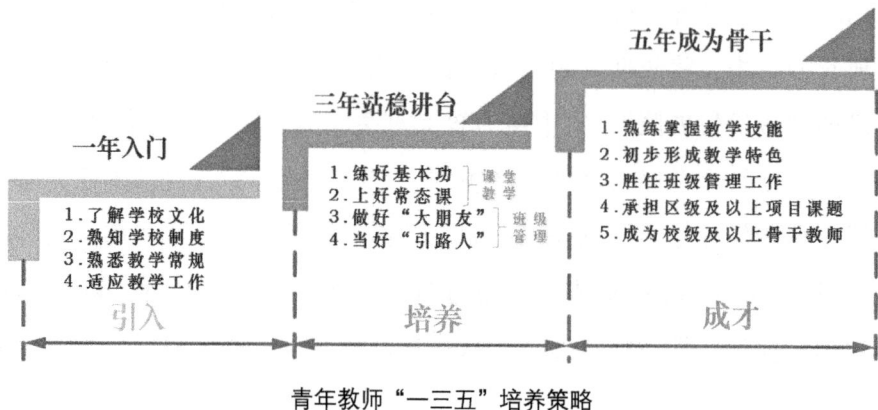

青年教师"一三五"培养策略

为进一步提升教师队伍的整体水平，学校重点制订了"伙伴互助行动计划"，包括教研组内研讨式互助、师徒结对两种方式。在教研组内，教研组每月一专题，老师自主选择，开展针对性强的教研活动，充分发挥骨干教师的示范作用，形成系列主题讲座，提升教研实效。同时，扎实开展"手拉手，师徒共成长"活动，让年轻教师学有目标、惑有解疑，积极为年轻教师搭建各级教育教学展示交流平台，如校级阳光杯说课、校级研究课、市区级培训学习、参与合作学习及思维能力提升项目研究、与兄弟学校同课异构活动、承办全国研讨会等，锻炼青年教师的专业能力，也为其专业成长道路铺就了学习实践的土壤。通过实施"分层培养"策略和"伙伴互助行动计划"，学校已经构建起了一支梯次合理、动态发展的教师团队。

3."小成果"凝聚队伍创品牌

根据麦克利兰"成就需要理论"，人的深层次需求就像冰山下隐藏的冰川，需要社会助力的激发驱动成就需求。学校构建丰富多元的展示平台，为教师提供广阔发展空间，助力他们在探索实践中实现专业提升，收获职业成就感与幸福感。

为了激发教师的成就需求，我常鼓励教师参加全国、市区学术研究、培训学习、汇报展示活动，邀请市区级专家入校视察，为教师提供指导和反馈。还通过搭建教育教学开放平台，构建学习共同体，与国际、国内多所友好学校开展交流活动，让教师们有机会与不同文化背景下的教育者进行对话与碰撞。与台湾友好学校开展同课异构活动，参加交流轮岗教师通过开展双师课堂、联合教研等方式，不断提升教学水平，让教学资源得到充分共享和优化。还设立岗位技能竞赛展示平台，鼓励教师参加区世纪杯大赛、教学基本功大赛等，校内举办"阳光杯"基本功展示、班队会展示活动等，将教师教学成果"晒一晒、比一比、赛一赛"，形成教研组共建共享的优质资源。一批年轻骨干教师在活动中崭露头角，成长为青年教师群体中的领头雁，为学校发展注入了新活力和新思路。

经过全体干部教师的努力，学校在区"双测评"中，干部满意度连年高于区均值5—6个百分点；在区"学校绩效综合考核"中，连续三年获得"优秀"。学校被评为海淀区教育系统"三八"红旗集体，这不仅是对学校整体工作的认可，更是对各位辛勤耕耘的老师们的鼓励。

（三）评价机制——"三个重视"

教师评价的核心目的并非简单的排名或比较，而是挖潜增效，促进教师的专业发展。因此，学校倡导并实施多元化的教师评价体系，重视过程、重视差异、重视反馈。

在评价主体的选择上，追求多元化的评价主体，将教师自评、互评、学生评以及家长评价紧密结合。每学期都会举办"家长开放日"，邀请家长们走进课堂，评价教师的教学工作，增强了家校之间的互信与合作，也为教师提供了来自不同视角的宝贵反馈。

在评价内容方面，高度重视团队评价，鼓励各教研组向全校展示其教学成果与特色，并依据评价结果评选出校级优秀教研组、"三八"红旗集体、北医附小最美教师等荣誉，推荐优秀团队和个人参与更高层次的评选。此外，追求教师专业发展与学生学业水平、综合素质的同步提升，通过学生成就来间接评价教师的教学效果。如"五好"优秀班集体评选过程中，充分考虑学生在各类活动中的参与度和班级常规评价中的优秀表现。

在评价方式的选择上，坚持定量评价与定性评价相结合，强调过程性评价。建立教师成长档案，关注每位教师的发展轨迹和成长点滴。充分发挥评价的人才培养作用，对德才兼备的骨干教师予以重任，并建立校聘副主任、主任教师以及行政组长、学科组长评议及津贴制度，为优秀教师人才提供广阔的发展空间和有力的支持。

学校正在实现从"对教师"到"为教师"的转变，唤醒和激发内在需求的升华、育人激情的生长、专业发展的干劲，成就学生发展。我相信，只有真正看见每一位老师，发现每一道光芒，将教师队伍的建设工作进一步科学化、细致化、规范化、人性化，为教师量身定做适合其发展的规划，让教师成长，实现自身价值，才能形成和谐、共生、卓越、幸福的品质特征，为学校的高质量发展贡献智慧与力量。

五、家校社协同，共筑育人场域

2021 年 7 月，中共中央办公厅、国务院办公厅出台"双减"政策，从教育实践层面提出"完善家校社协同机制"。教育是一项需要多方协同的系统工程，家庭、学校和社会是教育的共同责任主体。[①] 家校社协同育人的关键就在于把育人作为根本，助力孩子幸福成长。其中，协同是关键，家校各司其职，实现各自的育人功能，学校发挥主导作用，家长要主动尽责，社会需要提供有效支持。

（一）播撒"家长智库"金种子

习近平总书记在中共中央政治局第五次集体学习时强调："学校、家庭、社会要紧密合作、同向发力，积极投身教育强国实践，共同办好教育强国事业。"这不仅为学校指明了方向，更赋予了我们深重的责任与使命。作为一名肩负教育重任的校长，我深刻体会到家校合作在孩子成长道路上的不可或缺。

为了积极贯彻落实习近平总书记的指示精神，学校创建了"家长智库"，充分挖掘并发挥家长们所蕴含的专业优势与丰富智慧，让家长们的宝贵经验与独到见解成为滋养孩子们心灵的甘露，成为推动孩子们成长进步的强大动力。通过"家长智库"的建立与运行，能够更好地汇聚家校双方的智慧与力量，共同为孩子们的全面发展与健康成长保驾护航。

首先，"家长智库"的创建，是学校在全体家长范围内招募了一批从

---

① 陈辉，陈虹. 家校社协同育人再研究：基于责任边界的视角 [J]. 教育科学研究，2024（03）：35-42.

事各种专业的学者、专家以及岗位优秀工作者，充分发挥各自的专业优势，号召家长走进校园，走上讲堂，为学生带来思行结合的盛宴，形成家长参与学校活动的长效机制，极大丰富了学校教育的途径和方式，也为后续的活动开展提供了坚实基础。其次，建设和完善家长、学校和家长委员会，推出"家长大讲堂"系列活动，特别邀请来自科研院所的家长主讲，通过科学小实验等方式，带领同学们探索神奇的大世界，融教育性、科学性、趣味性于一体，让孩子们在科技体验中拓展了认知、创新了实践、陶冶了情操。已有近百位家长走进课堂，为孩子们带来了知识与乐趣的双重收获。

此外，学校每学期都会开设"家长开放日"，让家长走进班级，感受孩子们的学校生活和课堂表现。这一天，家长们不仅可以近距离观察孩子们的学习状态，还可以一起参与各种活动，增进亲子感情。学校微信公众号平台开设"心语阁"，借助培训机构创建"家庭教育指导服务平台"，线上学习与线下学习结合，有效促进家校社共育。借助"家庭教育指导服务平台"，线上学习与线下专题培训结合，有效促进家校共育的深入开展。学校还专门设计了"成长册"纪念活动，每年的入学典礼，邀请一年级小同学和家长一起参加，并在现场由父母为孩子赠送"成长册"，记录未来六年的成长点滴。每年毕业典礼上，学生与家长重温成长册，回顾成长历程。

学校、家庭、社会三位一体协同教育，打通了家校间沟通障碍的壁垒。三年来，家长对学校的满意度逐年提升，在全区总结会上得到表扬。有家长感言："童年是一个虚怀若谷的书包，小时装进什么，长大就能摸到什么。在这所好学校，我们的孩子摸到了知识，摸到了美德，摸到了欢乐……"还有一位学生家长创作了《江城子·北医附小》，为自己心目中的好学校这样画像：古寺旧舍北医边。新校园，学子欢。杨柳多情，弄姿楼宇间。泰斗大师随时有，书香蔼，沁心田。教书育人两相兼。心灵动，美多面。先生教导,萦绕在耳畔。书山有路勤读好,气自华,一生攀!

学校、家庭、社会三位一体,拓宽了教育内容与渠道,为学校发展提供了强大的支持,更形成了学校发展强有力的助推器。只有家长和学校携手合作,才能为孩子们创造一个更加美好的成长环境。未来,学校将继续深化家校合作,不断创新合作模式,拓宽合作领域,努力构建更加和谐、高效的家校共育机制,积极引导家长们参与到学校教育的各个环节中来,让每一位家长都能成为学校发展的同盟军,共同为孩子营造一个更加优质、更加有利于成长的教育环境,共同为培养德智体美劳全面发展的社会主义建设者和接班人贡献力量。

(二)构筑综合育人立交桥

2024 年,教育部等十七部门联合印发《家校社协同育人"教联体"工作方案》,方案提出"教联体"是以中小学生健康快乐成长为目标、以学校为圆心、以区域为主题、以资源为纽带,促进家校社有效协同的一种工作方式。多年来,在区委区政府支持下,与有关部门、社会资源单位协调联动,学校发挥主导作用和专业指导优势,强化与家庭、社会沟通协作,因地制宜建立"教联体",凝聚"人人、事事、时时"育人合力,推动家校社协同育人工作落实落地。

多特蒙德工业大学的托马斯·劳申巴赫教授指出,教育是一个终身的过程,大部分教育活动实际上发生在学校之外。除了学校教育,家庭、社区等校外环境在孩子的成长过程中扮演着至关重要的角色。非正式的学习环境是孩子们掌握生活技能、培养兴趣和热情的重要场所。在我看来,学校、家庭和社会不是相互孤立的教育"孤岛",而是彼此联系、相互补充的"环岛"。

多年来,学校坚持"开门办教育",与周边单位及社区建立了良好和谐的友邻关系,借力社会优质资源搭建综合育人"立交桥"。从地域资源上来看，学校位于北四环中路，周边单位和社区主要分布有高校医疗单位、老干部疗养机构、军事科研单位、社区街道，优质资源丰富，文化底蕴深厚。资源不等于财富，善于利用资源的人，才是真正的富有者。教育资源与社会实践的深度融合对于培养学生核心素养与综合能力具有重要价值。因此，学校积极挖掘、利用周边社区、部队、院校等优质资源，精心策划并实施了一系列"进社区""进家庭"等主题教育和社会实践活动。

走进社区，成立"康+"共育家庭教育社区咨询服务中心，通过挂牌咨询服务，为社区居民提供家庭教育方面的专业指导。积极参与社区主题活动，剪纸、京剧等传统文化活动走进社区大舞台，丰富了社区居民的文化生活，也让学生有了更多的实践机会。走进校园，将社区的优秀传统文化资源引入校园，开设非遗公益大讲堂，让学生在课堂上就能感受到传统文化的魅力。走进家庭，与家庭、社区联手，共同开展了"小手拉大手，传承中华优秀传统文化实践体验"活动。

丰富的社会支持为学生提供了个性化的发展舞台，带来了既有理论深度又有现实温度的育人体验。在职业体验方面，依托学校的办学特色和课程体系，联手北大、林大心理系，北大医学部，东直门中医院等高校和机构，建立大学生志愿服务基地，将活动与课程紧密结合，固化为主题实践体验活动，使学习更加贴近生活、贴近实际。基于学校心理健康教育特色和丰富的高校资源，开设心理咨询服务、健康教育课程和中医药课程。与中国科学院、中国气象局、中国科技馆等科研机构合作，举办科学家大讲堂、气象天文知识讲座等活动，拓宽科学视野。

在专家团队建设方面，学校聘请了中国教育科学研究院、北京师范大学、北京教育学院、海淀教科院的多位研究员、教授作为学校发展专家顾问，为学校的发展和研究提供专业指导和理论支持。还邀请了来自全国的非遗传承人、著名艺术院校和剧团的专家与艺术家参与学校特色课程的实施，提升了学校的教育质量和水平。

2023 年 12 月，学校加入北大附中教育集团，标志着在教育教学改革、人才贯通培养、优质资源共享等方面将开启新篇章。学校将与北大附中教育集团开展深度合作，实现聚力汇智、和谐融通，继续打造社会资源与实践融合、与生活结合、与家校联动的育人格局，实现学生核心素养和综合能力的精准培养，为学生的全面发展奠定坚实基础。

第二篇

上下求索　引领课程建设方向

最好的教育，藏在最美的课程里。陶行知先生在近百年前便深刻指出，"教育界责任之最重要且最紧迫者，莫若利用教育学解决学校课程问题。盖课程为学校教育之中心，假使课程得有圆满解决，则其他问题即可迎刃而解"。课程是实现学校办学理想和育人目标的基本路径和核心载体，承载着学校实践探索的"全景蓝图"。数十年的发展历程中，学校始终立足发展需要，紧随时代脉搏，对课程体系进行革新与升级，打造出一套科学完备、独具特色的"康+"课程体系，成为驱动学校高质量发展的不竭动力。

第一章　课程体系建构的源头活水

　　课程是学校实现育人目标、促进学生身心全面和谐发展的关键路径。如何通过课程的创新与实施，有效促进学生全面发展，是深化新时期育人方式改革的核心议题。作为校长，我深知要构建适合学校发展的课程体系，必须从多维度、深层次进行细致入微的分析与规划。学校课程体系的构建是一个系统工程，需以国家政策为引领，以时代发展为参照，以学校发展为依托，以学生成长为根本，不断探索与实践。

　　多年来，我带领学校领导班子和教师团队持续深化课程体系建构的理论研究与实践探索，努力构建既符合国家要求和时代发展，又富有学校特色的、能促进学生全面和谐发展的课程体系。

一、新时期课改政策的导向

　　国家教育政策是课程体系构建的宏观导向，为教育改革提供了明确的方向指引，我们必须紧跟国家教育改革的步伐，将最新的教育政策要求融入课程体系构建理念和实践之中，确保教育实践始终与国家发展大局同频共振。

（一）全面落实五育并举，实施融合育人

2018 年，习近平总书记在全国教育大会上强调："要努力构建德智体美劳全面培养的教育体系，形成更高水平的人才培养体系。"为满足新时代人才培养需要，教育开始从注重知识与技能的传授转为注重学生德智体美劳的全面发展，既是对现代教育改革方向的深刻诠释，也是现代教育改革从"知识本位"到"素养本位"的渐变过程。"育人之本，在于立德铸魂"，培养德智体美劳全面发展的学生，旨在贯彻落实"立德树人"根本任务，有利于推进教育评价改革和促进人的全面发展。

2019 年，《关于深化教育教学改革全面提高义务教育质量的意见》将"五育并举"作为素质教育发展的内在动力和新时代人才选拔的新课题，进一步凸显了其重要性。顾明远教授指出，五育是增强学生综合素质的基础性工程，学校应在此方面下足功夫。"五育融合"强调的是五育并重并抓，并非孤立存在，而是相互依存、相互促进的有机整体，共同构成了学生全面发展的基石。唯有实现五育间的融合互通，才能真正打开协同育人的新格局，为学生的全面发展提供强有力的支撑。[①]

我深知，课程作为"五育融合"教育任务的有效载体，是将教育政策转化为实践的关键环节，直接决定了教育实施的质量与效果。构建系统的"五育并举"课程体系，对于促进学生德智体美劳的全面发展具有至关重要的意义。"五育并举""五育融合"是教育政策的导向，更是教育实践的行动指南。

"五育并举"，意味着课程体系必须全面覆盖德智体美劳五大领域，确保每位学生都能在知识的海洋中遨游，在道德的土壤中扎根，在艺术的天空里翱翔，在体育的赛场上奔跑，在劳动的实践中成长。这五大课

---

① 屈玲，冯永刚."五育并举"学校课程体系的构建及保障[J]. 中国电化教育，2023（12）：41-47.

程领域如同五根坚实的支柱，支撑起学生全面发展的广阔天空。而"五育融合"，则是课程体系构建中的深层次问题，其内在要求是在"五育并举"的基础上，进一步打破学科壁垒，实现教育内容、方法、评价的深度融合，这不仅是教育理念的革新，更是教育实践的创新。鼓励教师在课程设计和实施过程中，深入挖掘不同教育领域之间的内在联系，通过跨学科的主题式学习、项目式学习等方式，让学生在实践中体验、在体验中感悟、在感悟中成长。

"五育并举"与"五育融合"的实施并非一蹴而就，而是一场深刻的教育变革。教师是实施"五育并举"与"五育融合"的关键。学校定期组织教师参加专业培训，学习先进的教育理念和教学方法，提升跨学科教学能力和课程整合能力；鼓励教师开展教育教学研究，探索适合本校特色的"五育并举"与"五育融合"实践模式。在课程资源的整合与共享方面，充分利用学校内外的教育资源，包括图书馆、实验室、艺术馆、体育馆等，为学生提供丰富多样的学习体验。加强与其他学校的交流与合作，共享优质课程资源，共同推动"五育并举"与"五育融合"的实践与发展。

总之，"五育并举"与"五育融合"是构建学生全面发展课程体系的核心要求，更是对每一位教育工作者的挑战。作为校长，我要求自己和教师团队一起，不断更新教育理念，提升教育能力，以更加开放、包容、创新的心态去迎接这场教育变革。

（二）聚焦学生核心素养，深化课程改革

美国当代教育家布鲁纳曾说："每个时代都有发展其教育的梦想，并赋予这些梦想新的形式。"[①]《义务教育课程方案（2022年版）》及各学科

[①]〔美〕杰罗姆·布鲁纳. 布鲁纳教育文化观 [M]. 宋文里等，译. 北京：首都师范大学出版社，2012：21.

课程标准的颁布，对义务教育阶段的课程结构、课程目标、课程内容、课程实施及课程评价等课程与教学的主要问题进行了全面规划和设计，提出了很多新的观念和政策主张。仔细研读《义务教育课程方案（2022年版）》发现，贯穿其中的一条主线是"全面体现核心素养导向"或"追求核心素养的真正落地"。[①] 这无疑是立德树人根本任务在新时代的具体化表达。以"全面发展的人"为根本出发点和最终归宿，是新时期教育的育人目标，要求学校在深化课程教学改革、推进育人方式转型的过程中，必须牢牢把握核心素养这一要素，全面提升育人质量。

课程改革，如同一场波澜壮阔的航程，有着相对统一的航向。对于学校而言，我们的任务是充分理解课程改革的精髓，以坚定的决心和有力的行动去执行，确保改革的每一步都走得稳健而扎实。在课程改革深入推进的今天，课程体系构建的方向和质量，关乎教育教学质量的提升，更决定着课程改革能否在课堂这片沃土中生根发芽、开花结果。褚宏启教授在《推进核心素养导向的课程与教学改革》主题报告中提出，核心素养是高级素养，也是核心竞争力，是课程建设的导向和指挥棒，要把核心素养导向的课程理念充分细致落实在每一个学科的课程目标、课程结构、课程内容、教学建议、学业评价的方方面面，真正让核心素养聚焦落地。因此，我更加坚定以核心素养为引领进行教育改革，让核心素养真正成为教育教学的灵魂和核心。

在我看来，通过课程落实学生核心素养的培养是一项系统工程，需要在课程结构的优化、课程内容的选择与组织等方面下足功夫。在课程结构上，要设置能够促进学生身心素养全面发展的课程门类及结构，确保学生能够在多元化的课程体验中获得全面的成长。在课程内容选择上，要紧紧围绕核心素养的培养需求，精心筛选内容，确保每一门课程都能为学生的

---

① 陈佑清，胡金玲. 核心素养导向的课程与教学改革的特质——基于核心素养特性及其学习机制的理解 [J]. 课程·教材·教法，2022（10）：12-19.

核心素养提升提供有力支撑。在课程组织上，要强调综合化、结构化及实践化的课程形态，通过跨学科整合、项目式学习等实施方式，让学生在实践中学习、在探究中成长。

对此，学校在认真落实"双新"的基础上，更加注重对课程标准的贯彻执行。一是强化课程育人导向，将学校育人目标与培养目标相结合。二是优化课程内容结构。基于核心素养发展要求，遴选、设计课程内容，增强内容与育人目标的联系，优化内容组织形式，强化实践性要求。三是加强学段衔接。注重幼小衔接，注重活动化、游戏化、生活化的学习设计。依据各年级小学生在认知、情感、社会性等方面的发展，体现课程的连续性和进阶性。

学校遵照国家、市区文件精神，结合自身所在区域特点，亟须构建符合素质教育要求的进阶式课程实施方案，以推进教育教学高质量发展。面对新时代的挑战与机遇，学校需要以更加坚定的步伐、更加开放的姿态、更加创新的思维，深入推进核心素养导向的课程与教学改革。

二、时代高速发展的人才需求

社会发展是课程体系构建的现实依据。21世纪的社会现代化程度大大提升，对人才素质提出新的要求。人才的培养有赖于教育，而当前新一轮科技革命和产业革命正在兴起，互联网、人工智能等新技术的发展正在重塑教育形态，教育现代化不断推进，必须加强课程教材体系建设，科学规划课程体系，充分利用现代信息技术，丰富并创新课程形式。课程必须紧跟时代潮流，融入社会热点问题，培养具有创新精神、实践能力和社会责任感的新时代人才，增强学生社会适应能力和解决实际问题的能力。

我们深知，教育应着眼于未来，尽可能多地为学生提供面向未来的机会。课程体系是建设高质量教育体系的关键，为实现教育强国的战略目标服务。党的十九大报告指出，优先发展教育事业，努力让每个孩子都能享有公平而有质量的教育。落实到学校层面，要在人工智能时代下发展学生的素养与创新，需要构建更科学的课程体系。

兴邦在于立人，课程体系建设是推动实现立德树人根本任务、落实人才强国战略的奠基性工作。因此，课程体系建设应当立意高远，瞄准"为实现国家重大战略服务，为新时代人才培养服务"。课程体系建设要从理论深化、结构创新、科技引领以及形式丰富等方面入手，构建符合新时代经济社会发展需要的适应性、发展性、超前性的课程体系。可以说，新时代课程体系建设只有"站位高"，才能"方向明""思路清"，走高质量发展之路。

党的二十大报告指出，教育、科技、人才是全面建设社会主义现代化国家的基础性、战略性支撑，必须坚持科技是第一生产力、人才是第一资源、创新是第一动力，深入实施科教兴国战略、人才强国战略、创新驱动发展战略。此外，报告还旗帜鲜明地提出"全面提高人才自主培养质量，着力造就拔尖创新人才"，这为新时期科技创新与人才培养工作指明了方向，也为基础教育阶段拔尖创新人才的早期培养绘出底色。

学校汇聚了学识渊博的教师队伍与浩瀚无垠的书籍资源，历来被视为知识传承的殿堂。然而，在科技日新月异的今天，互联网浪潮已悄然改变了知识获取的方式，学生们只需轻点屏幕，便能遨游于知识的海洋，聆听全国乃至全球顶尖教育家的精彩讲授。无疑对学校传统教育模式提出了前所未有的挑战。面对这一变革，我不得不深思：如何在新的时代背景下，将素养培育与应试教育有机融合，培养出既具备扎实学识，又拥有创新思维与全面能力的新时代人才？当前，众多学校正置身于一个微妙的平衡木上。一方面，渴望通过深化素养教育，为学生的全面发展与创新能力培养铺设基石。另一方面，又担心可能会在一定程度上影响考试成绩。

创新是引领发展的第一动力，信息技术的飞速发展正是创新的产物，课程变革同样如此。在我看来，解决这一难题的关键或许在于转变教育理念，做到"养土而非揠苗"。真正的创新人才培养，绝非简单地将那些智力超群或拥有特殊才能的学生挑选出来，进行集中培养，而是在更广阔的层面上，通过优化教育环境，构建一个鼓励探索、支持创新、包容失败的学习氛围，让每一名学生都能在这片肥沃的土壤中自由生长。

在学校层面，这意味着课程与时代高速发展同频共振，为学生提供多样化的学习选择与机会，构建适合个性发展的课程体系，激发学习兴趣与内在动力，鼓励自主学习与创新实践，让学生在探索与实践中发现自我、塑造自我。新时期，新变化，我们必须勇于担当、积极作为，以更加开放与包容的心态，构建一个有利于创新人才成长的生态环境。

三、学校育人目标的方向指引

怀特海在《教育的目的》一书中强调，教育改革的首要之务在于学校需具备自主开发课程的能力。课程是学校育人理念和办学目标的直接体现，作为校长，我始终将课程体系构建视为学校发展的核心任务之一，这不仅是应对时代变迁、满足学生多样化需求的关键，更是贴合学校特色、实现教育目标的重要途径。

（一）立足校本特色，构建"康+"课程体系

《基础教育课程教学改革深化行动方案》中第一项重点任务明确指出，学校根据培养目标，立足办学理念和学生发展需要，分析资源条件，因校制宜规划学校课程及其实施。学校以促进学生全面而有个性地发展、健康成长为目标，高质量落实国家课程，建设校本课程，将课程理念，原则要

求转化为具体的育人实践活动，构建体现学校办学特色的课程育人体系，注重持续优化。唯有将这第一步走通走顺，学校才能乘上课程变革的东风，打造出独具学校特色的全面育人体系。

我认为，构建个性化、有特色的课程体系结构，是学校课程顶层设计的核心所在。课程作为学校实现育人目标的载体，应当体现出学校的办学特色。然而，当前学校的课程建设往往呈现出"千校一面"的现状，大多缺乏自主的建构。如何在落实国家普适性课程政策的同时，形成特色化的学校课程体系建设，是当前很多学校面临的难题。[1]课程体系的构建不仅要传承学校悠久的历史传统，符合本校生源的实际情况，确保学校培养目标的根本达成，体现"以人为本""多元文化和自主选择"的学校课程核心价值观，遵循课程设计的基础性、实践性、选择性、整合性和时代性原则，还应展现出学校课程体系在同类型学校中的独特差异和鲜明特色，这是提升学校竞争力、实现教育创新的关键。

学校办学特色和价值取向是学校课程建构的源头。每一所学校都承载着独特的历史使命与文化底蕴，文化底蕴是学校发展的根脉，彰显了学校特色，也是学校课程构建的基本根基。因此，充分利用学校的历史积淀、资源优势及特色项目，打造出具有鲜明特色的课程体系，更能彰显学校的品牌魅力与教育实力。

学校课程建设是一个文化寻根的过程，要从历史的文脉传承中汲取丰富的营养。在构建学校课程体系的过程中，我始终强调要深挖校史、立足校本、融入校情。我们聚焦教育前沿理念，紧扣时代发展脉搏，深入挖掘地域资源和文化内涵。从办学理念和育人目标出发，剖析学校课程发展的历史底蕴和文化内涵，将"心育"理念融入课程体系的构建，确立体系名称，提炼课程理念，规划课程设置，绘制出"康+"课程图

---

① 杨清. 学校课程群构建：为何、是何与如何 [J]. 教育科学研究，2023（10）：65-72.

谱，加强课程的一体化实施，完善评价机制，探索课程设计的一体谋划、一体衔接、一体落实。

可以说，深挖校本文化为学校课程体系的发展提供了坚实的根基和清晰的脉络，其如同源源不断的活水，为"康+"课程的发展注入了新的活力和动力，进一步夯实了课程育人的根基。

（二）高质量课程体系，推动教育优质发展

我国著名教育家叶澜曾评论："对于基础教育阶段的中小学来说，可以将其具体所指理解为'高质量课程体系建设'。因为课程与教学是学校基础性活动的日常表达。"换言之，高质量学校课程体系，是学校高质量发展题中应有之义。课程体系建设是学校教学基本建设的核心内容，是推进教育创新、深化教学改革、提高教学质量的重要途径。

党的十九届五中全会明确提出"建设高质量教育体系"。2022年，习近平总书记在党的二十大报告中强调："坚持以人民为中心发展教育，加快建设高质量教育体系，发展素质教育，促进教育公平。"课程是国家意志在教育领域的重要体现，是教育目标顺利实现的核心载体，更是落实立德树人根本任务的关键途径。因此，学校要进行高质量的课程建设，发挥课程育人的重要功能。

2023年，教育部办公厅印发《基础教育课程教学改革深化行动方案》，从课程方案落地规划、教学方式变革、科学素养提升、教学评价牵引、专业支撑与数字赋能五方面提出了十四项举措，为推动国家课程方案及课程标准转化落地绘制了行动指南，提出"学校以促进学生全面而有个性地发展、健康成长为目标，高质量落实国家课程，建设校本课程，将课程理念、原则要求转化为具体的育人实践活动"，坚持因地制宜"一地一计"、因校制宜"一校一策"，持续优化改进国家课程方案的落实工作。

2024 年，北京市中小学步入"课程改革年"，为此，北京市教委印发了《北京市深化基础教育课程教学改革实施方案》，目标要求经过 3 至 5 年努力，德智体美劳全面培养体系进一步完善，市区校联动、跨部门协同推进课程教学改革的长效工作机制进一步健全，高质量实施新课程新教材的能力进一步提升，学生核心素养培养机制进一步完善，课程教学改革形成新气象。课程在学校教育工作中处于核心地位，如果课程没有进行相应改革，客观上就会制约教学改革的进展。

在我看来，高质量的学校课程与课程体系构建的完善程度、校本化、多样性等密切相关。《义务教育质量评价指标》提出要"加强课程建设……有效开发和实施地方课程、校本课程"，用意正在于完善学校课程体系。我认为，一所学校在课程体系中存在着发挥不同结构功能的多门类课程，它才可能是高质量的。学校课程应当有自己校本化的想法、做法，在过程中积累校本化成果，不断提高课程建设质量。正是抱着这样的想法，十多年来，北医附小坚定地持续完善课程体系建设。

为全面贯彻落实党的教育方针，坚定不移地推进立德树人这一根本任务，学校持续深化课程教学改革，致力于全面提高教学质量，以促进学生在德、智、体、美、劳各方面的均衡发展。在此过程中，我们始终坚持以习近平新时代中国特色社会主义思想为引领，秉承为党育人、为国育才的崇高使命，积极传承和弘扬中华优秀传统文化，围绕"培养新时代灵动少年"的育人目标，遵循教育教学规律和学生身心成长规律，积极培育和践行社会主义核心价值观。在此基础上，着力构建适应新时代要求的、核心素养导向的课程体系，注重激发课程建设的内在动力，不断增强课程的适应性和针对性，确保课程能够全面育人、高质量育人。

为进一步提升教育质量，我始终将高质量课程体系的建设作为推动学校教育优质发展的关键所在。通过持续改革与创新，努力打造具有鲜明时代特色和优质育人成效的课程体系，推动学校教育的整体提升。

四、学生全面发展的热切呼唤

学生成长是课程体系构建的根本出发点和落脚点，必须始终以学生为中心，关注学生的全面发展与个性成长。通过构建多层次、多维度的课程体系，满足不同学生的需求，激发学生的内在潜能，培养学习兴趣与热情，为学生未来发展奠定坚实的基础。立德树人是教育的根本任务，课程是学校落实立德树人根本任务的重要载体。

（一）以人为本，坚守立德树人使命

蔡元培先生曾说："教育是帮助被教育的人，给他能发展自己的能力，完成他的人格，于人类文化上能尽一分子的责任；不是把被教育的人，造成一种特别器具，给抱有他种目的的人去应用的。"陶行知先生也说："教育是依据生活、为了生活的'生活教育'，培养有行动能力、思考能力和创造力的人。"可见，教育的本质，是对学生内在潜能的挖掘与拓展，更是对其人格的全面塑造与升华，使每个学生都能超越自我，以更加饱满的姿态站立于世界，而学校就是为学生搭建舞台、拉开大幕的实施者。

作为校长，我始终坚信，学校课程体系的建构必须以"人"为核心，将学生的健康成长与全面发展视为教育的首要任务。我们的一切努力，都应遵循教育的基本规律以及学生身心发展的自然法则，致力于构建一个以学生为中心、以师生共同发展为本的课程体系。坚持五育并举，追求学生的全面发展，将学生发展核心素养作为课程体系构建的基石。关注学生的知识技能掌握，更重视其品德修养、身心健康、审美情趣和劳动实践等多方面素养的培养，在每一个细节中都彰显出"育人"本色，坚定落实立德树人根本任务。

创造适合每个学生发展的教育，课程是最主要的载体。课程是实践形态的教育，是达成教育目的的重要载体，教育的目标价值主要通过课程来体现和实施。随着课程改革的推进，学生的课程需求日益需要关注。为每个学生提供适合的教育，学校课程就必须在重视所有学生基础能力培养的同时，关注学生的差异化发展需求。不同学生具体的课程需求有所不同，这就要求学校在确保国家课程有效实施的基础上，开发适合本校学生的校本课程。

为全面落实立德树人根本任务，探索课程育人有效策略，学校构建了具有鲜明特色的"康 +"课程体系，实现了课程选择多样化、课程资源丰富化、课程实施高效化、课程评价多元化，为学生全面而有个性的发展搭建了更广阔的平台。

（二）个性发展，满足师生需求召唤

19 世纪法国文艺理论家、史学家丹纳曾说："自然界有其独特的气候，它决定了何种植物能够繁衍生息；精神世界同样拥有其气候，它的变迁则引领着不同艺术形式的诞生……正如动植物的形态由其生长环境所塑造，精神文明的产物也只能在其特定的环境中得以诠释。"这一观点与中国古语"橘生淮南则为橘，橘生淮北则为枳"不谋而合，都是强调环境对于事物发展的深刻影响。

在我看来，学生的天赋如同种子，而社会环境则如同滋养其成长的土壤、水分、空气和阳光。学生的个性心理，是在社会实践的熔炉中锻造的，在人与人的交往互动中相互"雕琢"和"塑造"，而教育正是这一过程中的重要力量。马克思曾指出："一个人的发展，深受与他直接或间接交往的所有人发展的影响。"教育者无疑扮演着最为关键的角色，在潜移默化中塑造着学生的品格，引领着他们走向更加宽广的人生道路。因此，学校要积极利用教育环境中的积极因素，为学生的成长提供有力的支持；努力限制和排除学校教育中消极因素的影响，确保学生沿着正确的道路前行。

北医附小作为课程整合实验的先行者，多年课程建设的探索与实践让我深刻体会到，科学完善的课程体系是学校教育塑造学生个性、激发内在潜能、培育综合素养的基石。课程体系如同学校教育的骨架，支撑着整个教育大厦的稳固，在潜移默化中塑造着每一个学生的独特风采。为了满足学生多样化的个性发展需求，我们在坚持国家意志和教育方针的基础上，勇于创新，对国家课程、地方课程和校本课程进行深度整合，既保留课程的系统性，又赋予学生更多的选择权和发展空间，构建一个纵向深化、横向贯通的课程体系。

每个学生的差异是我们必须正视的现实，在课程体系的构建中，学校需要始终尊重并珍视每一位学生的独特性，力求"因材施教"，让每一个学生都能在适合自己的道路上奔跑。通过提供多样化的学习路径，鼓励学生主动探索、勇于尝试，让他们在丰富多彩的实践活动中发现自我、深化认知，明确个人发展的方向。

其中，跨学科融合课程能够拓宽学生的视野，培养综合素养，还能将不同领域的知识融会贯通，形成更加全面、系统的思维方式，这对于学生未来适应多变的社会环境、实现个人价值具有重要意义。对于教师而言，课程体系的构建是教师专业成长的重要舞台，这个过程要求教师不断更新教学理念，掌握现代教育技术和方法，作为学生学习路上的引导者和伙伴。同时，教师也能够不断提升自身的专业素养，实现教学相长，共同营造一个充满活力、鼓励创新的教育氛围。

课程体系构建是一项关乎学生全面发展、教师职业幸福与学校教育未来的战略性任务。未来，我将持续推动学校课程建设工作的深化与完善，尽可能地确保每一位学生都能在精心设计的课程体系中汲取到充足的养分，绽放出属于自己的独特光彩。我们的目标是让每一颗种子都能在教育的沃土中生根发芽，茁壮成长，最终成为参天大树，为社会贡献自己的力量。

第二章 学校课程体系的探索之路

自任校长以来，我始终视引领学校基础教育课程教学改革为己任，紧紧抓住每一次课程深化改革的机会，致力于完善、更新学校课程体系。从最初探索"心育"课程，到构建"灵动"课程体系，再到如今"康+"课程体系的日益成熟，学校课程体系已经历了数次的迭代与升级。每一次变革，都凝聚了全校教师们的辛勤汗水与智慧火花，得益于众多专家学者的悉心指导与深入论证。

我们始终立足于学校的实际情况与学生的学习需求，打造出科学完善、符合时代发展的"康+"校本特色课程体系，为师生的智慧成长提供了强有力的支撑，更为学生提供了丰富多样的自主选择机会，让多元课程成为促进学生有效学习的有力载体。

一、立足"心育"，建构灵动课程

自 2001 年起，学校便踏上了心理健康教育的探索征程，历经多年的辛勤耕耘，学校的心理健康教育已形成了独树一帜的品牌特色，赢得了广泛赞誉。多年来，我们始终坚持传承"心育"理念，探索"心育"实践，积淀了丰富的课程资源和深厚的文化底蕴。

初到北医附小不久，我便被学校深厚的"心育"文化底蕴深深吸引。

我深切地感受到，学校"心育"特色理念的实践探索正为学校课程实施注入新活力，为学校特色品牌建设增添了新光彩。因此，基于"心育"特色文化进一步开展深度融合与探索，或许能成为撬动学校高质量发展、开启新篇章的关键支点。正当我为"如何将'心育'与学校发展融合"而苦恼时，转机悄然降临。

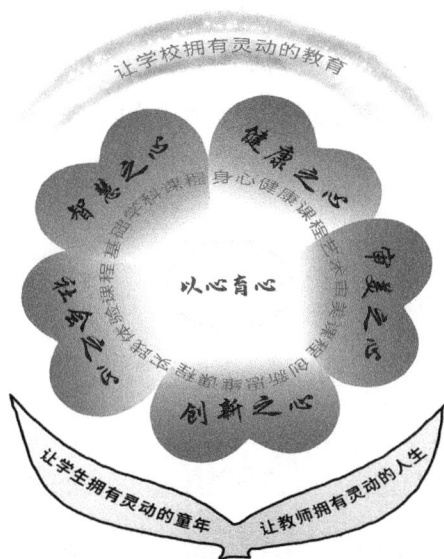

学校课程体系 1.0——"灵动"课程体系图谱

2012 年，恰逢海淀区启动"课程整合，自主排课"的实验项目，这无疑为学校提供了难得一遇的契机。我们紧抓机遇，围绕"心育"文化的核心理念，汇聚了众多专家的智慧与教师团队的深入研讨，正式将"以心育心，让生命灵动绽放"作为学校发展的核心内涵，目的是"让学生拥有灵动的童年、让教师拥有灵动的人生、让学校拥有灵动的教育"。

为了将这一理念落到实处，我们多次研讨，精心设计，构建了"灵动"课程体系，凸显心育课程、心育活动、心育文化的育人功能和办学特色。学校立足"以心育心"，明确提出"培养身心健康的灵动少年"育人目标。学校立足"心育"理念，明确提出"培养身心健康的灵动少年"育人目标，并以"五心"课程目标为核心，即：培育学生的智慧之心、健康之心、审美之心、创新之心和社会之心，全方位满足学生成长需求。在课程体系架构设计上，划分为五大课程领域，即："基础学科课程""身心健康课程""艺术审美课程""创新思维课程""实践体验课程"，并通过"课堂""社团选修""社会大课堂"等实践途径，培养"会学习、健身心、善审美、勇创新、重体验"的灵动少年，促进学生全面发展。此时，"灵动"课程体系已在学校初步成型，成为学校课程体系的特色凝练，更是"心育"办学理念在实践中的生动诠释。

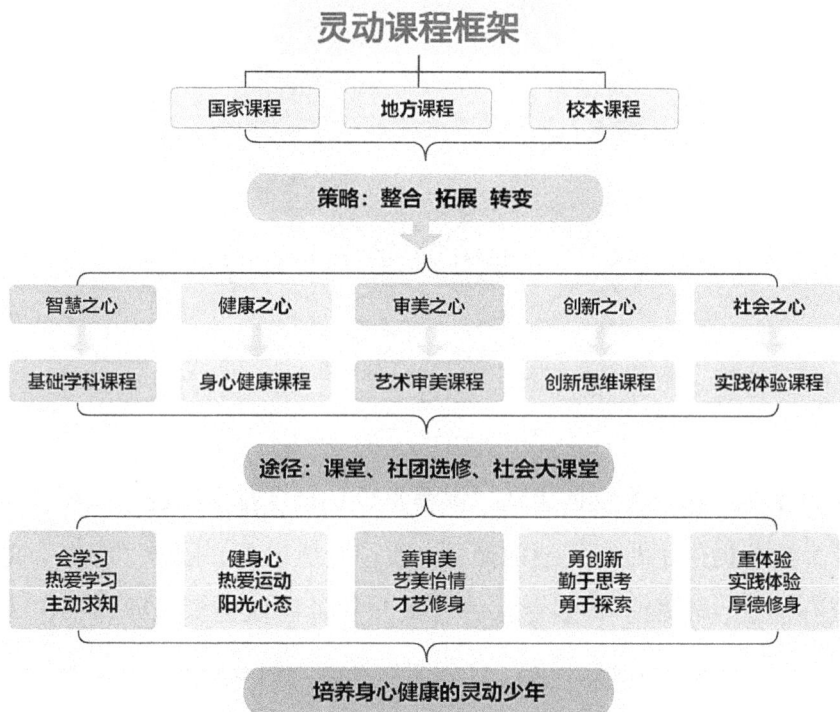

学校课程体系 1.0——"灵动"课程体系

时至今日，回顾"灵动"课程体系建构的整个过程，我内心深处依然洋溢着难以言表的荣幸与感激。有幸成为实验校之一，这对于北医附小而言，不仅是一份荣耀，更是一份沉甸甸的责任。在过去的十余年里，我们矢志不渝地追求"心育"的价值，通过持续不断的课程改革，"心育"理念得以在实践中不断改进和完善。可以说，"灵动"课程体系的构建如同一股强劲的春风，激活了学校的办学活力，让校园生活绽放出前所未有的勃勃生机，为学校课程体系的后续发展、完善以及迭代升级铺设了坚实的基石，开创了一个崭新的良好开端。

作为校长，我深感欣慰的是，这场课程改革显著提升了学校管理层在课程设计与教育策略上的敏锐洞察力与智慧，为学校的特色发展注入活力。这一切都离不开海淀教委、教科院以及众多专家的悉心指导与鼎力相助，正是他们高屋建瓴的视野和深入浅出的指导，让我们在课改的征途中少走了许多弯路。同时，我也对兄弟学校的引领与感召表示深深的感激，在相互学习、相互启发的过程中，汲取了宝贵的经验，碰撞出思想火花。学校全体教师积极参与课程规划与研究，用智慧和汗水为学生们搭建起了一个广阔、自由、能够实现梦想的舞台。

二、传承心育，建构"康+"课程

文明之树若无文化之壤，则难以苗壮；教育之舟若无文脉之舵，则易失方向。2014年，教育部印发《关于全面深化课程改革落实立德树人根本任务的意见》，首次在国家教育政策文件中明确了"核心素养"的重要性。作为海淀区素质教育优质学校，探索核心素养的教育教学实践成为我们不可推卸的责任。学校坚持立足"心育"文化基因，继承"北医"文脉，彰显学校特色优势，重视全员心育，关注学生成长，持续探索开展学校课程的进一步优化提升。

2016年，学校有幸加入海淀区"新优质学校"建设项目，在项目组的悉心指导下，精心谋划了学校的发展蓝图，创造性地提出了"康+"文化理念。"康+"理念是对学校"心育"文化的传承、发扬与拓展，以学校的"心育"特色撬动学生的"全面发展"。"康"寓意着身的苗壮，是心的通达，让生命之花灿烂，让灵动之心跃然；"+"代表着对学生全面发展的不懈追求，将健康与特长、活动、课程等相结合，以健康为圆心，以梦想为半径，以成长为方向，以生命为依托，以美丽为期愿，让师生面面健康，让教育处处美好。

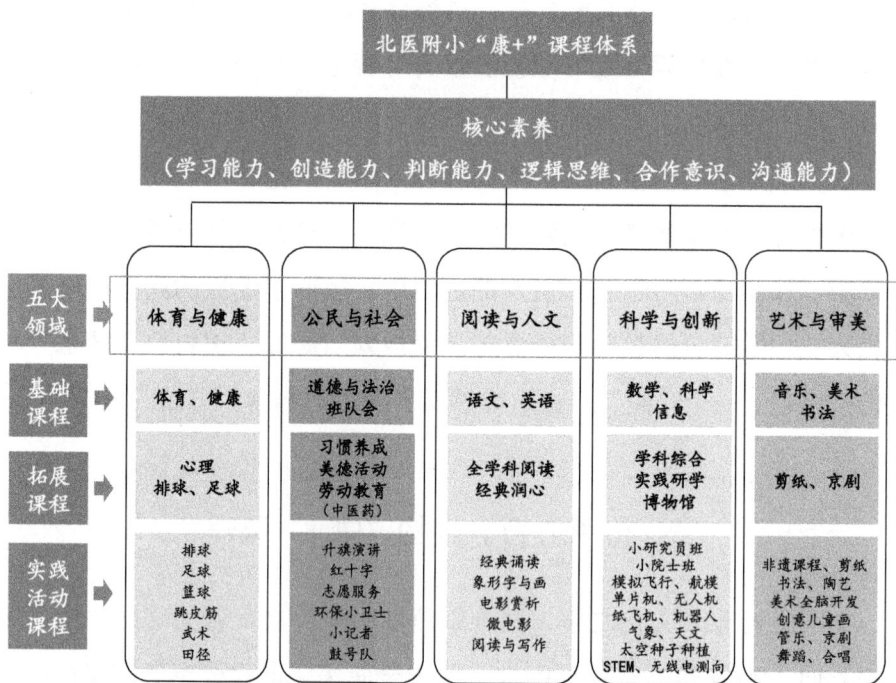

学校课程体系 2.0——"康 +"课程体系

我始终坚信，无课程、不特色，无特色、不自主。随着核心素养理念的深入人心，革新学校课程势在必行。为满足学生多元化、个性化的学习需求，我们聚焦于学生核心素养的培养，深化课程一体化的实践研究，将"康 +"理念真正落实到学校课程建设和课堂教学中，目标是通过学校课程的再造与学习，让学生拥有健康的身心、扎实的文化基础、敏锐的问题意识、解决问题的能力以及批判性思维和完满的人格特质。

"课程，是教育思想的源泉；是创造活动的源头；是教育信念的萌发地。"学校始终坚守"教育从心开始"的核心理念，围绕"护生命之花，育灵动之心"的办学宗旨，积极构建了一个面向全体、多元开放的"康+"课程体系。在"康+"课程体系的构建中，紧密围绕五育并举教育方针，以学习能力、创造能力、判断能力、逻辑思维、合作意识、沟通能力六大核心素养作为支柱，通过基础课程、拓展课程、实践活动课程三个层级，体育与健康、公民与社会、阅读与人文、科技与创新、艺术与审美五个领域的课程维度，实现课程的全面一体化建设，确保学生在各个领域都能得到均衡而深入的发展。

学校将"5C"课程建设理念植入"康+"课程中，"5C"即 Classic（经典主题）、Culture（文化内涵）、Cross（学科交叉）、Chinese（中国元素）、Communicate（交流展示），有跨界、跨学段的学习实践，有多学科交叉融合，有中国传统文化元素深度嵌入，有经典主题、内涵的沉淀，有丰富的交流展示平台。"5C"课程建设理念的植入，让"康+"课程更加丰富多元，有利于强化学生的成长体验。

在新优质建设工程的推动下，学校在"全面育人"的道路上扎实前行，凝聚全校师生的智慧与力量，不断实现新的发展目标。在整体规划上高瞻远瞩，在"康+"课程体系的完善上取得了显著进展，学校的品牌特色更加鲜明。通过"康+"课程的不断完善与实施，教师在助力学生成长的同时，也实现了自我价值的提升。家长们对学校的满意度显著提升，领导和专家们也给予了高度评价。这一切，都让我更加坚定了继续前行的决心与信心。

三、聚焦素养，升级"康+"课程

工欲善其事，必先利其器。学校积极响应《关于深化教育教学改革全面提高义务教育质量的意见》等一系列重要文件精神，紧跟时代步伐，持续优化并完善"康+"课程体系，力求在素质教育的道路上迈出更加坚实的步伐。2023年12月，学校加入北大附中教育集团，在集团化办学的背景下，与北大附中集团内部各学校携手并进，共同探索新型课程改革模式。在课程研发、教学指导、教师培训、资源共享、课程评估以及课外活动等多个领域，开展了深入而广泛的合作，共同推动课程建设的创新与优化。

学校的各个课程如同散落的珍珠，需要一根无形的线将其串联起来，形成一个完整而有序的系统。为此，我组织了一支由一线骨干教师组成的课程组，深入实践，与专家学者充分论证，在原有的"康+"课程体系基础上，创造性地提出了"一核五维三级"的课程体系架构，如同一根坚韧的线，将原本散乱的课程珍珠串联起来，形成了基于学校实际情况和学生需求的立体化课程群，实现全架构、全流程、全要素的课程重塑与创新。

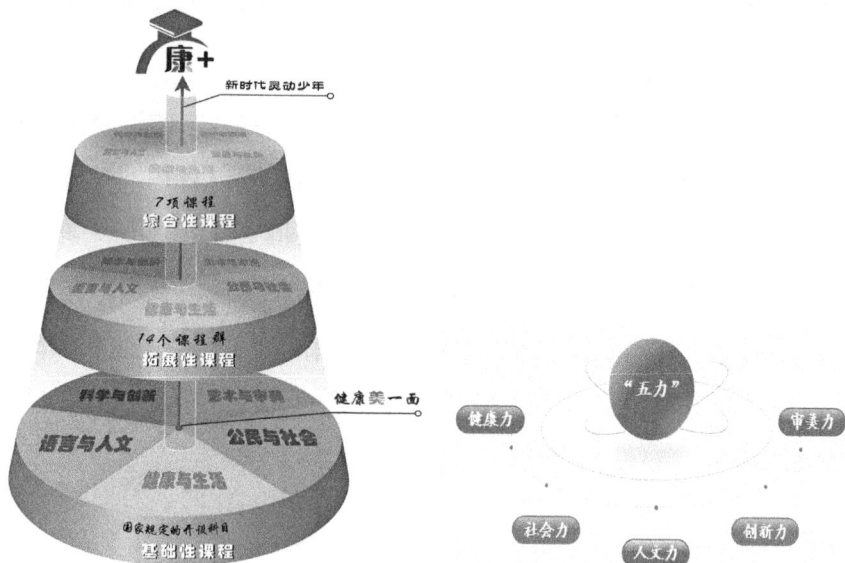

学校课程体系3.0——"康+"课程体系

新的"康+"课程体系坚持以核心素养为导向，紧紧围绕五育并举，通过课程再造与融合学习实现课程的一体化建设，培养全面发展的灵动少年、面向未来的专业型教师，塑造特色鲜明的现代化优质学校。

"康+"课程体系的更新更加凸显教育的"素养本位"，为学生的全面发展奠定坚实基础。"一核"即课程体系的核心——教育的"素养本位"。我们坚信，教育的最终目的是培养学生的综合素养，因此将健康力、社会力、人文力、创新力、审美力这五大核心素养的养成置于课程育人的首要位置。

在课程设置上，按照德智体美劳全面发展的教育理念，将学校课程从横向上划分为五大领域水平维度：健康与生活、公民与社会、语言与人文、科学与创新、艺术与审美。五大领域既各自独立，又相互关联，共同构成课程图谱。注重课程层级的构建，充分挖掘学校优质教育资源，考量课程要素间的内在关联及其相互作用，运用课程结构整合的方式，从纵向上构建"基础性课程、拓展性课程、综合性课程"三个课程层级。三个层级相辅相成，形成了"螺旋式课程"的组织方式，既保证了学生基础知识的扎实掌握，又为他们提供了广阔的知识拓展空间和综合实践机会。

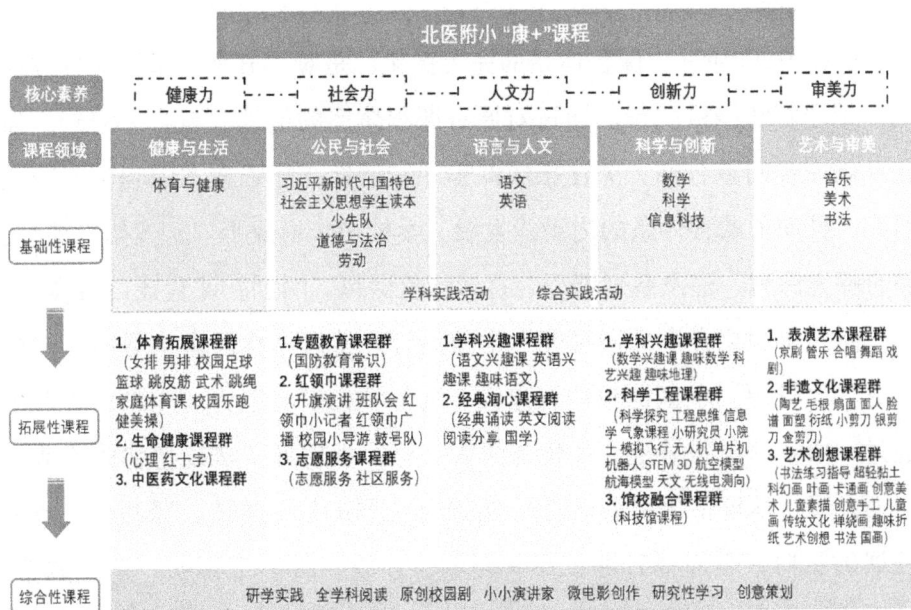

学校课程体系3.0——"康+"课程体系结构

　　"康+"课程体系中的每一类课程都由下一级的课程项目组成，相互关联、互为补充，共同构成了独具特色的课程群。基础性课程以国家规定开设的科目为核心，培养学生的基本素养和公民意识。与学校课堂教学改革紧密结合，积极开展学科实践研究、导学研究和合作学习研究，锻炼思维能力，激发思维意识，强调课程的优质落实。

　　拓展性课程是课程体系中的一大亮点，以校本课程、社团选修课程和课后服务课程为主，拓展学生的认知视野，提升运用知识、探究问题和动手实践的综合能力。我们依托学校的历史文化传承、学生和学校资源特点，开设了多门跨学科融合的拓展性课程，通过跨学科学习和实践，培养学生的综合能力，满足他们的个性发展需求。

　　综合性课程是课程体系中的高阶部分，以研学实践、全学科阅读、创意策划等课程为主，培养学生的想象力、创造力和解决问题的能力。鼓励学生主动创造，通过参与各种综合性的课程项目，提升高阶思维能力和综合素养。

　　可以说，"康+"课程体系的完善优化，是对"五育并举"教育方针的深刻理解和积极践行。通过对原有课程体系的梳理、整合、完善，强化基础课程的整合性，关注拓展课程的开发性，加强校本课程的实践性研究，推动了课程体系的内涵式发展。学校初步形成了"开发拓展课程、整合探究课程、建设系列课程、打造特色课程"的创新课程建设格局。

　　面向集团化办学的新征程，学校始终坚持以学生需求为导向，整合各方优质资源，丰富课程内涵建设，增值学校发展能力。未来，我希望通过"康+"课程的持续优化与深入实施，学生真正实现德智体美劳的全面发展。学校将继续秉承北医70余年深厚的优良传统，紧扣当代教育发展的脉搏，全面提升学校品牌影响，办成一所学生喜欢、家长信任、社会认可的现代化优质学校。

第三章　学校课程体系的构建原则

蔡元培先生曾指出："教育者，非为已往，非为现在，而专为将来。"课程是学校育人的主要载体，聚焦五育融合的课程建设与设计是促进学生德智体美劳全面发展的重要抓手。学校必须牢牢把握特色发展的命脉——课程，明确学校课程体系构建的基本原则，保证学校课程体系构建的质量。

一、坚持传承创新并重，更新迭代课程体系

小学不小，大有可为。学校课程体系的构建，应结合学校办学传统，在传承中谋求创新。不同学校原有的文化底蕴、实践基础不同，课程迭代升级的方向和具体目标也会有所不同。学校要立足自身实际情况进行系统而全面的分析，紧密贴合学校的办学传统，在尊重与传承中寻求创新突破。

文化的传承是学校发展的根基，是文化"血脉"的延续。70多年的学校发展历程中，每一代师生都肩负着传承与创新的双重使命。学校课程体系的构建，无论是细微的调整还是大刀阔斧的改革，都基于对学校文化的理解与育人实践的深度反思，是对时代变迁的积极响应。作为校长，我认为课程体系构建必须深深扎根于学校课程文化的沃土之中，汲

取那些历久弥新的文化精髓和育人智慧。

然而，我深知仅依靠传承是远远不够的。在这个日新月异的时代，知识与技术的更新速度之快超乎想象，对教师成长与人才培养不断提出新挑战，正因如此，学校课程体系必须探索创新。这种创新，绝不仅仅局限于课程内容、教学方法、教学手段等层面的更新，更为关键的是课程的定位、理念与目标要紧密贴合时代发展的脉搏。

自 2001 年义务教育新课程改革全面启动以来，课程改革的要求与指引日益深化，从最初提出核心素养概念，到全面推进核心素养导向的课程教学改革，再到 2022 年新颁布的《义务教育课程方案和课程标准》，核心素养全面融入课标，标志着新课改迈向全面深化的新阶段。[①]因此，在当前"五育融合""核心素养""双减"等政策精神的指引下，坚持传承与创新并重，不断更新迭代课程体系，是学校义不容辞的责任与使命。

二、坚持落实大课程观，推进实施五育融合

陶行知先生关于"全部的课程包括全部的生活，一切课程都是生活，一切生活都是课程"的论断，与当前教育界推崇的"大课程观"理念不谋而合，大课程观所倡导的"时时处处有课程，一事一物皆教育"理念，为我们指明了课程体系构建与改革的方向。要构建一体化的课程方案、落实大课程观，必须立足学生核心素养的培养，将课程与课外紧密结合，从课程目标、课程内容、课程实施等多个维度进行一体化构建。

从历史演进的脉络来看，课程整合是课程一体化的初级阶段，为学校课程体系的整体构建铺设了坚实的基石。自 2010 年起，我国众多中

---

① 田慧生，锥义凡. 全面深化新时代课程教学改革的背景、重点与路径 [J]. 中国教育学刊，2024，（02）：45-49.

小学纷纷投身于课程整合的探索浪潮之中，北京市海淀区更是先行先试。2012 年，北医附小有幸成为海淀区 17 所"课程整合，自主排课"的实验校之一，借此东风，学校紧密结合长远发展规划与学生全面成长的迫切需求革新课程设置，初步勾勒出独具特色的学校"灵动"课程体系框架。后经课程体系迭代升级，以核心素养为导向深化课程整合，逐步形成"康 +"课程体系，实现学科融合、学段贯通、资源整合的一体化课程生态。

课程一体化作为课程整合的深化与升华，核心在于将育人活动视为一个相互交织、深度融合的有机整体。课程一体化设计是伴随北京市课程计划修订出现的一个新的课程设计要求[①]，为我们的教育实践指明了方向。在我看来，课程一体化不仅关乎学校课程宏观层面的顶层设计，更需深入到中观层面的核心课程群建构，乃至微观层面的课堂教学实践之中。

学校办学理念 ➡ 学校育人目标 ➡ 学校课程目标 ➡ 学校课程一体化建设

课程一体化建设脉络图

学校应当立足于培养学生全面发展的核心素养，遵循自上而下的科学路径，即首先明确学校的办学理念与育人目标，构建清晰明确的课程目标体系，对学校课程进行全方位、深层次的一体化设计。具体操作上，我们需要对学校当前的课程建设和实施情况进行全面而深入的调研，准确把握学校课程的现状与挑战，为学校课程的战略定位提供坚实的数据支撑和民主意见。同时，紧密围绕中国学生发展核心素养及学校育人目标，在原有课程建设的基础上构建基础课程、拓展课程和实践活动课程相互衔接、课内课外一体、知识学习与自主实践深度融合的课程结构

---

① 李群. 课程一体化如何实现 [N]，中国教师报，2019-08-21（07）.

模式。

实践证明，学校课程一体化建设的深入实施，打造了具有鲜明校本特色的"康＋"课程体系。在"康＋"课程的实施过程中，我欣喜地看到了变化：学生们更加热爱学校、尊敬教师、喜爱课程；教师们不断提升自身的课程领导能力和课程建设能力，实现了专业发展的飞跃；而学校课程建设实现了最大化发展，做到了从整体上协调课程设计、优化课程结构、减轻学生过重负担。

三、坚持健全全员人格，发展学生核心素养

素质教育是自 20 世纪 80 年代以来关于"培养什么样的人"这一核心问题的深刻思考与中国式回答。而今，从素质教育迈向素养教育，标志着对教育内涵的理解又迈上了新台阶。学校全面贯彻党的教育方针，紧紧围绕立德树人根本任务，立足核心素养的培育，努力形成全员育人、全过程育人、全方位育人的新格局。

雅斯贝尔斯在《什么是教育》一书中说："教育就是一棵树摇动另一棵树，一朵云推动另一朵云，一个灵魂唤醒另一个灵魂。"学校坚守"护生命之花，育灵动之心"的教育理念，视每一位学生为含苞待放的花蕾，相信学生蕴含着无限的发展潜能。始终坚持全员育人，汇聚各方力量，形成育人的强大育人合力；坚持全过程育人，贯穿于学生成长的每一个阶段，打造一条完整而有力的育人链条；坚持全方位育人，不断拓展课程的广度与深度，构建一个覆盖多学科、贯通各领域的育人平台，让每一朵生命之花灵动绽放。

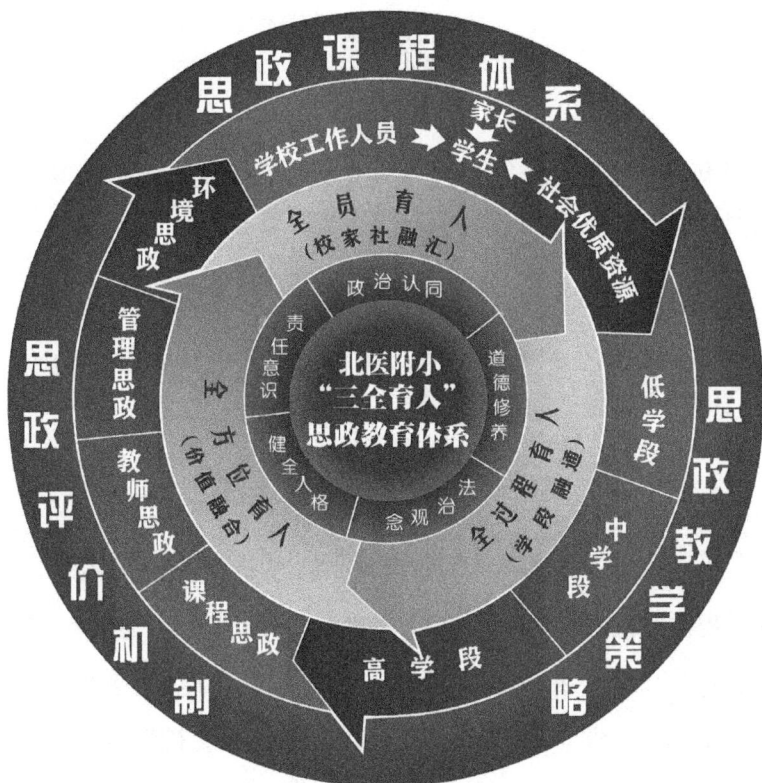

"三全育人"思政教育体系

"三全育人"思政教育体系是学校全员育人、全过程育人、全方位育人的特色实践成果，呈同心圆闭环结构。最内核，紧紧围绕着学生发展的五大核心素养——政治认同、道德修养、法治观念、健全人格、责任意识，引领着培养"十有"北医少年的育人目标。中间层以"三全育人"为理念指导和行动指南，"全员育人"强调的是家校社的深度融合与高效协同，"全过程育人"着眼于学段的融通与衔接，"全方位育人"侧重于价值的融合与资源的深度耦合。最外层由思政课程体系、思政教学策略、思政评价机制衔接构成，形成教育闭环系统，具有从实践中产生、在实践中发展、用实践来检验、到实践中指导的鲜明特色，支撑体系稳健运行。

培养有立场、有理想
的北医少年

政治认同

培养有责任、有担当
的北医少年

责任意识

核心素养

道德修养

培养有道德、有品格
的北医少年

培养有自信、有进步
的北医少年

健全人格

法治观念

培养有尊严、有规范
的北医少年

培养"十有"
北医少年

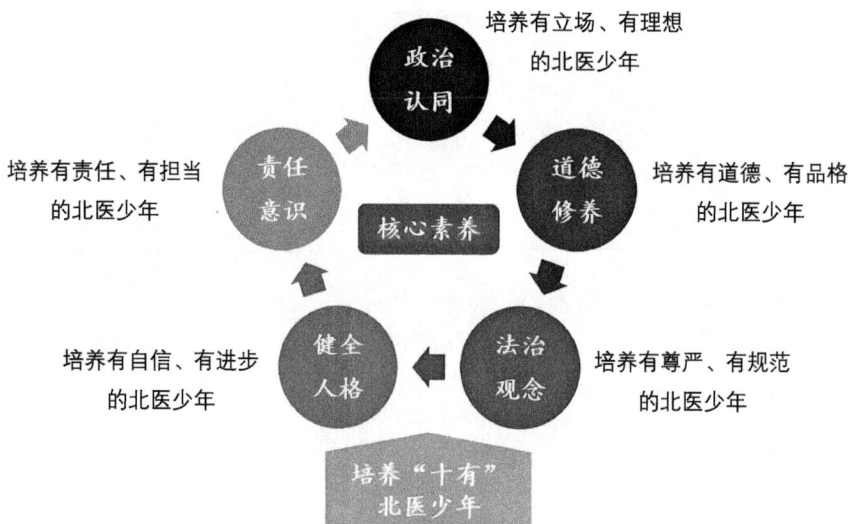

思政教育学生发展"核心素养"

就课程体系的构建方面，学校构建了独具特色的"康+"课程体系，通过整合国家课程、拓展校本课程、丰富社团课程，"普及全员+拓展提高"并重而行，采取了三种实施策略。第一，基础课程全员化。遵循"学科渗透、多学科融合、全员参与"原则，将优秀传统文化巧妙融入基础课程，体现"全员育人"理念。第二，拓展课程校本化。剪纸、经典润心等校本课程已在全国范围内发行教材，鼓励学生全员参与、每周一课。京剧课程也进入低年级课堂，男女分班上课。第三，自选课程社团化。学校开设了16个传统文化社团，涵盖经典诵读、非遗等多个领域，吸引了600余名学生的热情参与。学生自主选课、自主建设，学校精心搭台、精细规划、精准培养，十余项非遗项目在学生心中播撒下"爱非遗、护非遗"的种子。

在教育实践活动方面，学校坚持面向全员，聚焦核心素养的培养，促进学生"身心健康+自主全面发展"，形成了全员心理"养品德"、全员体育"健体魄"、全员美育"育审美"、全员劳动"修品行"的课程育人格局。我相信，通过课程体系的不断完善，学校将为孩子们提供一个全面而多元的成长空间，让其能在知识的海洋中遨游，在艺术的殿堂里起舞，在劳动的田野上耕耘，最终绽放出属于自己的生命之花。

四、坚持面向学生生活，注重培养实践能力

课堂教学绝不应是脱离现实生活的孤岛。著名教育学者周洪宇教授以陶行知先生的"生活教育学说"为基石，进一步提炼出了"生活·实践"教育理念，强调教育必须与学生的日常生活紧密相连，通过丰富多彩的实践活动，使知识不仅停留于书本，而是真正内化为学生的能力与素养。如何将"生活"与"实践"这两大要素有机融合，成为教育创新面临的关键挑战。

反观传统的中小学教育模式，往往局限于教材的讲授，过分强调理论知识的灌输，忽视对学生社会责任感、创新精神和实践能力的培养。针对长期以来传统教育满足"坐而论道"的弊端，强化实践育人，也有很强的现实意义。[①] 因此，我们必须将培养全面发展的人作为课程建设的核心目标，推动课程形态的根本性变革，构建以实践为导向的学校课程体系。周洪宇教授表示，"'生活·实践'教育的根本目的在于使人成为真正意义上的人，即让每一个孩子都能寻找到生命的意义和生活的价值，为人类追寻美好生活注入强大活力"。知识，从来都不应仅仅局限于书本的字里行间，更应源自于丰富多彩的生活与脚踏实地的实践。小学阶段是奠基人才培养的"第一公里"，我们更应深思：如何让教育真正为学生的未来生活铺路架桥，培养出既拥有扎实知识基础，又具备良好实践能力的"接地气"的学生。

2022年，教育部颁布了《义务教育课程方案（2022年版）》和语文

---

① 柳夕浪. 实践型课程：基础教育课程新形态 [J]. 课程·教材·教法，2022，42（06）：14-19+34.

等 16 门学科的课程标准，在课堂教学方式的变革上，突出实践育人价值，要求加强课程与生产劳动、社会实践的结合，充分发挥实践的独特育人功能。突出学科思想方法和探究方式的学习，注重知行合一、学思结合，倡导"做中学""用中学""创中学"。学校积极响应号召，坚持素养导向，强化学科实践，推进综合学习，以课程体系的构建与实施，落实实践育人，确保"双减"落地生根。

首先，学科实践是基石。倡导"做中学"的理念，鼓励学生积极参与学科探究活动，在实践中发现问题、解决问题，建构并运用知识，培养学生的实践能力。其次，跨学科主题实践活动是桥梁。新课程方案明确提出了跨学科主题教学的要求，统筹设计跨学科主题实践活动，确保各门课程都能以不少于 10% 的课时进行跨学科主题学习，引导学生跨越学科界限，实现知识的融会贯通，促进学生整体世界观发展。最后，综合实践活动是舞台。充分利用学校、实验室、大自然、科技馆、博物馆等多元学习场所，通过研学旅行等方式，让学生走出课堂，亲近自然、科学、社会和他者。有助于学生形成对自然世界与社会生活的整体认识，理解自然、社会、科学、技术、环境、生命之间的紧密联系，培养出科学思维习惯和社会责任感。

第四章　五育融合视角下学校"康+"课程体系的重构

2023 年，教育部办公厅发布《基础教育课程教学改革深化行动方案》，要求建构符合学校发展需要和师生成长需求的课程体系，系统勾画课程实施蓝图，引领学校课程教学改革走向深入。2024 年，北京市中小学启动"课程改革年"，学校积极贯彻落实政策精神，将课程建设置于学校发展的核心地位，结合新时代"五育并举全面发展"的教育理念，以学生的健康成长为基础，以核心素养的培育为根本，不断完善课程内容，丰富课程供给，努力打造高质量、有特色的"康+"课程体系。

一、"康+"课程的价值体系

雅斯贝尔斯曾指出："教育须有信仰，缺乏信仰的教育仅能被视作知识传授的技术，而非真正意义上的教育。"教育信仰对于塑造教育理念与价值观的重要性不言而喻。因此，学校课程的建设不能仅仅停留在知识传授的层面，而应深深植根于学校的办学理念、价值追求以及独特的办学特色之中。正是出于这样的思考，在"康+"文化的引领下，我们精心构建了"康+"课程体系，对"康+"文化精神的深刻诠释，为师生成长及学校发展奠定坚实基础。

（一）厘清课程定位，明确发展方向

2023年，教育部先后发布《基础教育课程教学改革深化行动方案》《关于加强中小学地方课程和校本课程建设与管理的意见》，两份文件均强调"因校制宜'一校一策'，把国家统一制定的育人'蓝图'细化为地方和学校的育人'施工图'"，明确课程教学改革的具体路线、措施，为学校实践提供了行动上的指导。

作为校长，我认为课程犹如学校的"心脏"，随着教育的脉搏而跳动，传递着育人的力量。而课程育人功能的发挥，离不开一个科学、合理、完善的课程体系，以及作为立体"图谱"的课程体系的定位与方向。担任校长以来，在我的带领下，学校课程体系已经历了多次迭代升级，在这个过程中，我更加深刻体会到学校课程绝非无根之木、无源之水，而是一种体系化、整合式、智慧型的生长。因此，我们必须清晰地勾勒出学校课程建设的定位、理念、目标，为课程改革绘制出清晰的图景和路线。

聚焦学校课程规划的关键要素进行整体设计，是将国家课程育人"蓝图"转化为学校育人"施工图"的必经环节。教育目的及其价值选择是课程建设首要考虑的问题。课程建设究竟是为了谁？培养目标是什么？建设的方向又在哪里？这些是课程定位的核心，也是每位校长必须深思并给出答案的问题。在我国，坚持社会主义办学方向，培养德智体美劳全面发展的社会主义建设者和接班人，是所有学校的根本遵循和核心价值。然而，根据学段、生源及学校特色的不同，这些原则又会在各校得到具象化的解读和实践。

一个健康、健全、全面发展的人，未来才能拥有幸福的人生。我常常将课程定位比作给学生设计一双合适的鞋子。只有鞋子合适，学生才能跑得更快、更远。基础教育阶段，正是为学生的品德、智力、体质等全面发展打基础的黄金时期。因此，我积极组织学校行政骨干、优秀教师等组建了学校课程建设小组，多次邀请课程专家一起开会研讨，深挖学校"康+"文化特色，对其进行全方位、多维度的完善、升级与优化，探索构建"五育融合"的课程体系。

"康+"课程体系，是学校贯彻落实义务教育新课程方案和课程标准的重要举措。"康"既是北医附小专属的文化定位，具有独特性、不可替代性，也是学校育人追求的体现。健康的身心是快乐生活、幸福工作的前提，也是学生成长成才的基石。因此，我们把促进学生身心健康发展、幸福快乐成长作为学校一切工作的出发点和落脚点，强调塑造学生强健体魄和完满人格，这是贯通六年一贯制课程体系的共同基础。"+"代表无限加成，蕴含着无限性、开放性、融合性、协同性和创新性等多重意义。我希望通过"+"的无限性，激发学生的无限成长潜能；通过"+"的开放性，让课程更加动态开放、鲜活灵动；通过"+"的融合性，实现"五育融合"和学科融合，落实融合育人；通过"+"的协同性，充分利用家庭资源和社会力量，实现协同育人；通过"+"的创新性，让课程不断迭代更新、与时俱进。

"康+"课程体系是学校对课程建设的深刻思考和积极探索，是对教育本质的深刻理解和实践。在"康+"课程定位的引领下，学校以核心素养的培育为根本任务，以学生的全面发展为核心追求，以为幸福人生奠基为教育追求，努力培养更多符合新时代需要的社会主义建设者和接班人。

（二）提炼课程理念，引领教学实践

课程理念，深深植根于课程目标的确立、课程设计的布局之中，在课程实施的每一步实践与课程评价的全面考量中发挥引领作用，为学校课程建设勾勒出清晰方向与前行目标。一所学校的课程理念，应当是与

时代脉搏同频共振的主流价值观的生动体现，以宏大的时代精神为背景，深刻诠释全面发展的教育方针，巧妙融合学校独有的文化与传统的精髓，在全校师生及家长的认同下，逐步内化为学校课程理念的核心内容。

从根本上讲，课程理念决定了学校课程建设的基本走向与长远规划，是学校对于"我们要建设何种课程"这一根本性问题的深刻思考与明确回答，是学校对课程本质的理性认知，是学校课程整体设计蓝图的顶层规划，是对课程价值的深刻认同与不懈追求。

课程是学生健康成长和全面发展的能量场，是梦想实现的原动力。我们经过多次研讨，将"康+"课程理念凝练为"为成长加力，为梦想添翼"。课程理念在学校课程建设中发挥引领作用，揭示了课程实践所蕴含的价值主张与文化底蕴。"为成长加力，为梦想添翼"是学校课程理念的核心表述，蕴含着我们对教育的深刻理解与不懈追求，也承载着对每一位学子成长成才的美好期许。因此，课程理念始终围绕着学生的成长与发展，致力于为学生成长提供有力支撑与丰富色彩，这与学校"康+"课程定位的内在追求不谋而合。

"为成长加力"源于课程定位"康+"文化的生动延伸，在课程体系中具象化为学生"六力"素养的培养——责任力、人文力、审美力、健康力、践行力、创想力。首先，"康+"课程致力于学生"六力"素养的全面提升，涵盖知识的学习和积累，还包括情感、态度、价值观、社会技能等多方面的均衡发展，为学生的全面发展提供基础。其次，"康+"课程体系的构建和实施支持学生的个性化发展。史蒂芬·柯维在《第三选择》中指出："任何人只要留意看，都可以在每张独一无二的脸上感觉到孩子们那无限的期许。这些期许无法成真对社会来说将是无法估量的损失。"因此，我们重视并尊重每一位学生的独特性，通过提供个性化的学习路径和丰富的课程选择，帮助每位学生发掘自我、实现潜能。最后，"为成长加力"意味着课程应激发学生的持续学习动力，培养学生自主学习的习惯和对知识的渴望，为学生的终身学习奠定坚实的基础。

"为梦想添翼"是学校"康+"课程体系实施的具体目标和核心追求。第一，"康+"课程为学生提供多彩的生活体验，通过艺术、体育、社会实践等多种形式的课程，丰富课余生活，提升审美情趣，让生活更加绚烂多彩。第二，"康+"课程注重学生社会责任感的培养，学会关心他人、服务社会，成为有担当的公民。第三，"康+"课程是为学生实现梦想与目标的"催化剂"，鼓励学生勇敢追求梦想，设定并努力实现个人目标，让生活充满希望和动力。

"为成长加力，为梦想添翼"的课程理念是学校教育教学实践的指导原则。清晰、前瞻的课程理念对于统一教育团队思想、凝聚共识具有重要价值，确保教育实践始终围绕着学生全面发展这一中心任务展开；课程理念是提升教学质量的关键。遵循课程理念，能够更加科学地安排课程内容，采用更加灵活多样的教学策略，激发学生的学习兴趣，培养批判性思维和解决问题的能力；课程理念是塑造学校文化的基石，所倡导的教育理念、价值观和行为准则将渗透到学校的每一个角落，影响着师生的行为方式和思维方式，增强学校的凝聚力和向心力，形成独特的学校文化。

"为成长加力，为梦想添翼"的课程理念，是对"康+"定位的初步诠释和细化。我们坚信，通过构建以"为成长加力，为梦想添翼"为核心理念的"康+"课程体系，能够全面展现新课程背景下学校课程体系的优化路径，推动学校实现全面、有序且高质量的发展，更好地回应社会与家长对优质教育的殷切期盼。

（三）明确课程目标，凸显课程使命

"人的目的性是人与动物的分水岭，由于有了目的，人类的活动就不再是一种无反省的动物性本能，而是一种追求理想和完美的创造性实践

活动。"① 随着新课程方案及课程标准的颁布，如何进行课程体系构建与设计，是当前不少学校面临的共性问题。课程目标是学校课程体系构建的首要因素，既是课程设计的起点，也是评估课程实施效果的依据。

课程目标，是对学校课程育人结果预期的明确界定，实质上是对"培养什么人"这一核心教育命题在课程领域的深入思考与具体实践。在教育目标体系中，课程目标扮演着至关重要的角色，上连教育目标，即全面发展的教育方针，为我们指明了教育的总体方向；下接培养目标，依据学生的年龄特征和认知规律，将宏观的教育方针细化为更具操作性的指导原则。课程目标是指特定时期或教育阶段内，学校课程所应达成的预期学习成果，是培养目标在课程层面的具体展现，也是连接宏观教育目标与微观教学目标的关键纽带。在课程、教学与学习这三个层次中，课程目标位于教育目标与培养目标之下，却高于具体的教学目标和学习目标，起着承上启下的重要作用。

因此，我们在制定课程目标时，既要充分体现全面发展的教育方针和学段培养目标的精神实质，确保学校教育方向不偏离轨道，又要具备对教学目标、学习目标的强大统摄力，确保课程能够有条不紊地推进。学校要根据教育目的与教育方针的指引，结合义务教育培养目标的具体要求，依据中国学生发展核心素养的内容，围绕学校育人目标，确立课程目标，明确学校课程建设的总体方向。

学校积极响应国家号召，依据《中国学生发展核心素养》和《义务教育课程标准（2022 年版）》，紧密结合学校"巧手灵心，乐知健行"的校训精神、"培养新时代灵动少年"的育人目标，将核心素养与五育并举的理念深度融合，精心梳理并确立了具有学校特色的"康+"课程校本化目标。在中国学生发展核心素养的框架指导下，对"培养新时代灵

---

① 周凤林. 学校德育的顶层设计论 [M]. 上海：华东师范大学出版社，2018.

动少年"的育人目标、对灵动少年的面貌进行了形象刻画，围绕"身姿灵敏、心理灵健、思维灵慧、创意生动、生活能动、责任主动"，形成"身—心—知—行—创—责"合一的课程培养目标，进而提出健康力、审美力、人文力、践行力、创想力、责任力"六力"核心素养，为培养有理想、有本领、有担当的时代新人助力赋能。

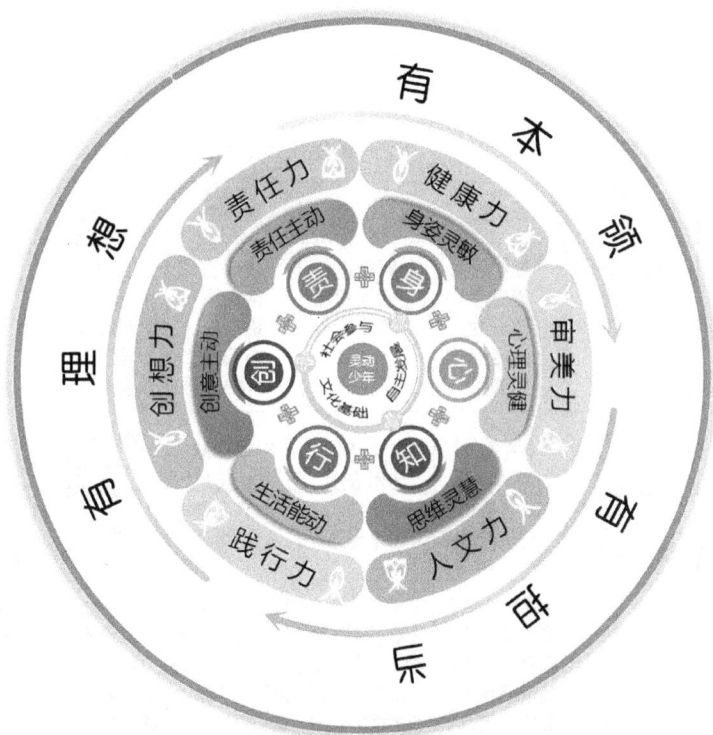

"康+"课程"六力素养"

知之真切笃实处即是行，行之明觉精察处即是知。"身—心—知—行—创—责"合一作为学校课程育人的总体目标，不仅是口号，而且需要将其深深植根于教育教学的每一个细节之中，真正让课程育人目标成为驱动学校发展的强大引擎。学校充分整合与优化国家、地方、校本三级课程，确保国家课程的全面落实、地方课程的积极建设、校本课程的严格规范。我们深化完善了"康+"课程发展体系，注重学段衔接，科学统筹各学科设计，力求实现课内外学习的有机融合，增强课程的综合性和实践性，全方位、多维度地培养学生的责任力、审美力、人文力、健康力、践行力、创想力。

"康+"课程目标体系

北医附小"康+"课程目标体系					
育人目标	培养新时代灵动少年				
课程目标	"身—心—知—行—创—责"合一				
课程领域	品德与责任	语言与人文	艺术与审美	体育与健康	劳动与实践	思维与创新
课程素养	责任力	人文力	审美力	健康力	践行力	创想力
学生素养要求	爱祖国 爱家校 好品德 守法纪 勇担当	勤学习 爱思考 擅表达 有自信 厚底蕴	慧审美 懂欣赏 展才艺 巧创意 乐传承	爱运动 常锻炼 讲卫生 心阳光 人格健	勤动手 巧创作 强本领 爱劳动 美生活	好奇心 想象力 探索欲 辩证思 创造力
关键能力	热爱祖国 规则意识 道德修养 价值观念 责任担当	语言表达 文化素养 陶冶情操 人文精神	审美感知 艺术表现 审美情趣 艺术创造	科学运动 健康习性 体育品德 热爱生命	劳动意识 自理自立 实践操作 团队协作 劳动精神	逻辑思维 问题探究 批判质疑 创新意识
教师要求	提升学生的道德素质和综合素质；培养学生的道德情感和道德行为；引导学生树立正确的世界观、人生观和价值观；培养学生的社会责任感和奉献精神；培养学生的爱国情怀与民族自豪感	丰富学生的人文知识积累；培养学生的审美情趣和文化品位；促进学生语言表达能力和逻辑思维能力的提升；培养学生的人文底蕴，增强学生的文化自信	帮助学生树立正确的审美观念；引导学生形成善于发现美的能力；培养学生的高尚审美情操；培养学生的艺术创造能力；拓展学生的美育视野	选择适合学生的体育知识和技能；科学安排学生的运动量和强度；引导学生养成良好的体育锻炼习惯；培养学生积极向上的心态	培养学生积极的劳动精神，引导学生形成劳动意识；培养学生的实践能力；培养学生的创造力；培养学生的团队合作能力	调动学生的学习兴趣和好奇心；培养学生的自主思考能力；培养学生的解决问题能力；培养学生的实践探究能力；培养学生的创新创造能力

课程育人目标是对学生个体发展的全面考量，更是对学校教育理念和教育实践的深度诠释。我坚信，在课程育人目标的引领下，"康+"课

程将更加精准地服务于学生的成长需求，助力学生在新时代的浪潮中乘风破浪。

二、"康+"课程的结构重塑

课程体系体现了学校教育的广度和深度，彰显了学校全面育人的理念和实践，为每个学生的多彩发展提供了沃土。学校课程结构是学校各领域课程群、课程门类及具体科目之间按一定逻辑形成的整体协调关系，体现学校课程理念，指向学校课程目标。学校"康+"课程体系的进阶升级，能够强有力地推动学校教育教学的全面发展，为学校的持续进步注入不竭动力。

（一）课程体系结构

课程结构是支撑"五育并举"学校课程体系的骨骼，是课程目标转化为教育成果的纽带，能将各种课程类型和要素以预定的标准组织搭配，最终形成一个系统稳定的课程形态。学校课程体系结构是一个复杂而重要的教育领域，其设计应充分考虑学生的需求、社会的发展及教育的目标。在我看来，不同的课程体系结构观点各有优劣，学校要根据自身的实际情况和教育目标进行选择和优化，并伴随着时代发展和教育变革不断进行调整和完善。

原则上，学校课程体系应有如下特点：第一，整体性。课程体系结构是一个整体，各门课程之间相互关联、相互补充，共同构成了一个完整的教育体系。第二，层次性。课程体系结构通常包括基础层、拓展层和高级层等不同层次，以适应不同学生的学习需求和能力水平。第三，灵活性。课程体系结构应具有一定的灵活性，方便根据时代发展和学生需求变化进行调整和优化。

为确保学校课程能落实全面育人要求，科学系统的课程体系要综合考虑横向和纵向两个维度，秉持"全覆盖、全阶段"的理念。横向维度要求课程以促进学生德、智、体、美、劳全面发展为方向，如学生道德观念的树立、劳动技能的掌握、审美能力的培养、健康体魄的养成等。而纵向维度要求课程目标要具有科学性和连续性，避免产生衔接性不足等问题。

1. 横向六力

学校立足中国学生发展核心素养，致力于培养校本化的学生"六力素养"的培养，形成富有特色的"一核六维三层"的"康+"课程体系。学校课程横向关联是全面发展教育理念的鲜明体现，具体表现在学校不同课程领域、门类及科目相互之间的关联。"领域"指学校以融合的方式，在符合学生发展特点和学段学习特征的前提下，将国家课程、地方课程和校本课程重组，确立若干课程领域。

依据中国学生发展核心素养，学校从五育融合、全面发展的角度，对核心素养进行了校本化的表达，围绕"责任力、人文力、审美力、健康力、践行力、创想力"六大素养，在横向上形成了品德与责任、语言与人文、体育与健康、思维与创新、艺术与审美、劳动与实践六大课程领域。

2. 纵向三层

自新课改以来，基础教育界基本认可了建立在满足学生基础性学力、发展性学力前提下的三个课程层次，即基础性课程、拓展性课程和研创性课程。在纵向上，学校坚持"培养新时代灵动少年"的育人目标，形成"康之本、康之彩、康之新"三大课程层级。

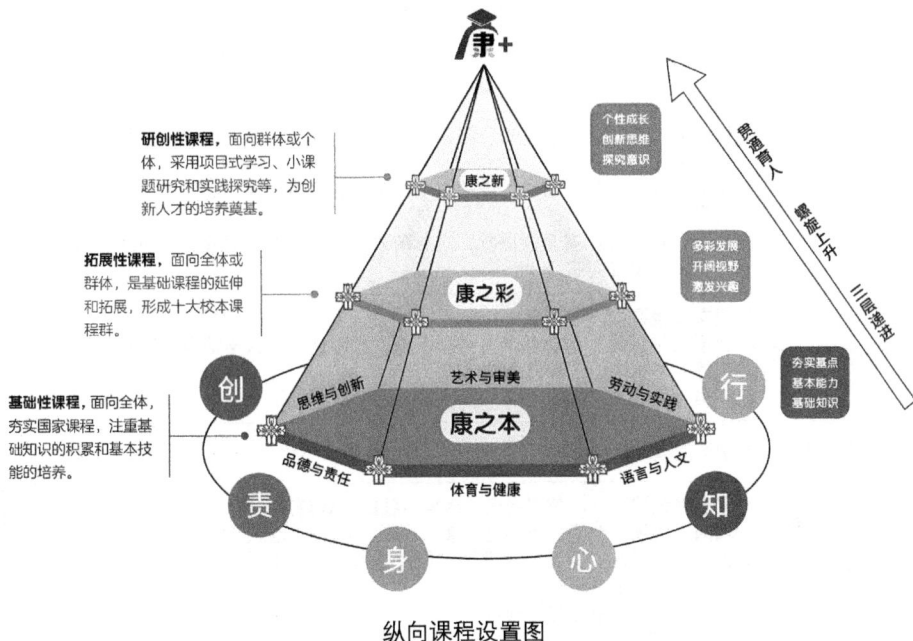

纵向课程设置图

（1）康之本。

"康之本"课程对应基础性课程，通过国家课程的校本化实施，使学生掌握基础知识和基本技能，形成扎实的素养基础。"康之本"课程聚焦于德、智、体、美、劳五育的基础性课程进行整合，涵盖了国家课程标准的核心课程要求，通过校本化的深度融合与创新实施，确保学生能够系统掌握各学科的基础知识与核心技能。

（2）康之彩。

康之彩课程为拓展性课程，主要以学科融合、社团活动形式形成十大校本课程群，激发学生的学习兴趣，开阔视野，促进个性成长，实现多彩发展。康之彩课程主要由专题教育课程群、学科兴趣课程群、经典启智课程群、阳光体育课程群、艺术创想课程群、健康润心课程群、志愿服务课程群、中医文化课程群、非遗传承课程群、科技创新课程群十大课程群构成，以促进学生综合素养的全面发展，培养新时代灵动少年。

"康之彩"十大课程群

课程群	课程内容设置
专题教育课程群	1. 国防教育课程：国防理论、国防法规、国防技能、国防体育、国防科技、国防研学课 2. 少先队课程：升旗演讲、红领巾小记者、红领巾广播、红领巾小导游、红领巾鼓号队 3. 安全教育课程：安全微课堂、应急疏散演习、消防疏散演习、防恐演习、禁毒教育、防灾减灾演习
学科兴趣课程群	1. 语文兴趣课程：趣味语文 2. 数学兴趣课程：趣味数学、数学乐园、数学创意、数学锦囊、数学王国、思维训练、小试牛刀、魔方小站 3. 英语兴趣课程：趣味英语
经典启智课程群	全学科阅读、经典诵读、阅读分享、英文阅读
艺术缤纷课程群	1. 创意剪纸课程：小剪刀社团、银剪刀社团、金剪刀社团 2. 表演：管乐、合唱、小小音乐家、戏剧、原创校园剧、小小演讲家、舞蹈 3. 美术：科幻画、叶画、卡通画、创意美术、儿童素描、儿童画、传统文化禅绕画、国画、艺术创想 4. 书法：书法、书法练习指导 5. 创作：超轻黏土、创意手工、趣味折纸、微电影创作
阳光体育课程群	排球、足球、篮球、跳皮筋、武术、跳绳、校园乐跑、健美操
健康润心课程群	1. 心课程：认识自我、学会学习、人际关系、情绪调试、生涯规划、生活与社会适应 2. 心语阁：心理广播、心理微课 3. 心辅导：心理团辅、心理咨询 4. 心活动：校园心理节、心理健康月
非遗传承课程群	传统剪纸课程、京剧、陶艺、毛根、扇面、面人、脸谱、面塑
中医文化课程群	1. 中医药文化课程：中医药历史文化、中医药人物故事 2. 中草药种植课程：种植管理、收获处理、土壤调理、环境维护 3. 中医药产品文创制作课程：中医药香囊制作、中成药制作、中草药故事书、中草药健身器具、中医药科普漫画 4. 药食同源课程：中草药糕点、山楂丸、中草药茶
志愿服务课程群	校内志愿服务、社区志愿服务
科技创新课程群	科学探究、工程思维、信息学、气象课程、模拟飞行、无人机、单片机、机器人、STEM、3D打印、创客课程、航空模型、航海模型、天文课程、无线电测向

（3）康之新。

"康之新"课程属于研创性课程，主要以跨学科融合、项目研究等形式为主，包含八大类课程，即E+星球创新课程、集团融贯课程、馆校融合课程、节日节气课程、研学实践课程、项目研究课程、创意策划课程、职业探究课程。学校通过整合校内外资源，联合家长、社会等优质资源，"走出去""引进来"相结合，通过问题引导、主题实践、动手操作、合作学习等方式，培养学生的科学素养、创新思维和实践能力，培养新时代灵动少年。

"康之新"八类课程

课程群	课程内容设置
E+星球创新课程	1. 通识普及类课程：科技馆课程、科学实践探究、工程思维拓展 2. 技能培养类课程：小院士、小研究员、无线电、气象、航模、机器人 3. 拓展应用类课程：校外综合实践活动、科普教育活动、原创科普展、假期主题活动
集团融贯课程	科学实验探究、工程思维课程、数学信息科技、信息技术融合课程、数学思维课程、小初贯通课程
馆校融合课程	科技馆里的科学课、博物馆课程、图书馆课程
节日节气探秘	1. 传统节日课程：百福迎新、清明节、劳动节、百草香韵迎端午、中秋节、国庆节、探寻年味儿、元宵节 2. 校园节日课程：科技节、艺术节、传统文化节、劳动节、体育节、心理节、数学节、阅读节、合唱节、戏剧电影节、对外交流节 3. 二十四节气课程：中医药里的二十四节气、二十四节气中的劳动实践
研学实践课程	科技主题研学、劳动主题研学、传统文化主题研学、生态环保主题研学、红色研学、毕业研学
项目研究课程	小课题研究类、科学探索类、信息技术类、领导力与团队协作类
创意策划课程	1. 创意征集 2. 活动策划：科技节、合唱节、体育节、读书节、数学节、服务月、研学月、心理健康月、戏剧电影节、对外交流节、艺术节日、传统文化节 3. 文创设计 4. 校园文化策划
职业探究课程	小记者、红十字、小小环创师、校园规划师、我是小药师

在课程内容的设置上，学校对国家课程、地方课程、校本课程三级课程进行了校本化梳理和整合，在开足上好国家课程的基础上，全面落实十大课程群和八类课程，全面满足学生身心健康成长和个性化发展的需求。以课程的领域、门类和科目为轴，以基础性、拓展性和研创性为

层次，构成了纵横交错的学校立体化的"康 +"课程体系结构。

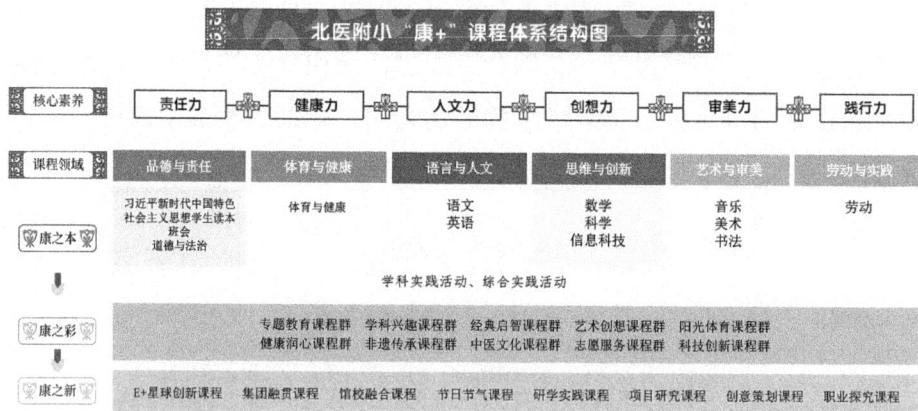

"康 +"课程内容设置结构图 4.0

（二）课程体系图谱

图案无处不在，是视觉艺术的表现形式，更是众多事物直观传达信息的载体，构成了我们日常生活体验的最大背景。图形以其直观、高效的特点成为我们生活的调味剂、信息传播的新宠儿，"读图"已悄然成为一种生活常态。

课程图谱是"读图时代"的产物，也是教育领域的一次创新实践。顾名思义，课程图谱是以学生为核心，以培育全面发展的人才为目标导向，通过精心设计的课程元素在纵向上实现连贯，在横向上建立联系，构建出一个既系统又层次分明、结构完整的课程体系。以图文并茂的方式，直观展现了课程的结构布局与实施路径，是一种高度可视化的教育工具。它能将抽象的教育理念转化为具体可感知的形态，将课程的精髓与直观的图谱相结合，让教育理念不再只是空洞的口号，而是能够"发声"，能够"展景"的生动实践。课程图谱就像是教育世界的一扇窗，透过课程图谱，能够清晰地看到教育理念如何在学校教育实践中落地生根，开花结果。

课程图谱是学校课程建设从零散拼凑迈向体系构建，进而实现谱系化发展的智慧结晶，实现了课程要素的"纵向贯通"与"横向融合"。理想的课程图谱，需要以富含学校文化底蕴与课程特色的图形作为原型进行创新设计，进而使其成为学校课程的视觉名片、学校课程理念的生动诠释。

在设计学校课程体系图谱的过程中，我认为要从三个层面进行深入思考和布局：宏观层面，着眼于课程的整体架构，精心编织课程体系的经纬线，妥善处理国家课程、地方课程与校本课程之间的和谐共生，确保必修课与选修课相辅相成，学科类与活动类课程相得益彰，分科教学与综合课程相互渗透，共同构建起一个既符合国家要求又彰显学校特色的课程体系。中观层面，需聚焦于某一课程类型内部的科目构成与相互关系。要审慎选择开设科目，确保每一科目都能有助于学生全面发展，梳理各科之间的内在联系，使其相互支撑，形成合力。微观层面，需要深入学科内部，精雕细琢每门课程的内容设计与编排逻辑，关注知识的系统性与连贯性。

优质的课程图谱，是学校课程的一面旗帜，是理念的一种向标，是实施的一种导航，是育人的一种昭示，是结构的一种明示，是内涵的一种启示。课程图谱，绝非课程与图谱的简单叠加，是课程图示化的艺术展现，更是课程图示特色化的匠心独运。我们深挖"康+"文化特色，深刻研析"护生命之花，育灵动之心"的办学理念，致力于将文化理念融入课程图谱的设计细节，巧妙融合校徽等视觉识别符号，以"花"为灵感源泉，精心绘制出"康+"课程体系图谱。

"康 +"课程体系图谱

在中国文化中，康乃馨象征着健康、幸福与美丽，寓意深远。为了直观、生动地展现学校"康 +"课程的文化底蕴、丰富内容及严谨结构，在"护生命之花，育灵动之心"办学理念的引领下，我们选取校徽中的经典元素与康乃馨花朵为设计原型，打造校本化的"康 +"课程图谱。其寓意丰富：其一，象征着学校课程的丰富多彩，如同康乃馨的多瓣花朵，每一瓣都蕴含着不同的知识与智慧，等待着学生们去探索和发现。其二，寓意着教师在课程教学中的潜心育人，如同园丁静待花开，用爱心与智慧浇灌每一颗幼苗，期待它们在课程的滋养下茁壮成长。其三，寄托着我们对每位学子的殷切期望，愿他们在课程的引领下，舒展身心，全面发展，绽放出属于自己的美丽光彩。

作为校长，我见证了学校课程体系从无到有、从有到优的发展之路，我深感自豪与责任重大。未来，我们将继续秉承"康+"教育理念，不断完善学校课程体系，为每一位学生的成长铺设坚实的基石，为培养"身—心—知—行—创—责"合一的新时代灵动少年而不懈努力。

三、"康+"课程的校本实施

"真正的课程是发生在校园里、课堂里。"课程实施是对课程目标、内容等具体落到实处的执行过程，一般从实施的原则、策略、具体做法等方面根据学校实际情况提出细致、务实的要求。我认为课程作为育人的直接载体，其实施是实现教材编写意图、达成育人目标的最后一环，也是极为重要的一环。因此，学校从多个层面建立学校课程特色实施原则与具体实施策略，能呈现"康+"课程实施的关键要素，也能体现国家课程的校本化实施路径和校本课程的特色化实施路径。

（一）实施原则

五育融合背景下，"康+"课程的实施以培养全面发展的人为目标，一方面要实现各个课程领域对学生素养培养的要求，又要跨越学科，促进德育、智育、体育、美育及劳动教育的内在融合，相互赋能，使学校教育实现从单纯知识传授向关注人的全面发展的深刻变革。课程实施是一项在动态过程中不断开展和深化的集体性活动，科学的方法论指导会促进课程改革尽快步入常态化和有效化。①因此，我认为学校"康+"课程的实施需要遵循一系列原则。

1.坚持育人为本，促进全面发展

教书仅是形式，育人方为本质。育人为本的教育思想，把教育与人

---

① 杜建群，范蔚.综合实践活动课程实施的方法论探析[J].教育理论与实践，2012，32（02）：38-40.

的幸福、人的价值、人的尊严、人的需要、人的全面发展和人的终身发展有机联系起来,以时代精神塑造人,以全面发展的广阔视野培养人。[①] 我非常赞同,课程实施要始终坚持育人为先、育人为本,确保每一位学生在全面发展的路上稳步前行。在新课标指引下,学校紧密结合学生实际需要,不断夯实育人为本的核心基调,坚持德育为先,提升智育水平,加强体育、美育,落实劳动教育,将"育人为本"理念贯穿于教学的每一个环节,促进学生全面发展,确保"五育并举"方针得以落实。

我坚信将学生身心健康和全面发展放在首位是教育的首要任务。在教育实践中,不仅关注学生的学科成绩,更重视品德修养、审美能力、身心健康以及社会实践能力的培养;鼓励学生参与各类社团活动,如科技创新、非遗传承、体育竞技、研学实践等,激发潜能,培养团队合作与领导能力。在"康+"文化的指引下,提供全面、均衡的教育资源和环境,努力帮助学生在德、智、体、美、劳各个方面都得到充分的滋养和发展。

2. 面向全体学生,注重因材施教

苏霍姆林斯基说过:"世界上没有才能的人是没有的。问题在于教育者要去发现每一位学生的天赋、兴趣、爱好和特长,为他们的表现和发展提供充分的条件和正确引导。""康+"课程要面向全体学生,秉持灵活多变的教学策略,顺应每位学生的独特天性与禀赋。我们相信,每个学生都是独一无二的,拥有属于自己的成长轨迹与潜能。因此,课程教学要注重因材施教,启迪智慧,润泽心灵,让每个学生都能在自己的领域绽放最耀眼的光芒。

在教学实践中,教师要密切关注学生身心发展的阶段性特征、学习风格与能力的个体差异,营造一个以学习者为中心的学习环境,精心制

---

① 翟博. 育人为本:教育思想理念的重大创新 [J]. 教育研究,2011,32(01):8-14.

定个性化的教学方案，尽可能让每位学生都能得到最适合自己的教育。我们还倡导教师充分利用现代信息技术的优势，积极探索线上线下深度融合的教学模式，为学生提供多样化的学习资源与学习方式。差异化教学是实现教育公平与个性化的关键，课程实施要注重个别化指导，通过丰富的课程设计与灵活的教学方法，努力满足学生的多样化学习需求，尽可能地确保每个学生都能在适合自己的节奏与方式中取得最佳学习效果。通过"康+"课程的实施，打造一个既注重共性培养又兼顾个性发展的教育生态，让每个学生都能在教育的阳光下茁壮成长，绽放出属于自己的光彩。

3. 聚焦核心素养，奠基一生成长

"培育学生的核心素养离不开具体的学科课程或综合课程，核心素养是这些课程目标的来源。核心素养让我们真正从人的角度来思考教育、定位教育，更能体现以人为本的思想。这些价值并非空中楼阁，而是依托于实实在在的课程行动得以实现。"[1]

"康+"课程要落实培养有理想、有本领、有担当的时代新人的基本要求，聚焦中国学生发展核心素养，有机融入课程体系。学校以新课标为引领，深入挖掘新课标中各个学科课程领域的学生核心素养发展的具体要求，在此基础上将核心素养进行校本化表达，将核心素养的培养转化为生动的校本化教学实践，致力于培养"身—心—知—行—创—责"合一的新时代灵动少年，注重学生的身心健康，强调知识与实践的结合，关注责任意识与创新能力的培养。学校提供了丰富的知识内容和多元的实践路径，为学生的健康成长和全面发展助力，挖掘学生内在潜力，为学生的成长加力，为梦想添翼，为人生奠基。

---

① 崔允漷，邵朝友. 试论核心素养的课程意义 [J]. 全球教育展望，2017，46（10）：24-33.

4. 加强学科融合，注重多元发展

面对学科教学的痛点与挑战，学校主动出击，勇于变革，摒弃传统思维定式，积极探索学科融合的新路径，促进学生的多元发展，"康+"课程应运而生。

"康+"课程将学科课程进行整合，精心统筹六大领域：品德与素养、语言与人文、艺术与审美、体育与健康、劳动与实践、思维与创新，打破了学科之间的壁垒，促进了各学科知识间的相互渗透与融合。我认为，学科融合是对知识体系的重构，更是对学生多元发展需求的积极响应。因此，在学校教学实践中，要求教师积极拥抱学科融合的理念，以学科核心知识为载体，巧妙融合学生的生活经验，通过实施主题式或跨学科项目式教学，精准把握学科间的"融合点"。做好跨学科内容、场域与资源以及媒介之间的有机融合，使课程内容与学生的日常生活和社会实践紧密相连，注重学生的多元发展。

5. 加强课程衔接，注重贯通育人

贯通育人是每一个校长都要思考的学生生命成长课题。《义务教育课程方案（2022年版）》要求加强学段衔接，要求在课程设置、教学内容和教学方法等各个方面都具备系统性和连贯性，确保学生在不同年级、学科之间能够顺利过渡和有效衔接。在党和国家教育政策的引领下，作为北大附中集团校的一员，学校"康+"课程的实施要实现育人的无缝对接与深度贯通，勾勒课程贯通育人的新蓝图。

在课程实施上，"康+"课程遵循学生身心发展规律，紧密围绕各学段的具体要求，对学科知识与技能的"契度""梯度""长度"进行科学规划与合理调整，精准把握每个学段的起点水平，确保课程内容的纵向贯通与整合优化。在课程内容上，注重不同课程领域之间的内在联系，实现环环相扣、层层递进、螺旋上升的知识结构。通过整合优化，使课程内容更加系统、连贯，为学生的全面发展提供有力支撑。此外，还关

注小学不同学段之间以及小升初的课程衔接问题，精心设计衔接课程，实现学生"幼升小""小升初"的过渡，提高其跨学段学习的适应能力。

6. 变革育人方式，落实学科实践

陈鹤琴先生曾说："凡是儿童自己能做的，应当让他自己做。"揭示了教育的真谛，即要激发学生的自主性，让学生在实践中成长。学校作为育人的主阵地，我们坚持"立德树人"的根本任务，紧跟新课标的步伐，强化五育融合的育人导向。变革育人方式是课程实施的着力点，我们勇于求变，引领时代风向，推动教育向更高质量发展。

真正的知识不是靠灌输得来的，而是要让学生在实践中不断领悟和掌握。在育人方式的变革中，强调从传统的知识本位转向素养本位，从以教为主转变为以学为主，以学生为主，以学习活动为主。摒弃了传统的讲授一言堂，鼓励学生在实践中学习，在探索中成长。为此，我们把握学科本质，确保学科实践活动不少于10%的比例。通过优化课程结构，构建以"康+"文化为底蕴的特色课程体系，让学科间不再是孤立的个体，而是相互关联、相互渗透的整体。夯实基础性课程，引入项目式学习和社团活动等实践导向的教学方式，让学生在做中学、用中学、创中学，落实课程的综合性和实践性。注重学生综合探究和创新能力的培养，将学科实践真正落实到教学中，并鼓励学生面对真实问题，通过实践去探索和解决，培养实践能力和解决问题的能力。翻转学生的知识学习方式和路径，让学生在解决问题的过程中学会思考、学会创新。

7. 加强多方合作，促进协同共育

学校、家庭、社会作为教育事业的三大主体，各自承担着不同的教育责任和功能，通过学校、家庭和社会各界的共同努力，形成合力，共同推进教育事业的进步。在《关于健全学校家庭社会协同育人机制的意见》的引领下，学校明确了协同育人的方向与目标。

作为教育的引领者，学校应充分发挥其主导作用，认真履行教育教学职责，掌握并及时与家长沟通学生的成长情况，确保信息的透明与畅通。提升教师的家庭教育指导能力，建立健全家校沟通机制，让家长委员会成为家校之间的桥梁与纽带，积极倾听并吸纳家长与社会的意见与建议，共同为孩子的成长出谋划策。家庭是孩子成长的摇篮，家长在家庭教育中扮演着不可替代的角色。我们呼吁家长以身作则，为孩子创设一个温馨、和谐、充满爱的家庭环境。鼓励家长积极参与教育活动，与孩子共同成长，关注孩子变化，引导学生健康成长。同时，引导家长带领孩子参与社会实践，亲近自然、开阔眼界，让孩子在实践中学习，在体验中成长。

社会是孩子成长的广阔舞台，我们要充分利用社会资源，丰富学校的课堂与课后服务内容，满足学生多样化的学习需求。同时，完善社会家庭教育服务体系，推进社会资源的开放与共享，为孩子提供更多的学习与实践机会。

（二）实施策略

为进一步贯彻落实《基础教育课程改革纲要（试行）》《学校课程管理指南》的要求，根据《义务教育课程标准（2022 年版）》《义务教育课程方案（2022 年版）》等文件要求，我们坚持以学生的发展为核心，通过深入分析与研讨，融入学校对教育教学改革的深刻思考与积极探索，系统梳理了学校"康 +"课程的实施策略。

1. "康之本"课程

在"康 +"课程建构中，"康之本"课程承载着知识传承与素养提升的重任，聚焦于国家课程的高质量落地，始终以新课标的指导原则为航标，紧密贴合学校教学实际，深度挖掘课程育人价值，力求让每一位学子都能在课程中汲取知识养分，茁壮成长。

（1）品德与责任课程。

我始终认为，小学生的可塑性极强，处于三观还未定型的关键时期，扣好人生的第一粒扣子对于价值观养成至关重要。因此，小学阶段的品德与责任教育至关重要。

"康之本"课程以国家必修课程为主，包括道德与法治、习近平新时代中国特色社会主义思想学生读本、班会等课程。学校坚定不移地深入贯彻党的教育方针，紧紧围绕核心素养培育这一关键，以铸魂育人为根本目标，为学生的全面发展和未来成长筑牢坚实基础。

学校德育教学要与时代飞速发展同频共振。品德与责任课程的实施要有机融入党和国家重大实践、前沿理论创新成果，融合说理教育与启发引导，创设鲜活生动的教学情境，让每一堂课都成为时代精神的窗口。我们要切实提高教学实效，让社会主义核心价值观从纸面走进心间，化为学生自觉的行动指南。高度重视品德与责任教育的课内外联结，积极探索多样化的教学方式，通过组织丰富多彩的实践活动，如社会调查、志愿服务、主题班会等，让学生在亲身体验中深化对知识的理解和应用，实现知行合一，丰富学生的实践体验，有效提升学生的综合素质和责任感。

（2）体育与健康课程。

体育与健康教育是我国全面发展教育的重要组成部分，对学生的健康成长具有不可替代的独特价值。在体教融合背景下，学校的体育与健康课程紧紧围绕"运动能力、健康行为、体育品德"三大核心素养的培育，根据学生的身心发展规律、运动技能形成规律和课程的育人特点，精心设计各层次的教学单元，设置专项运动技能的大单元教学，加深学生对运动项目的完整体验和理解。

课外体育锻炼和课堂教学是实现体育与健康课程目标的重要途径，二者相辅相成，相得益彰。因此，我一直都鼓励教师摒弃传统的单一技术课程形式，改进课堂教学方式方法，促进课内外有机结合，引导学生养成良好的体育锻炼习惯，培育身姿灵敏的新时代灵动少年。

（3）语言与人文课程。

语言与人文课程是学校课程体系的重要组成部分，其中，语文、英语是两门核心课程。

语文课程的实施紧扣核心素养这一主线，将以文化人的育人导向深度融入教学目标。学校积极探索大单元教学与整本书阅读模式，依据语文学习任务群特性，对学习内容进行系统性、整体性规划。我们力求创设贴合实际且意义深远的学习情境，让学生在实践中领悟语文魅力，真切感知语文学习与生活的紧密关联。同时，紧跟互联网时代步伐，敏锐捕捉语文教与学方式的变革契机，助力学生在新时代语境下提升语文素养。

英语课程的实施秉持"育人为本"理念，面向全体学生开展多元教学实践。强化素养导向，以单元整体教学为着力点，增强教学的连贯性与整体性。从语篇研读切入，精心设计教学环节，让学生深度沉浸于英语语篇的内涵挖掘。遵循英语学习活动观组织教学，充分考量学生认知规律，激发学生乐学、善学的内生动力。全力推动"教—学—评"一体化落地，借评价之力赋能教与学双向提升。深度融合"互联网+"思维，创新教学理念、方法与模式，无缝衔接线上线下学习场景，切实提升学习效率。

我希望通过语言与人文课程教学，全方位涵养学生的语言表达能力，厚植人文底蕴，助力学生在未来成长过程中洞察社会、融入社会，成长为推动社会发展的栋梁之材。

（4）思维与创新课程。

党的二十大报告指出："教育、科技、人才是全面建设社会主义现代化国家的基础性、战略性支撑。"创新思维是21世纪未来人才必备的核心素养之一，创新思维活动课程是培养创造性人才的有效途径，思维与创新课程应运而生。其中，"康之本"层次的课程是数学、科学以及信息技术学科，是锤炼学生思维、激发创新潜能的核心内容。具体而言，包括学生的观察能力、动手能力、思考能力、数据分析能力、探究能力和辩证意识等。

聚焦数学学科，强调整体把控教学内容，大胆革新单一讲授模式，深度探索大单元教学路径，全力开展跨学科主题学习、项目式学习等多元综合性教学活动，打破知识孤立格局，碰撞思维的火花。同时，鼓励教师巧用情境设计与问题驱动，充分调动学生主观能动性，使其深度卷入教学全程。如在培养学生解决复杂问题的时候，从学生可能会遇到的问题入手，引导学生用数学的眼光观察，用数学的思维分析，发现生活中的数学规律和解决问题的方法。如教学主题活动"确定起跑线、操场有多长"，结合学生参加运动会的经历，研究起跑线的特点。数学与学生生活的融合，能激发学生的自主学习意识，培养学生的自主探究学习能力，引导学生在生活中会思考、善分析。

怀特海曾说："教育的全部目的就是使人具有活跃的智慧。"[①]科学课程、信息技术课程以学生"创想力"素养的培养为目标，引导学生掌握基本的科学知识，形成初步的科学观念，具有初步的科学思维能力和探究实践能力。科学课程、信息科技课程的实施主要以探究实践为导向，将科学原理紧密关联实践应用，让学生在动手实操中领悟科学真谛。在课堂教学中，引导学生善于观察，关注小学低年级心理发展，充分考虑学生的生活经验，遵循低年级学生的思维特点和认知规律，强调学生在游戏、操作、体验的亲身活动中获得直观经验，增加学习的趣味性。科技是第一生产力，面对信息科技的迅猛迭代，学校的信息科技课程需要引导师生保持敏锐洞察力，主动适应变革，确保教育与时俱进，不断拓

---

① 刘琦. 指向学生创新性思维培养的中小学科学教育实践路径[J]. 中小学科学教育，2024（03）：24-29.

展学生的认知边界，培养其解决实际问题的关键能力。

（5）艺术与审美课程。

重视美育，古已有之。千年前，孔子就提出"兴于诗，立于礼，成于乐"，强调美育对人格培养的作用。蔡元培先生也说："美育是最重要、最基础的人生观教育。"多年来，学校始终坚持让"美育"成为每个孩子的必修课，秉持素质教育理念，以教育为根，以启迪为叶，以巧思灌溉，共育灵动的美育之花。

艺术与审美课程肩负着培育学生审美感知、艺术表现、创意实践与文化理解等素养能力的重任，为学生全面发展筑牢根基。"康之本"课程包括音乐、美术、书法及学科实践活动等，是学校美育教学的主要渠道。以情感人，是艺术与审美课程和其他课程之间最为鲜明的区别，美育需要教师倾注艺术家的思想情感，通过生动感人的艺术描绘，使学生受到强烈的感染和熏陶。因此，我鼓励教师根据学科特点和规律，采取多种形式和手段，以美润心，将"审美力"素养深度融入课程血脉。一方面，教师要立足学生全面发展，对教学内容抽丝剥茧，精准把握美育课程间的内在逻辑，打破壁垒，完成有机整合，编织一张紧密相连、层次分明的美育网络，让学生所学内容环环相扣、步步升华。另一方面，开展艺术实践活动时，充分尊重每位学生独特的感知体验，为其量身打造开放包容的学习情境，激发学生内心对艺术的向往与探索欲。

学校将秉持开放创新之姿，敏锐捕捉时代脉搏，巧妙驾驭多种媒介工具，守正创新，让传统艺术与现代美育在课堂上交相辉映，碰撞出全新的艺术火花。

（6）劳动与实践课程。

在我看来，新时代的劳动教育不是简单的体力劳动，也就是说，"让学生劳动"并不等同于劳动教育，教育是有目的的培养人的社会活动。因此，劳动与实践课程是劳动教育的重要载体，最终指向"全面育人"

的教育目标。劳动与实践课程承载着树德、增智、强体、育美的多元育人价值，帮助学生树立正确劳动观念，锤炼必备劳动技能，涵养积极劳动精神，铸就优良劳动品质。

为此，学校深度挖掘校内外劳动教育资源，精心布局，有机融入中医药文化特色，开设日常生活劳动、生产劳动以及服务性劳动等项目，学生通过多样性的劳动体验获得多元化的劳动感受，促进学生各育均衡发展，构筑一个沉浸式、融合性的教育生态系统。为此，学校劳动与实践课程的实施对标《义务教育劳动课程标准（2022年版）》的要求，课程设计中，注重劳动教育与德育、智育、体育、美育的融合，积极发挥劳动综合育人的功能；课程实施中，注重劳动习惯的培养和劳动价值观念的引导，而不是简单地让学生体验某种劳动技能；教学设计中，注重劳动教育与各学科知识相链接，实现多学科知识的统整与融合，着眼于学生关键能力、综合素养的培养，力求实现学有所用、用以促学、学用相长。

经过多年的实践探索，学校的劳动与实践课程已形成了三段式实施模型：在劳动准备阶段，学校教师团队前置发力，悉心筹备劳动场地，围绕项目核心精准讲解、规范示范，同步与家长密切沟通，确保家校携手、形成合力，为学生劳动实践保驾护航。在项目实施进程中，教师化身协调者、观察者，精准把控现场节奏，鼓励学生大胆创新，在劳动中淬炼规范、追求质量、磨砺专注、培育合作，全方位提升学生劳动素养。在劳动反思环节，巧用自我反思、朋辈互助双引擎，引导学生洞察自身优劣，组织成果展示搭建交流平台，让反思沉淀为成长养分，激励学生不断突破自我。

多年来，学校深耕劳动教育，让劳动精神在校园落地生根，为学生成长注入了源源不断的动力，助力学生成长为能担当民族复兴大任的"能劳动、会劳动、爱劳动"的时代新人。

2. "康之彩"课程

与课程专家多次研讨后，我更加坚定了"拓展性课程有别于基础性课程"的想法，在落实国家对公民素质的基本要求的基础上，拓展性课程要侧重于激发学生兴趣爱好，开发学生认知潜能，促进学生个性发展，像是为"康之本"课程增添亮丽的色彩，因而谓之"康之彩"课程。

依据各类课程之间的逻辑联系和从属关系，我们将"康之彩"课程划分为十大类，共同构成了丰富多彩的"康+"课程体系。结合课程群内的课程设置，紧密围绕中国学生发展核心素养以及新课标指导精神，组织专家团队与学校教师进行深入研讨，反复论证与实践，制定了符合学生实际发展需求的"康之彩"课程实施策略。

（1）专题教育课程群。

《义务教育课程方案（2022年版）》首次提出了"专题教育"。专题教育是政策规定实施的教育，是社会活动视域下学科课程的重要拓展与有益补充，具有侧重于培养公民基本素养、与时代发展结合更紧密、教育的个体社会化价值更加突出的特性。[①] 专题教育课程群是学校针对特定领域或主题设计的系列课程，如国防教育、少先队课程、安全教育等，以协同育人的课程视角和跨学科主题教学的课程形态，采用主题教育、综合实践活动等形式开展，保障了专题教育融入学校"康+"课程育人体系和日常育人活动，为学生编织了一个"沉浸式"体验的学习环境。

---

① 赵彦鹏. 专题教育校本课程价值取向：问题解决与高品质探究 [J]. 中国教师，2024（02）：35-39.

专题教育课程群实施策略

课程群名称	内容设置		实施策略
专题教育课程群	国防教育课程	国防理论	1. 创设真实社会情境，增强学生交互体验 2. 衔接学生日常生活，促进教学效果外化 3. 设计生动体验活动，调动学生的好奇心 4. 灵活使用案例教学，发挥榜样示范作用 5. 现代科技辅助教学，增强学生情感体验 6. 整合各类优质资源，丰富学习实践渠道
		国防法规	
		国防技能	
		国防体育	
		国防科技	
		国防研学课	
专题教育课程群	少先队课程	升旗演讲	1. 强化德育主体地位，扎实开展队前教育 2. 深化五育并举理念，全面提升学生素养 3. 巩固行为习惯发展，规范习惯养成教育 4. 鼓励学生亲身体验，促进学生知行合一 5. 强化数字技术驱动，丰富课程活动图集
		红领巾小记者	
		红领巾广播	
		红领巾小导游	
		红领巾鼓号队	
	安全教育课程	安全微课堂	1. 创设真实活动情境，增强学生情感体验 2. 设计多种活动形式，深入普及安全知识 3. 完善合作机制建设，共同推进安全教育 4. 构建效果评估机制，完善教育实效评价
		应急疏散演习	
		消防疏散演习	
		防恐演习	
		禁毒教育	
		防灾减灾演习	

（2）学科兴趣课程群。

真正的兴趣能够激发学生的主动性和创造性，实现持续的投入，让学生获得满足感、成就感和自我价值感。从教育学的角度讲，兴趣是直接影响知识掌握和学业成绩的要素，是发展智力和提高能力的关键，是进行思想政治和品德教育的良好时机，也是学生努力学习、深度学习、创新学习乃至终身学习的基础。基于此，我一直认为在国家必修课程的基础上，开设学科兴趣课程非常有必要。

开设学科兴趣课程能促进学生培养兴趣、拓宽视野、强化实践、丰厚文化，具体内容包括语文兴趣课程、数学兴趣课程、英语兴趣课程等。

学科兴趣课程在实施中，教师需具有"培养全面发展的人"的理念意识，增强主动实施的意识，通过创新教学方法和丰富的学习内容，激发学生对语文、数学、英语等学科的兴趣，拓展学科知识和技能，培养学生的综合能力，提升学生的综合素养。

学科兴趣课程群实施策略

课程群名称	内容设置		实施策略
学科兴趣课程群	语文兴趣课程	趣味语文	1. 精选合适教学素材，匹配学生认知水平 2. 结合学生学习兴趣，选择设计教学主题 3. 创设真实学习情境，激发学生学习动机 4. 设置开放学习任务，鼓励学生自主学习 5. 设计整本书阅读，构建学生阅读共同体 6. 灵活巧用思维导图，培养联想归纳能力 7. 利用网络资源平台，拓宽学生学习空间
	数学兴趣课程	趣味数学	1. 明确教学目标，落实"四基"发展"四能" 2. 实现教学内容结构化，构建系统知识体系 3. 采用游戏化教学形式，激发学生内在动机 4. 创设真实的问题情境，提高知识迁移能力 5. 采取多元化评价策略，及时优化课程内容 6. 信息技术提升教学力，促进学生自主学习
		数学乐园	
		数学创意	
		数学锦囊	
		数学王国	
		思维训练	
		小试牛刀	
		魔方小站	
	英语兴趣课程	趣味英语	1. 营造积极课堂生态，构建友爱师生关系 2. 考虑学生学习兴趣，确定英文实践主题 3. 采用多种教学方式，关注学生学习需求 4. 结合真实生活情景，搭建学习任务框架 5. 组织开展多样活动，培养学生英文表达 6. 重视学习方法指导，助力学生学会学习 7. 引导学生实践探究，拓展学生认知体验 8. 注重教学多元评价，促进学生全面发展

（3）经典启智课程群。

2021年，《中华优秀传统文化传承发展工程"十四五"重点项目规划》中提出的 23 项重点项目中就包括中华经典诵读工程。经典启智课程群引导学生深入学习和探索国内优秀传统文化和国外经典著作，启迪学生智慧，汲取经典著作精髓，提升学生的审美能力和文学素养，加深学生对经典文化的了解与感受，培养学生对传统文化的热爱与尊重，涵养学生中国精神，厚植家国情怀，坚定文化自信。

经典启智课程群实施策略

课程群名称	内容设置	实施策略
经典启智课程群	全学科阅读	1. 遵循认知规律，精选适切的阅读书籍 2. 创设阅读氛围，营造良好的阅读环境 3. 关注个体差异，提供个性化阅读指导 4. 建立兴趣小组，提升学生团结协作力 5. 利用任务卡单，创设多任务体验情境 6. 开设阅读活动，为学生提供展示平台 7. 创新评价机制，增强学生阅读主动性 8. 善用优质资源，注重校家社协同共育
	经典诵读	
	阅读分享	
	英文阅读	

（4）艺术创想课程群。

艺术创想课程群以学校优秀特色课程——"民族剪纸课程"为先导，集美术、音乐、舞蹈等多种艺术形式为一体，涵盖民族剪纸、管乐、合唱、叶画等几十种选修和社团课程，通过多元艺术碰撞，引导学生在学习实践中发现美、欣赏美、表现美，提升学生审美感知、艺术表现和创意实践能力，深化学生文化理解，厚植本土根基，拓宽国际视野，让学生成长为兼具文化底蕴与艺术才情的青年，绘就学生绚丽未来。

艺术创想课程群实施策略

课程群名称	内容设置		实施策略
艺术缤纷 课程群	创意剪纸课程	小剪刀社团	1. 引导学生主题创作，培养学生创想能力 2. 注重启发式教学，引导学生思考和创作 3. 关注学生学习过程，及时提供教学指导 4. 采用多元评价方式，助力学生全面发展 5. 成立创意实践小组，发挥朋辈榜样作用 6. 开展剪纸作品展，提高审美力和创造力 7. 构建剪纸数字课堂，创新教育教学模式
		银剪刀社团	
		金剪刀社团	
	表演	管乐	1. 注重多感知体验，营造开放学习情境 2. 注重跨学科学习，加强学科知识融合 3. 多参与艺术活动，培养艺术表达能力
		合唱	
		小小音乐家	
		戏剧	
		原创校园剧	
		小小演讲家	
		舞蹈	
	美术	科幻画	1. 设计项目学习，引导学生深入探究 2. 开展主题教学，注重学科知识融合 3. 开发多元渠道，充分利用艺术资源 4. 人工智能赋能，拓宽艺术学习路径 5. 建立激励机制，激发学生的内驱力 6. 举办艺术活动，促进艺术交流共享 7. 完善评价体系，激发学生创作热情
		叶画	
		卡通画	
		创意美术	
		儿童素描	
		儿童画	
		传统文化禅绕画	
		国画	
		艺术创想	
	书法	书法	1. 强化书写实践，注重基础培养 2. 注重即时反馈，重视习惯养成 3. 明确认知水平，注重因材施教 4. 提升教师素养，发挥示范作用 5. 引进校外资源，重视内外结合
		书法练习指导	
	创作	超轻黏土	1. 采用专题活动方式，围绕主题作品编创 2. 保护学生创作热情，给予创作展示机会 3. 引导学生自我创作，充分发挥主动作用 4. 创设自由创作空间，鼓励艺术情感表达
		创意手工	
		趣味折纸	
		微电影创作	

（5）阳光体育课程群。

阳光体育课程群是培育新时代灵动少年的重要载体之一。阳光体育课程群涵盖多种体育运动形式，以选修和学校社团课程形式落地开展，精准锚定学生需求设计目标、选编教学内容，提升学习成效，助力学生成长。注重课内外联动，课内夯实基础、学习技巧，课外引导自主锻炼，助力学生养成终身锻炼的习惯，雕琢运动能力，培育健康行为，涵养体育品德，让学生领悟体育精神真谛。

阳光体育课程群实施策略

课程群名称	内容设置	实施策略
阳光体育课程群	排球	1.创设生动形象的课堂活动情境 2.精选科学安全多样的学练内容 3.设计趣味横生的游戏学习任务 4.借助游戏化教具激活课堂氛围 5.融入竞争与合作双重动力机制 6.强调教学中的即时评价与反馈 7.注重培养学生的体能锻炼意识
	足球	
	篮球	
	跳皮筋	
	武术	
	跳绳	
	校园乐跑	
	健美操	

（6）健康润心课程群。

健康润心课程群主要涵盖学校心理健康教育特色课程内容，担当着守护学生心灵、奠基美好未来的重任。在多年的教育教学深耕实践中，我们精准洞察不同阶段学生的身心发展特点，匠心打造"心课程""心语阁""心辅导""心活动"的实践教学矩阵，环环相扣，有机融合，形成了心育渗透为主、环境熏陶为辅的"养德育心"教育范式，为学生铺就了一条从认识自我、悦纳自我到超越自我的心灵成长之路，全方位护航孩子们的身心健康，赋能学生坚韧之心、蓬勃之力，助力学生逐梦未来。

健康润心课程群实施策略

课程群名称	内容设置		实施策略
健康润心课程群	心课程	认识自我	1. 探索多元教学模式，多角度开展心理教育 2. 注重跨学科的渗透，增强跨学科知识联结 3. 开展多种活动形式，促进学生的深度学习
		学会学习	
		人际关系	
		情绪调适	
		生涯规划	
		生活与社会适应	
	心语阁	心理广播	1. 贴合学生发展特征，注重心理问题及时引导 2. 定期收集学生问题，引导学生参与课程建设 3. 定期开展专项选题，解决学生实际心理问题
		心理微课	
	心辅导	心理团辅	1. 团体和个案相结合，关注学生特殊需求 2. 坚持以科研为引领，提升教育专业水平
		心理咨询	
	心活动	校园心理节	1. 注重校家社协同育人，实现教育者多元化 2. 关注教学环境的浸润，促进环境文化育人
		心理健康活动月	

（7）非遗传承课程群。

《义务教育艺术课程标准（2022年版）》明确指出，艺术课程"以立德树人为根本任务，培育和践行社会主义核心价值观，着力加强社会主义先进文化、革命文化、中华优秀传统文化的教育"。非物质文化遗产作为中华优秀传统文化的重要组成部分，对其进行传承意义重大。

《中小学综合实践活动课程指导纲要（2017年版）》强调，综合实践活动课程应促使学生在价值体认、责任担当、问题解决、创意物化等方面形成相应的意识和能力。学校拥有46年非遗传承的深厚底蕴，将非物质文化传承作为综合实践活动的主题，既能与纲要要求相契合，又能充分发挥学校的特色优势。

综上，把"非遗"资源合理融入学校课程建设，是延续历史文脉的有效途径，既能落实艺术课程标准中对优秀传统文化教育的要求，又能通过综合实践活动课程提升学生多方面的素养，意义深远且必要。

非物质文化遗产作为一种传统文化表现形式，因为年代性和古朴性，与当前小学生的生活相隔甚远，为此，非遗传承课程群以传承中华优秀传统文化瑰宝为导向，将弘扬非遗文化融入教育血脉，开设了京剧、陶艺、毛根等多项非遗社团课程，邀请非遗专家"进校园"指导课程实施，普及非遗文化、展示非遗魅力、增强文化自信，培养学生热爱中华优秀传统文化的情怀，力求与学生一起留住遗产，守住文化，让非遗文化焕发新时代活力。

非遗传承课程群实施策略

课程群名称	内容设置	实施策略
非遗传承课程群	传统剪纸课程	1. 精选非遗项目，注重课程特色 2. 开展主题活动，普及非遗知识 3. 创设真实情境，激发学习兴趣 4. 开展项目教学，促进自主探究 5. 变革学习方式，做中学创中用 6. 请专家进课堂，开阔学习视野 7. 办主题成果展，弘扬非遗文化
	京剧	
	陶艺	
	毛根	
	扇面	
	面人	
	脸谱	
	面塑	

（8）中医文化课程群。

中医药文化是中华传统文化的瑰宝，也是我国传统文化和厚重历史的重要载体。学校立足本土资源，打破传统育人场域的界限，借助北大医学部、中医药大学等优质教育资源推广中医文化。基于国家中医药与中国传统文化教育培养方向，学校开设的中医文化特色课程群在普及教育的基础上进行深耕拓展，切实加强中医药文化与学校"康+"课程实施的融合。

我们根据不同年龄学生的身心发展特点和兴趣需要，按照低、中、高三个学段开展形式多样的教学活动，内容覆盖医德医风、中医技能、中药辨识、运动养生、文化自信等，编排设计逐步深入，注重学科融合。从简单的中医药人物故事入手，到中草药种植、中医药产品文创的制作等，与不同年龄阶段学生知识水平和理解能力契合，增强学生互动性和参与感，激发学生对中医药文化的兴趣与认同，在学生心中播下中医药文化的种子。

中医文化课程群实施策略

课程群名称	内容设置		实施策略
中医文化课程群	中医药文化	中医药历史文化	1. 划分学段教学，明确学段课程目标 2. 注重知识延展，拓宽学生知识结构 3. 注重学科渗透，提升学生综合素养
		中医药人物故事	
	中草药种植课程	种植管理	1. 关注情境创设，做好活动场域准备 2. 以问题为支架，促进学生自主探究 3. 任务驱动教学，组织学生动手实践 4. 引导同伴互助，支持开展合作学习 5. 观察活动过程，提供个别学习指导 6. 组织成果展示，引导学生评价反思
		收获处理	
		土壤调理	
		环境维护	
	中医药产品文创制作课程	中医药香囊制作	1. 创设课堂情境，注重知识联结 2. 联系生活实际，引发学生兴趣 3. 引导小组合作，培养合作意识 4. 关注学习过程，注重即时反馈
		中成药制作	
		中草药故事书	
		中草药健身器具	
		中医药科普漫画	
	药食同源课程	中草药糕点	1. 结合真实情境，选择课程主题 2. 开展项目学习，融合学科知识 3. 注重问题驱动，引导动手实践 4. 弘扬传统文化，提升人文素养
		山楂丸	
		中草药茶	

（9）志愿服务课程群。

志愿服务人人可为、事事可为、时时可为。当前，志愿服务正以其独特的课程价值和方法特点，成为落实"立德树人"根本任务和推进以发展学生核心素养为核心目标的基础教育改革的重要抓手。

我常说：志愿服务不仅是一种责任教育，更是一种生活方式和价值观的体现。志愿服务课程以"志愿服务"为突破口，借助"志愿精神"来践行实践育人，引导学生利用自身的知识与技能，为他人、社会提供公益劳动与志愿服务。通过志愿服务，我希望"孩子们的眼睛和心灵不再只盯着自己的一得一失，在自我的认知不足中斤斤计较、患得患失，他们正学着关心他人疾苦，学着自主深入社会……"通过引导学生参与一系列志愿者服务活动，实现提高学生的社会交往能力和组织管理能力，培养学生的公民责任意识和担当能力，促进道德成长和知识学习有机统一的育人目标。

志愿服务课程群实施策略

课程群名称	内容设置	实施策略
志愿服务课程群	校内志愿服务	1.结合学生发展特征，选取适宜服务主题 2.注重学科知识融合，落实学科教学实践 3.丰富校园志愿岗位，增强学生责任意识 4.构建多维评价体系，提升学生自我效能
	社区志愿服务	1.注重校家社的联动，营造良好志愿服务环境 2.精选志愿服务类别，拓宽学生志愿服务广度 3.构建志愿评价体系，实现多元多维多样评价

（10）科技创新课程群。

2023年5月，教育部等十八部门印发《关于加强新时代中小学科学教育工作的意见》，指出着力在教育"双减"中做好科学教育加法，一体化推进教育、科技、人才高质量发展。科技创新课程群通过多学科整合、模块整合、跨学科融合等方式开展实施，包括信息学、单片机、无线电测向、模拟飞行等多项社团课程。以创新为要义，以培育学生的科学核心素养为宗旨，以学生喜闻乐见的项目式学习方式，鼓励学生进行创新思考和创造，培养创新思维和科技创新能力。

科技创新课程群实施策略

课程群名称	内容设置	实施策略
科技创新课程群	科学探究	1. 明确教学活动目标，围绕目标开展项目式学习 2. 注重课程资源整合，提供跨学科学习内容支撑 3. 开发线上学习资源，拓宽学生自主学习的空间 4. 开展模块化的教学，推动项目式学习有序开展 5. 鼓励学生竞争合作，培养学生合作与竞争意识 6. 扩展教育教学场域，激发学生的科技创新潜能 7. 创建线上展示平台，开拓学生的科技创新视野 8. 鼓励学生参加竞赛，促进学生知识迁移和应用 9. 构建多元评价体系，实现全面精准的教学评价
	工程思维	
	信息学	
	气象课程	
	模拟飞行	
	无人机	
	单片机	
	机器人	
	STEM	
	3D 打印	
	创客课程	
	航空模型	
	航海模型	
	天文课程	
	无线电测向	

3.“康之新”课程

“康之新”课程是学校对当前拔尖创新人才培养时代需求的回应，是学校校本特色形成的重要途径。课程聚焦项目式学习、小课题研究与实践探究多元路径，致力打破传统教育藩篱，深度激发学生的创新潜能，系统性塑造其创新思维与精神内核，为未来拔尖创新人才的脱颖而出筑牢根基，赋能学生发展。

（1）E+ 星球创新课程。

为贯彻落实“面向全体学生普及，聚焦拔尖人才培养”的科学教育工作理念，提高学生科学素养，鼓励学生探索未知、崇尚科学、勇于创新，在教育“双减”中做好科学教育加法，学校于 2023 年创建了 E+ 星球创新学院。E+ 星球创新课程包括三大类，即通识普及类课程、技能培养类课程和拓展应用类课程。课程类型丰富，为学院创新人才的培养奠定了课程基础。

E+ 星球创新课程实施策略

课程名称	内容设置		实施策略
E+ 星球创新课程	通识普及类课程	科技馆课程	1. 以问题为导向，科学设计课程内容 2. 打破学科界限，实现学科知识融合 3. 尝试预测假设，反复思辨得出结论 4. 加强迁移应用，鼓励批判开展创新 5. 嵌入评价反思，引导学生全面成长
		科学实践探究	
		工程思维拓展	
	技能培养类课程	"小院士"	1. 明确课程目标，契合发展需求 2. 优化课程内容，提升内容连贯 3. 引入外部资源，拓展学习视野 4. 强化实践探究，着眼问题解决 5. 建立评价机制，了解学习情况
		"小研究员"	
		无线电	
		气象	
		航模	
		机器人	
	拓展应用类课程	校外综合实践活动	1. 开展馆校合作，利用科普场所资源 2. 注重寓教于乐，体现趣味性多样性 3. 专家入校指导，分享前沿科学知识 4. 整合家长资源，协同助力学生成长
		科普教育活动	
		原创科普展	
		假期主题活动	

（2）集团融贯课程。

集团融贯课程是北大附中教育集团内各学校共享资源的一种创新教育模式。它通过课程资源的标准化建设与共享，实现学段与学科间的深度融合，强调跨学科的知识整合与实践应用。集团融贯课程通过贯通课程、融合类课程等形式，注重拓宽学生的学习视野，培养学生的综合素养与创新能力，为学生未来发展和职业规划奠定坚实基础。

集团融贯课程实施策略

课程名称	内容设置	实施策略
集团融贯课程	科学实验探究	1. 纵向贯通，找到学段间衔接点和断层点 2. 横向融通，实现跨学科大概念融合教学 3. 因材施教，依托集团资源实现贯通培养 4. 资源统筹，多元协同促进创新人才培育 5. 加强辅导，遵循学生身心成长发展规律
	工程思维课程	
	数学信息科技	
	信息技术融合课程	
	数学思维课程	
	小初贯通课程	

（3）馆校融合课程。

馆校融合课程是将学校教育与博物馆、科技馆等校外场馆资源有机结合的教学模式。通过实地参观、互动体验、项目式学习等方式，将场馆内的展览内容与学校课程内容相融合，使学生在真实的情境中学习，拓宽视野，提升综合素养，培养创新思维和实践能力。馆校融合课程包含学校创办的博物馆特色课程、科技馆里的科学课以及图书馆课程，三类课程的实施能让校社资源充分融合，成为学生发展的资源宝库。

馆校融合课程实施策略

课程名称	内容设置	实施策略建议
馆校融合课程	科技馆里的科学课	1. 课程引领，场馆教育与学校课程相融合 2. 实践深化，巧用社会课堂丰富实践活动 3. 问题导向，引发学生的好奇心和探索欲 4. 资源融通，打造馆校合作的教育共同体 5. 创新形式，开启线上线下的双通道体验
	博物馆课程	
	图书馆课程	

（4）节日节气课程。

节日节气课程是基于儿童身心发展的特点，以中国传统节日、二十四节气和校园自主开展的节日课程为核心的一门主题式综合实践课程。通过开展系列主题综合活动和课程，深度挖掘节日节气的内涵，在"做中学"，以"发现问题、分析问题、解决问题、归纳整理"为探索模式，学生在学习过程中能真实地感受自然，体验生活。

在节日节气课程设计时，注重传统节日课程的设置，在此基础上，结合学校课程实践开设相关的校园节日课程，如"科技节""艺术节""传统文化节"等，鼓励学生积极参与，激发学生内驱力，促进成果交流与校园文化建设。我们充分发挥学校资源优势，开设二十四节气课程，如"中医药里的二十四节气""二十四节气中的劳动实践"等，弘扬传统文化，促进文化的交流、传承与创新。以节日节气课程为支点，拓宽学生学习场域，注重多学科知识融合，开设跨学科主题学习课程，在实际教学中做好科学教育加法。

节日节气课程实施策略

课程名称	内容设置		实施策略
节日节气课程	传统节日课程	百福迎新	1. 创设环境氛围，打造沉浸学习体验 2. 转变学习方式，提升学生综合素养 3. 体验劳动活动，享受劳动实践乐趣 4. 融入传统文化，增强民族自信自豪 5. 加强家校共建，拓展丰富课程资源 6. 开展多元评价，探索新型评价方式
		清明节	
		劳动节	
		百草香韵迎端午	
		中秋节	
		国庆节	
		探寻年味儿	
		元宵节	
	校园节日课程	科技节	
		艺术节	
		传统文化节	
		劳动节	
		体育节	
		心理节	
		数学节	
		阅读节	
		合唱节	
		戏剧电影节	
		对外交流节	
		……	
	二十四节气课程	中医药里的二十四节气	
		二十四节气中的劳动实践	

（5）研学实践课程。

学校积极贯彻落实相关政策精神，与中国科技馆等优质教育资源单位建立"馆校合作"战略联盟，共同打造了一系列研学实践课程。通过实地考察、科学探索、实践操作等多种方式，培养学生的科学素养、创新思维和实践能力。

北京卷 教育文库

研学实践课程实施策略

课程名称	内容设置	实施策略
研学实践课程	科技主题研学	1. 关注学生兴趣爱好，确定不同层级研学主题 2. 设计梯度课程目标，开展有区分度研学内容 3. 开发多样实践活动，符合学生认知发展规律 4. 开展问题导向探究，培养学生实际解决能力 5. 调动多种情感体验，沉浸探究问题解决办法 6. 强化指导评价作用，促进在做中学、学中做
	劳动主题研学	
	传统文化主题研学	
	生态环保主题研学	
	红色研学	
	毕业研学	

（6）项目研究课程。

项目研究课程是鼓励学生主动探索、实践和创新的课程，通过引导学生围绕特定主题或问题进行深入研究、团队合作和成果展示，培养学生的批判性思维、解决问题的能力、团队合作精神以及创新意识，为学生的全面发展和终身学习奠定坚实基础。

项目研究课程实施策略

课程名称	内容设置	实施策略
项目研究课程	小课题研究类	1. 以项目为载体，聚焦核心素养 2. 设计驱动问题，创设真实情境 3. 分解研究任务，实现层层推进 4. 开展合作学习，促进自主探究 5. 举办成果展示，加深问题理解 6. 实施多维评价，促进反思改进
	科学探索类	
	信息技术类	
	领导力与团队协作类	

（7）创意策划课程。

创意策划课程旨在激发学生的创造力、想象力和实践能力，通过向学生征集具有创新性的活动策划方案，引导学生参与项目策划、设计实施和成果展示等全过程。进而培养学生的创新思维、团队协作和问题解决能力，让学生在动手实践中体验创造的乐趣，学会将创意转化为现实，为未来的学习和生活打下坚实的基础。

创意策划课程实施策略

课程名称	内容设置		实施策略
创意策划课程	创意征集		1. 设计学生感兴趣主题，激发参与热情 2. 组织多样化课程内容，实现学科融合 3. 采用灵活的教学方法，培养探究能力 4. 注重参与形式多样性，体现综合素养
	活动策划	科技节	
		合唱节	
		体育节	
		读书节	
		数学节	
		服务月	
		研学月	
		心理健康月	
		戏剧电影节	
		对外交流节	
		艺术节	
		传统文化节	
	文创设计		
	校园文化策划		

（8）职业探究课程。

职业探究课程是通过模拟或实地参观不同职业环境，让学生亲身体验各种职业角色和工作流程的教育活动，以拓宽学生的职业视野，增强学生的社会认知和实践能力，激发学生的职业兴趣和规划意识，为学生未来的职业道路提供宝贵经验和启示。为了充分盘活校内外各方优质资源，我们在专家指导下，匠心打造了涵盖"小记者""红十字""小小环创师""图书管理员""我是小药师"等多元领域的职业研究体系，让学生从小多接触相关职业，了解各个领域的职业特点，激发职业兴趣，培养劳动精神和责任意识。

职业探究课程实施策略

课程名称	内容设置	实施策略
职业探究课程	小记者	1. 营造氛围，创造职业探究条件 2. 细化目标，筛选不同学段主题 3. 问题导向，激发学生参与兴趣 4. 亲身实践，拓宽学生职业视野 5. 整合资源，提供沉浸体验环境 6. 家校协同，培养职业规划意识
	红十字	
	小小环创师	
	校园规划师	
	我是小药师	

四、"康+"课程的评价机制

当代课程理论之父拉尔夫·W.泰勒的目标导向评估理论认为："课程评价不仅用于判定学生是否达标，还为教师和课程设计者提供反馈，更是课程设计和教学改进的工具。"在我看来，有效的课程评价体系能够更加科学地监测课程实施效果，及时发现实施中遇到的问题，保障"康+"课程的有效落实。

学校要将评价看作"对于学习的评价""为了学习的评价""作为学习的评价"，更强调评价本身就是学习的一部分。[①] 因此，我认为素养导向的"康+"课程评价要被赋予新的角色和使命，评价不是学习的终点，而是新的起点。我们以学科素养和学业质量标准为依据，构建了具有校本特色的"康+"课程评价体系，巧妙地将教师的教、学生的学与课程评价融为一体，真正实现"教—学—评"的一致性。

---

① 章巍. 课程篇：重构课程体系——高质量育人的核心载体 [J]. 中国基础教育，2024（03）：68-70.

（一）"康+"课程的评价原则

1. 坚持正确方向

课程评价承载着推动教育事业的发展、提高教育质量以及培养德智体美劳全面发展的社会主义建设者和接班人的重大使命，评价的目的必须清晰而准确。在"康+"课程评价中，"康+"课程评价的方向始终与国家教育方针政策精神同向同行，从教育目的、学校育人目标出发推导出学生的核心素养，形成校本核心素养的表达，并制定相应的评价指标体系，确保课程评价服务于学生发展，实现为国育人、为党育才。

2. 坚持素养导向

2022年版的义务教育各学科课程标准中，教学评价理念都强调以核心素养为导向的"教—学—评"一体化，要求教师转变育人方式，重视评价的育人功能。立德树人是我国教育的根本任务，核心素养则是落实立德树人根本任务的必由之路，也是"教—学—评"一体化过程中的指挥棒。在"康+"课程评价中，我们始终坚持立德树人根本任务，将课程评价由知识本位转向素养本位，由知识中心转向着力发展学生的核心素养，将评价作为验证学生核心素养的达成情况和教师教学效果的判断依据。

3. 坚持校本特色

坚持校本特色原则，是学校发展道路上的重要基石，有助于我们塑造独特的办学品牌和构建核心竞争优势，提升学校在社会中的影响力和教育领域的竞争力。在深入探索和实践"康+"课程评价体系的过程中，我深刻认识到，传统评价方式虽有其基础价值，但必须与学校的自身特色紧密结合才能发挥出最大效能。因此，基于学校的办学理念、课程育人目标和学生的个性化特点，我们对传统评价体系进行了创新与拓展，构建了一套既秉承传统评价精髓又兼具鲜明校本特色的评价体系，为学校形成独特的办学风格、提升整体教育水平提供有力支撑。

4. 坚持以评促长

美国知名教育评价专家斯塔弗尔比姆认为，评价不应局限在评定目标达到的程度，而应该为课程决策提供有用信息。[①]学校课程质量评价也是如此，主要目的在于"以评促建、以评促改、以评促发展"，[②]强调评价促进教师、学生及整个教学过程的成长和发展，体现了教育评价的激励性、发展性和导向性。通过评价反馈帮助教师调整教学策略，提升教学质量，帮助学生明确学习方向，激发学习动力。

在"康+"课程评价中，我们通过设置明确的评价目标，选择恰当的评价方法，及时反馈评价结果，利用评价激发教师成长，引导学生参与评价，关注学生的学习过程，促进学生的个性化发展以及建立师生共同成长的评价机制等措施，有效实现了"以评促长"的目标，促进教师、学生以及整个教学过程的成长和发展，实现了"教—学—评"一致性。

（二）"康+"课程的评价要点

课程评价"怎么评"始终困扰不少教育实践者，基于这个问题，我从评价主体、评价内容、评价方式和评价工具四个方面入手，分析了学校"康+"课程评价的实施要点，要求学校课程评价落实"四坚持"，即坚持自我评价与他人评价相结合，坚持综合评价与特色评价相结合，坚持过程性评价与结果性评价相结合，坚持传统评价工具与现代评价工具相结合，不断优化课程评价实施，为"康+"课程的有效实施、为学生的健康成长与全面发展奠定坚实的保障。

---

① 施良方. 课程理论：课程的基础、原理与问题 [M]. 北京：教育科学出版社，1996：157.

② 司林波. 新时代教育评价改革的现实背景、内在逻辑与实践路向 [J]. 陕西师范大学学报（哲学社会科学版），2022（01）：96—110.

1. 自我评价与他人评价相结合

《义务教育质量评价指南》指出："在引导学生、学校和县级党委政府积极开展常态化自我评价和即时改进的同时，构建主体多元、统整优化、责任明晰、组织高效的外部评价工作体系。"构建多元主体评价，有利于提高评价的科学性、准确性和全面性。因此，学校注重学生的自我评价与他人评价相结合，使学生、教师、家长和社会人员能从不同角度对学生成长进行全面评价，使评价结果更加公正、客观、准确。

爱默生曾言："我们最终成为什么样的人，很大程度上取决于我们如何看待自己。"自我评价是学生对自身学习成果与成长过程的自我审视，有助于培养学生的自我认知与自我管理。在"康+"课程评价中，学生是评价的主体，观镜以正衣冠，鼓励学生通过日志、反思报告等形式，进行自我省察，记录自己在身心健康、学科知识与技能等方面的成长与变化。重视他人评价，将学生同伴、教师、家长、社会人员等纳入评价主体范畴，提供外在反馈，增强评价的全面性与客观性。课程评价主体强调建立多元主体对话机制，使评价者与被评价者形成联结，加强评价主体之间的尊重和理解，构筑平等开放的评价环境。

2. 过程性评价与结果性评价相结合

中共中央、国务院印发的《深化新时代教育评价改革总体方案》强调，"完善评价结果运用，综合发挥导向、鉴定、诊断、调控和改进作用"。《义务教育课程方案（2022年版）》也指出要改进结果评价，强化过程评价，探索增值评价，健全综合评价。评价的目的不是为了证明，而是为了改进。

过程性评价是在教学活动中对学生学习成长的各类信息加以即时、动态地解释，以揭示、判断学生状态，优化学习过程，提高学习效果。[1] 在

---

[1] 邢利红. 指向改进的学生过程性评价结果应用探究 [J]. 教学与管理，2024（30）：105-108.

"康+"课程实施中，学校注重强化过程性评价，关注学生学习过程，重视学习过程中的非预期结果，充分发挥评价的育人、导向和激励功能。鼓励教师通过课堂讨论、作业、随堂测验和综合测验等形式，全面考量学生德、智、体、美、劳各方面发展，为学生调整自我认知和发展方向提供依据，为教师教学改进提供数据支持，促进教育教学质量提升。结果性评价是对教师和学生阶段性教学效果和学习质量做出的结论性评价。学校实行过程性评价与结果性评价相结合的评价方式，能够在过程中及时发现问题并进行修正。在教学活动结束后，对学习结果进行综合性评价，帮助教师了解教学效果，全面评价课程的实施情况和学生的学习效果，促进教学质量持续提升。

3. 综合评价与特色评价相结合

《义务教育质量评价指南》指出："注重综合评价与特色评价相结合。关注县域、学校全面育人整体成效和学生德智体美劳全面发展情况的同时，注重差异性和多样性，关注每一所学校和每一名学生，促进学校特色发展和学生个性发展。"理论上，课程评价应以"一校一策"的逻辑开展，强化校本特色是办学导向的要求，也是评价学生的自然需要。但如果只注重校本特色的评价，会在深入推进过程中发生"只见树木不见森林"的现象。因此，学校"康+"课程实施坚持全面评估与个性发展的双重关注，对课程实施情况进行综合性、客观性的评价，还注重特色评价。利用校本特色的三级进阶式特色评价机制，关注学生兴趣特长与个性特点，设置个性化的评价指标，促进学生个性发展。

4. 传统评价工具与现代评价工具相结合

《义务教育质量评价指南》指出："注重线上评价与线下评价相结合。建立县域、学校、学生常态化评价网络信息平台及数据库，完善学生综合素质评价档案。"新一代信息技术的发展，正促使评价工具向多样化、智能化方向发展。中国教育科学研究院研究员储朝晖认为，教育评价的

"一"与教育评价对象及其环境条件的"多"之间的矛盾，是现行教育评价的主要矛盾。因此，传统评价工具可能已经难以满足当前教育评价改革的需要。

在"康+"课程评价中，我们坚持以学生核心素养的发展为导向，既注重使用档案袋、任务单等传统评价工具，对课程的实施进行即时的追踪记录，也注重利用现代技术手段，人工智能赋能教学评价，以"智"助评，开发线上智慧评价工具。评价理念的发展与评价工具的更新相辅相成，通过"线上+线下"相结合的评价方式，传统评价工具和现代评价工具的相互补充，进一步提升评价的科学性、动态化、有效性，进而促进学校教育教学的可持续、高质量发展，实现历史智慧与科技创新的双重融合。

（三）"康+"课程的评价主体

新课程评价改革重视学生在评价过程中的主体地位，我们始终秉持开放包容、专业精进的理念，将教师评价与学生自评、同伴互评相结合，使评价成为师生共同参与的交互活动，构建多维度、深层次的多元主体评价体系，共筑课程实施新生态。

1. 学生评价夯实评价之基

著名教育家杜威曾说："教育的目的在于使人能够继续教育自己。"学生自评正是帮助学生认识自我、明确方向、不断改进的重要手段。在学校教学实践中，学生是教育教学活动的主体与课程体验的感知者。我们倡导将学生置于课程评价的中心位置，通过自我省察与同伴互勉的双重路径，激发学生在自我反思中发现成长的足迹，培养学生的自我审视、自我超越的能力。

我鼓励每一位学生都能成为自己学习旅程的记录者与评判者，自评不仅是对教学规律与人才成长规律的尊重，更是新时代"立德树人"根本任务的具体实践。自评具有动态生成性、诊断指导性与过程伴随性，让评价成为学生自我镜像的一面明镜，既映照出真实的自我，也是衡量个人品德与素养的独特标尺。同伴互评被视为促进学生间相互激励的宝贵桥梁，通过互评，学生们能学会欣赏他人的闪光点，勇于提出建设性意见，在个性张扬与团队协作之间找到和谐的平衡点。

总之，学生自我评价机制的深化实施是学校教育工作中的重要一环，关乎学生个体的全面发展，是构建积极向上、相互成就校园文化氛围的关键所在。学校持续探索与完善学生评价机制，能促进每位学生在自我探索、同伴互勉中绽放光彩，成长为具有终身学习能力的新时代灵动少年。

2. 教师评价铸造评价之骨

强国必先强教，强教必先强师，高质量教师队伍建设是建设教育强国的关键要素和基础支撑。教师评价是推动教师发展的重要助力，是教师专业成长的起点和过程，而教师专业发展则是教师评价的目的和结果，直接决定了教学质量与课程品质的高度。

在"康+"课程评价体系中，我们特别强调教师的自评与互评机制，鼓励教师通过教学反思、教学日志的撰写，以及同行听课等多元化方式增进彼此间的交流与合作，共同提升课程实施质量。同时，还建立了一套科学完善的教师评价机制，从教学设计、教学实施到教学效果等多个维度，对教师的工作进行全面而深入的评估，激励教师不断追求卓越，提升教学水平。在课堂教学中，教师充分利用诊断性评价、过程性评价和总结性评价等多种评价手段，精准把握学生的学习状况，为教学效果的反馈与改进提供有力支撑。评价反馈将成为教师优化教学手段、夯实教学技能、提升教学质量的重要参考依据，最终作用于每一位学生素养的提升。

3. 家长评价搭建评价之桥

作为校长，我深信，最好的教育是源自于真挚的陪伴，最优质的陪伴体现在身体力行的示范之中。家长作为孩子人生的首任"教师"，对孩子的教育有着独到的见解与深切的期望。我一直秉持这样的观点：家长积极参与学生评价，能够产生"1+1＞2"的协同效应。

在我的大力支持下，多年来，学校致力于构建家校协同育人的新模式，通过设立家委会、举办家长沙龙、开放家长参观日等，让家长深入参与到孩子们的日常生活中来，与孩子共同成长。在"康＋"课程实施过程中，特别邀请家长参与其中，通过家长会、家访以及家长问卷等多种方式，广泛听取他们对学校课程实施及学生发展的宝贵意见和建议。同时，我们还开设了"家长学校"，有助于更全面地了解家长的需求与期望，不断优化课程设计，提升教学质量；更是家校之间建立信任、深化合作的桥梁，为孩子们的成长撑起一片蓝天。

4. 社会评价装扮评价之镜

"为了每一个学生的发展"是新课程改革的核心理念，社会评价是课程质量的重要参考。《深化新时代教育评价改革总体方案》提出"构建政府、学校、社会等多元参与的评价体系，建立健全教育督导部门统一负责的教育评估监测机制，发挥专业机构和社会组织作用"。可见，加强社会参与学校教育评价的力度是未来一段时间内教育评价改革的重点举措之一。

学校"康＋"课程的实施与评价注重收集社会各界对课程的反馈，包括专家学者、教育同行、社区组织等。通过参与教育论坛、学术研讨会等活动，了解行业动态和最新教育理念，为课程改进提供有力支持。教师单向或师生静态的评价方式并不能完整反映复杂情境的真实效果，将社会机构人员纳入评价主体，能够真正帮助学生"从活生生的人那里学习，从活生生的现实生活里学习"。此外，学生也有权对他人提供的评价信息进行解释、说明甚至质疑，从某种意义上也赋予了学生自主性和主体性。

（四）"康+"课程评价指标体系

课程评价作为教育过程中的核心环节，是对学生学习成果的检验，更是对教育目标实现程度的一种衡量，直接关联到教育质量的提升与教育公平的推进。在课程实施过程中，有效的评价像一面镜子，能够清晰映照出教学的优势与不足，为教育者和决策者提供宝贵的反馈信息。通过课程评价，教师可以及时调整教学策略，优化课堂组织，确保教学活动更加贴近学生的实际需求。学生也能从中获得自我认知的提升，明确自己的学习强项与改进方向，激发内在学习动力。

在我看来，科学的课程评价体系还是推动教育改革与创新的重要驱动力，能够鼓励教师不断探索更加高效、灵活的教学方法，促进学生全面发展，同时关注个体差异，实现因材施教。"康+"课程评价指标体系的建构与"康+"课程目标体系相呼应，以评促建，检验课程目标成效。在义务教育各学科课程标准等文件的指导下，我们以学生核心素养为基准，细化了校本化学生发展素养要求，按照小学低段、中段、高段学生的不同认知发展特征，多维度、科学、详细地设置了具体的育人评价指标。

"康+"课程评价指标体系

课程领域	一级指标	二级指标	学段指标	
品德与责任	政治认同 道德品质 行为规范 法治观念 责任意识	爱党爱国爱家校 诚实守信品德优 遵纪守法讲文明 待人接物有礼貌	低段	1. 认识国旗、国徽，会唱国歌，升国旗敬礼 2. 爱护公物，保护环境 3. 会使用"您好""谢谢您"等礼貌用语 4. 知道保护自己，不去危险的地方 5. 愿意和同学们一起做游戏 6. 喜欢同学和老师，愿意为集体做事 7. 喜欢与父母交流，不任性
			中段	1. 诚实守信，做事负责 2. 保护环境，节约能源 3. 自觉遵守交通法规和公共秩序 4. 与同学一起游戏，在班集体中有自己的朋友 5. 能自己解决问题 6. 爱父母，听从教导，愿意与父母交流
			高段	1. 做事责任心强 2. 自觉遵守交通规则，珍爱生命 3. 不说脏话，对人要有礼貌 4. 有法治意识，不做危险的事情 5. 和同学友好相处 6. 会自己解决矛盾，勇于面对挫折和挑战 7. 体谅父母，经常与父母和亲友交流沟通
语言与人文	语言表达 文化素养 陶冶情操 人文精神	勤思爱学擅表达 博览群书有内涵 情操高雅品行端 人文之光厚底蕴	低段	1. 按时完成各学科布置的作业 2. 上课认真听讲，喜欢发表自己的观点 3. 对学习有兴趣，能主动预习和复习 4. 端正坐姿和握笔姿势，书写规范，朗读流利 5. 愿意和老师、同学一起学习，有一定的合作意识 6. 能够倾听同学发言
			中段	1. 初步了解学习的意义，学习主动性逐步增强 2. 形成初步的学习目标，遇到困难不退缩，对自己的学习有信心 3. 能够正确评价自己，乐于合作学习 4. 初步养成良好的阅读习惯和书写习惯 5. 认真听讲，积极发言，勇于发表自己的意见 6. 善于倾听他人的观点，乐于合作交流
			高段	1. 认识到学习的重要性，对学业有较明确的目标 2. 能主动探究自己感兴趣的内容 3. 养成良好的阅读习惯和书写习惯，能持续有效地学习 4. 积极思考，善于发言，有较强烈的好奇心和求知欲 5. 能恰当地发表自己的观点 6. 能够倾听同伴的有效意见并吸纳转化，善于交流，乐于合作

续表

课程领域	一级指标	二级指标	学段指标	
思维与创新	逻辑思维 问题探究 批判质疑 创新意识	保持好奇爱提问 奇思妙想善观察 动手探索乐趣多 动脑思辨勇创新	低段	1. 喜欢观察，能发现并提出问题 2. 勤于动手、动脑，乐于探索新奇的事物 3. 喜欢探究，初步尝试主动解决问题 4. 能尝试使用多种方法找到问题的答案 5. 具有敢于尝试和挑战新事物的勇气
			中段	1. 能够有意识地观察，勤于动脑和实践 2. 愿意通过思考和实践研究问题，想办法解决问题 3. 能够抓住事物的本质和规律，进行抽象概括、对比、分析等 4. 能够举一反三，思考问题迅速 5. 乐于寻找问题的所有可能性 6. 积极参与手工制作、小发明创新等活动，表现出浓厚的兴趣和创造力
			高段	1. 养成善于观察、勤于实践的良好习惯 2. 在学习和生活中乐于探究 3. 能够对自己的学习进行梳理反思 4. 能够分析问题，找出问题的关键所在，并运用逻辑推理来解决问题 5. 面对问题时不再盲目接受，而是学会质疑、分析信息的真实性和可靠性 6. 能够有意识地运用创新方法解决问题，体验分析、解决问题的乐趣
体育与健康	运动能力 健康行为 体育品德	运动锻炼强体魄 自信乐观讲卫生 遵循规范铸品质	低段	1. 积极参与体育游戏，感受体育活动的乐趣 2. 能积极主动学练和体验运动技能，坚持体育锻炼 3. 讲卫生、不挑食，注意饮食安全 4. 自信乐观，能够合理表达自己的情绪 5. 诚实守信，尊重他人，不怕困难
			中段	1. 积极参与多种运动项目游戏，感受运动乐趣 2. 能够制订简单的锻炼计划，坚持每天进行体育锻炼 3. 能够保持个人卫生，有较好的饮食习惯，了解简单的健康知识 4. 关注自己的情绪变化，积极与他人沟通交流 5. 有良好的行为习惯，遵守纪律，在有一定难度的体育活动中勇敢顽强、克服困难
			高段	1. 积极参与运动项目学练，体能水平显著提高 2. 掌握运动项目的基本知识，学练运动项目的技战术配合，并能在比赛中或展示中运用 3. 坚持每天校外运动 1 小时，合理制订锻炼计划 4. 有良好的卫生和饮食习惯，能将健康安全知识与技能运用带到日常生活锻炼中 5. 遇到挫折和失败时保持情绪稳定，乐于与他人交往与合作 6. 遵守各种规范和规则，有公平竞争意识，具有团队精神，能正确面对比赛的胜负

续表

课程领域	一级指标	二级指标		学段指标
劳动与实践	劳动观念 劳动能力 劳动习惯和品质 劳动精神	小小身躯能量大 劳动观念心中挂 手脑并用本领强 习惯品质精神扬	低段	1. 能自己洗漱、清洗简单的衣物 2. 能进行简单的家庭、教室清扫和垃圾分类工作等 3. 关心照顾身边常见的动植物 4. 参与简单的手工制作活动，会使用简单的工具 5. 感受劳动的乐趣，尊重他人劳动成果 6. 在劳动过程中遵守纪律，不怕脏、不怕累，具有初步的劳动安全意识
			中段	1. 养成良好的个人卫生习惯，初步学会简单的家务劳动，具有生活自理能力 2. 初步体验简单的种植、养殖、手工制作等生产劳动 3. 认识常用的劳动工具和材料，并能选择和运用合适的工具和技能，解决简单的问题 4. 尊重劳动，尊重劳动工作者，参加力所能及的校园、社区环保的公益劳动，养成热爱劳动的品质 5. 参加家庭、校园卫生保洁，垃圾分类处理、绿化美化 6. 懂得在劳动中遵规守约，学会与他人合作，不怕困难
			高段	1. 掌握家庭生活中常用的清洁与卫生、整理与收纳的基本技能 2. 进一步体验种植、养殖、手工制作等生产劳动 3. 能独立完成手工作品或工艺品的制作，熟练使用劳动工具，能运用所学知识和技能分析解决劳动过程中遇到的问题 4. 吃苦耐劳、勇于探索，有正确的劳动价值观念 5. 积极参与家庭、教室环境美化，关注学校、社区环境美化工作 6. 自觉遵守劳动纪律，主动克服困难，团结协作，提升与他人合作的能力
艺术与审美	审美感知 艺术表现 创意实践 文化理解	慧眼审美懂欣赏 表现艺术展才艺 巧思创意重实践 乐在传承扬文化	低段	1. 能注意周围环境中的美好事物，愿意参与艺术活动 2. 对声音、形状、色彩有一定的审美感知 3. 可以自然、有表情地演唱 4. 了解简单的线、形、色彩等艺术知识 5. 能认识故事、儿歌等形式中的中国传统文化和艺术
			中段	1. 能够感受并分享生活中的美好事物，主动选择自己喜爱的艺术形式进行学习 2. 能够欣赏自己或他人的作品，简单表达自己的观点 3. 积极参加学校艺术展示活动 4. 能够完成简单的艺术作品 5. 能主动了解和学习中国传统文化和艺术
			高段	1. 喜欢大自然，乐于感受和分享生活中的美好事物，能够坚持学习自己喜欢的艺术形式 2. 能够欣赏和评述艺术作品，并运用所学知识对其进行分析和评价 3. 积极参与文化艺术活动，并有精彩的表现 4. 能够创作出具有创新性和艺术性的作品 5. 能够理解、尊重和传承自己民族和国家的文化传统

（五）"康+"课程特色评价机制

我笃信，课程评价绝非简单的学业衡量标尺，而是深挖学生潜能、助推其全面成长的有力引擎。秉持这一理念，学校立足传统评价根基，深度融合"康+"课程精髓，锚定学生核心素养培育，打造了独具"康+"文化特色的课程评价机制。

学校是教育体系中的基石与核心机构，承担着人才培养与知识传承的重任，通过教材、课程、讲座、实验等多种方式，将人类长期积累下来的知识传递给一代又一代的学生，是"存储"和传播知识的重要机构。因此，在开发校本特色评价机制时，我们将学校生动形象地比作"知识银行"，以"存折"为评价载体，记录学生的成长足迹。为突出"康+"课程特色，对其进行校本化命名——"康+"心愿存折，它是为学生量身定制的成长记录册，是学生学习成果的展示台，更是学生"健康力、审美力、人文力、践行力、创想力、责任力"六大校本核心素养生成的忠实记录者。以"康+"心愿存折为载体，能增强学生的成就感与自信心，又便于教师、家长及学生本人清晰地了解其成长轨迹，为后续的学习与发展提供有力支持。

教师应发掘评价的激励作用，把学生的成长进步放在第一位，实施激励性评价，促进学生的全面发展。结合学生兴趣和学校发展特色，学校选用灵动少年章、星球卡、"康+"少年奖牌作为评价工具，通过正面强化，坚持过程性评价与结果性评价相结合，最大限度地激发学生的学习兴趣，促使学生发挥潜能，体验学习的收获感和成功感，增强学生的自我效能感。

评价工具是评估学生综合素质发展情况的载体，也是采集综合素质发展数据的载体。学校以"康+"成长存折为载体，结合特色评价工具，形成了三级进阶式评价机制，遵循"康+"课程评价原则，关注课程评价要点，并通过多元化的评价方式，记录学生的成长足迹，激发内在动力，培养身心健康、全面发展的"灵动少年"。

"康+"课程特色评价机制

评价等级	评价要求	评价工具
一级评价	教师对学生在"品德与责任""体育与健康""语言与人文""思维与创新""艺术与审美""劳动与实践"六大课程领域的表现进行评价，当学生取得一定成绩时，教师为学生发放相应课程领域的灵动少年章，学生可以将奖章贴在心愿存折上	灵动少年章
二级评价	当学生的灵动少年章积累到一定数量时，学生可兑换星球卡	星球卡
三级评价	当集齐一套（6张）星球卡时，学生可以兑换"康+"少年奖牌，代表学生在课程学习中的最高荣誉	"康+"少年奖牌

　　"康+"课程评价体系充分体现了校本特色，紧密围绕学校的办学理念与育人目标为师生成长双向赋能。我相信，随着评价体系的不断完善和优化，它将更好地引领我们学校的教育教学方向，激发师生的潜能，共同书写学校更加辉煌的明天。

第三篇

五育融合　夯实全面育人六力

实践，是课程最生动、最富有魅力的语言。"康＋"课程体系要焕发生命活力，就必须深深植根于学校实践土壤之中。品德与责任课程让学生在实践中深刻领悟责任与担当；体育与健康课程锤炼学生的意志，培养坚韧不拔的精神风貌；语言与人文课程引领学生遨游于人文的海洋；思维与创新课程开启学生创新潜能的大门；艺术与审美课程以美的力量滋养学生的心田；劳动与实践课程让学生在实践中感悟生活。经过多年的实践探索，"康＋"课程的实施取得了丰硕成果，充分展现了其在推动学生全面发展方面的显著成效。

第一章 品德与责任课程，滋养责任力

党的十八大报告提出："把立德树人作为教育的根本任务。"党的十九大报告再次强调"要全面贯彻党的教育方针，落实立德树人根本任务"。《国家中长期教育改革与发展规划纲要》要求"构建大中小学有效衔接的德育体系，创新德育形式，丰富德育内容，不断提高德育工作的吸引力和感染力，增强德育工作的针对性和实效性"。这是党中央对新时代教育根本任务的概括，对学校德育地位和作用的新认识，对学校教育工作的新要求。

一、品德与责任课程的内容构建

小学阶段为学生终身发展奠基，学校要在切实培养社会主义事业合格建设者和接班人方面承担起责任，把促进学生健康成长作为学校一切工作的出发点和落脚点。育人为本，德育为先，育人是德育的生命和灵魂，因此，学校品德与责任课程的开展应紧紧围绕"育人"这一核心。

（一）责任素养引领成长

"立德树人"是学校教育的灵魂所在，这一信念需深植于教育实践中，体现在学校教育的每一个角落，贯穿于每一个环节，构建一个全方

位、多层次的育人体系，综合施策、多点发力，确保"立德树人"有效落实。2017年，教育部颁布的《中小学德育工作指南》对小学低、中、高年级的德育目标提出了明确要求，内容涵盖理想信念教育、社会主义核心价值观教育、中华优秀传统文化教育、生态文明教育以及心理健康教育等五大核心领域，为学校品德与责任课程的内容构建提供了清晰框架，也为课程的实施开展铺设了道路。

"康+"课程体系的六大课程领域中，品德与责任课程为育人之首，也需要遵循小学阶段学生身心发展的自然规律与教育逻辑。在"康+"文化理念的引领下，品德与责任课程领域指向学生"责任力"素养的培养，总的素养要求为：爱祖国、爱家校、好品德、守法纪、勇担当。素养导向的课程目标体现了学校对学生全面发展的深切期望，更是学校教育实践的出发点与落脚点。

（二）三级课程奠基发展

《德育新论》中提出："所谓德育目标的层次，是指统一目标在不同层级学校班级的德育过程，具有高低不同的要求，形成符合学校、班级实际的标准。"[①] 因此，学校围绕课程体系的构建原则，纵向上形成了三级课程，每一层级下的课程形式尽可能地多样化，构建形成了全面覆盖、类型丰富、特色鲜明的品德与责任课程领域，最大程度地满足了学生道德发展和健康成长的多元化需求，形成校内教育、家庭教育、社会教育紧密结合的德育网络。

夸美纽斯说的"务必使先学的为后学的扫清道路"，强调了学校应精心规划课程内容，确保其循序渐进，每一阶段的学习都能为下一阶段打下坚实的基础，避免知识的重复与混淆。基于此，品德与责任课程的纵

---

① 鲁洁，王逢贤.德育新论 [M].南京：江苏教育出版社，2002.

向三级课程逐步递进——康之本、康之彩、康之新，全面而深入地促进学生的成长与发展。

康之本课程作为基础性课程，面向全体学生，致力于夯实国家课程要求，注重基础知识和基础技能的培养。这包括但不限于习近平新时代中国特色社会主义思想教育、班会、道德与法治课程、综合实践活动以及各类学科实践活动。康之彩课程作为拓展性课程，进一步拓宽了学生的视野与兴趣。面向全体或群体，以专题教育课程、学科融合课程与活动、社团活动等课程形式为载体，激发学生的学习兴趣，促进个性成长，实现多彩发展。通过多样化的课程形式，学生们能够在轻松愉快的氛围中探索未知，挑战自我，实现多彩发展。康之新课程作为研创性课程，面向群体或个体，以跨学科融合、项目研究、课题研究和实践探究为主要形式，致力于培养创新人才。注重品德与责任课程领域素养的培养，通过研学实践课程、职业探究课程等，引导学生用所学知识解决实际问题，培养责任感、创新能力和团队协作精神。

二、品德与责任课程的实践路径

一直以来，我都将学校德育工作摆在各项工作之首，教育教学紧紧围绕"责任力"素养的培育，探索品德与责任课程的实施路径，帮助学生"扣好人生第一粒扣子"，形成方向正确、内容完善、学段衔接、载体丰富、常态开展的德育工作格局。

（一）学科渗透育人

学科德育是实施德育的重要途径。《义务教育道德与法治课程标准（2022年版）》明确提出："道德与法治课程是义务教育阶段的思政课，旨在提升学生的思想政治素质、道德修养、法治素养和人格修养……课程以

‘成长中的我’为原点，将学生不断扩大的生活和交往范围作为建构课程的基础。"因此，学校充分利用课堂教学主渠道，将中小学德育内容落实到学科教学中，将学生"责任力"素养的培养渗透融入全学科教学过程中。

1. 道德与法治学科育人

苏霍姆林斯基认为，学科知识是人格的一部分，学科教学是人格塑造的一个途径。《道德与法治》横跨中小学九个年级，共18册教材，其中小学阶段占据12册，内容贴近儿童生活，充分体现了对儿童品德教育的持续关注和统筹规划。

《道德与法治》教材内容经过精心编排，紧密围绕儿童的实际生活展开，从个人生活的细微点滴出发，逐步延伸至家庭、学校、社会、国家乃至全球视野。由近及远、循序渐进的编排方式，契合学生的认知发展规律，又便于学生在日常生活中找到共鸣，吸收知识、内化于心。《道德与法治》是学生德育的法定必修课程，我常鼓励教师在教学过程中，充分发挥引导作用，通过寓教于乐、生动有趣的课堂活动，让学生在轻松愉快的氛围中汲取知识，培养学生的道德品质和社会责任感，为精神世界的成长领航。

2. 多学科渗透育人

《中小学德育工作指南》指出："语文、历史、地理等课要利用课程中的语言文字、传统文化、历史地理常识等丰富的思想道德教育因素，潜移默化地对学生进行世界观、人生观和价值观的引导。数学、科学、物理、化学、生物等课要加强对学生科学精神、科学方法、科学态度、科学探究能力和逻辑思维能力的培养，促进学生树立勇于创新、求真求实的思想品质。音乐、体育、美术、艺术等课要加强对学生审美情趣、健康体魄、意志品质、人文素养和生活方式的培养。外语课要加强对学生国际视野、国际理解和综合人文素养的培养。"而综合实践活动课程、校本课程等也要根据课程特点落实德育。由此可见，任何学科的教师都有挖掘本学科内的德育因素，开展德育渗透教学的目标。

基于此，多年来，学校依托全学科渗透德育教学让学生在学习道德知识和理论的过程中提高道德认知与判断能力，深化道德情感，最终将道德认知转化为道德行为，促成学生的品德发展。对此，学校开齐开足道德与法治课等专门德育课程，为学生提供系统的道德教育的基础上，还将德育的触角延伸至学科课程、传统文化课程和实践活动课程之中，注重通过系列化、课程化的德育活动来强化学生的品德教育，把道德教育贯穿于整个教育教学全过程。

如在"探寻'福'字演变，传承文化根脉"为主题的教学中，教师围绕"福"字展开教学，融合道德与法治、语文、美术、信息技术等学科元素，通过梳理"福"字的文化演变，了解中华优秀文化的成就；通过动手设计实践，运用多种表现形式创作，深刻领悟"福"文化的精髓，激发学生对中华文化的浓厚兴趣和热爱之情，坚定文化自信。

案例：跨学科主题教学设计

跨学科主题学习名称	探寻"福"字演变，传承文化根脉				
新授课/复习课	新授课	学科	道德与法治	年级	五
教科书版本及章节	人民教育出版社五年级上册第四单元第八课				
设计者姓名	侯建鑫				
选题背景	"福"字在中华文化中占据着极为重要的地位，它不仅是一个简单的汉字，更蕴含着深厚的文化内涵与民族情感，是中华传统文化的典型符号。从古老的甲骨文到现代的简体字，"福"字的形态在历史长河中不断演变，其每一种写法背后都承载着特定时期人们对幸福、美好生活的向往与追求。 统编版五年级上册第四单元第八课《美丽文字 民族瑰宝》围绕中华民族的文字展开，学生经过之前的道德与法治课学习，已经了解到我国是多文种的国家，有几十种文字。对于汉字的演变过程也有了一定的了解。基于学生的学习基础，本次跨学科主题活动设计旨在拓展学生的学习空间，深化对汉字的认识，实现综合育人。依据《义务教育道德与法治课程标准（2022年版）》核心素养中的政治认同，本主题学习通过深入探究"福"字的文化演变，借助各学科学习方式设计创意"福"字实践活动，激发学生对汉字文化的兴趣，使他们了解中华优秀传统文化的代表性成果及其意义，为中华民族创造的文明成就感到自豪，从而热爱汉字，写好汉字，进一步增强民族自豪感与文化自信心，使传统文化得以在幼小的心灵中生根发芽，为传承和弘扬中华优秀传统文化奠定坚实基础				

续表

跨学科主题学习任务	本次跨学科主题学习围绕"福"字展开，融合道德与法治、语文、美术、信息技术等学科元素，学生需梳理"福"字从甲骨文至今的演变脉络，探究其在不同历史时期的文化内涵，体会汉字之美。运用书法、绘画、剪纸等美术形式创作"福"字作品，在创作与研究过程中深刻领悟福文化的精髓，以多元任务与成果展示传承这一深植于中华民族心灵的瑰宝
跨学科主题学习目标	1. 通过深入探究"福"字文化内涵的演变历程，理解其承载的中华传统价值观，学生能够从文化层面产生强烈的民族自豪感与身份认同感，自觉尊重和维护中华优秀传统文化 2. 整合道德与法治、语文、美术、信息技术等多学科元素，围绕"福"字展开学习与实践。在研究其不同时期的文化内涵以及进行艺术创作活动中，提升学生的语言表达、信息搜集与处理、逻辑思维、艺术鉴赏与创作等多方面的综合素养，促进学生全面发展 3. 借助对"福"字文化内涵的深入理解，认识到个人幸福与家庭幸福、社会幸福的紧密联系，学生能积极参与社会公益活动、社区文化建设等社会实践，以传播"福"字文化所倡导的和谐、美好理念为契机，促进社会人际关系的和谐融洽，为构建和谐社会贡献力量
跨学科主题学习涉及学科	道德与法治、语文、美术、信息技术
课程实施规划	

学习主题任务	实践任务	课时
选题	任务1：了解"福"字在中华文化中的重要地位，确定探寻"福"字文化演变任务	1课时
规划	任务2：根据教学规划明确"探寻'福'字演变，传承文化根脉"具体课程活动计划，划分学习小组	
实施	任务3：结合现代创意元素，开展"灵心创福"实践活动，从创意、文化内涵等方面给小组作品起名字并写好解说词	1课时
	任务4：运用资料小组探究"福"字的文化演变，结合实践活动作品开展"灵心创福"展评活动	1课时
总结	任务5：在家庭或社区中开展一次"福"字文化宣传活动	1课时

课程实施规划流程图

跨学科主题学习课时教学设计表

第三课时	
学习 目标	1.学生通过汉字演变所学到的知识，深入了解"福"字在不同时期的文化内涵，体会汉字的优美和作为民族瑰宝的重要意义 2.通过自主探究、合作交流、创意实践展示等活动，增强学生的自主学习能力、团队协作能力、创新思维能力和审美能力 3.激发学生对汉字文化的浓厚兴趣和热爱之情，增强学生的民族自豪感和文化自信，学生能够积极主动地传承和弘扬中华优秀传统文化
重点 难点	重点：学生通过实践活动深刻感悟文字的艺术魅力和文化价值 难点：学生通过探究活动能自主挖掘"福"字背后深层次的文化内涵，并将其与现代生活相联系，实现文化的传承与创新
学情 分析	五年级学生在之前道德与法治课的学习中，已对汉字的演变过程有所认识，有一定的汉字学习基础。同时在学校开展的校本课程中，剪纸社团和书法社团也为我们探究文字演变提供了很好的资源，教学过程中应充分发挥社团特色，采用跨学科融合教学，如书法与剪纸结合创作与实践并行等，提升学生对"福"字演变的理解与艺术创作水平，促进传统文化在校园的传承与发展。在学习方法上，经历过小组合作探究学习，能够在教师指导下进行资料收集与整理，具备初步的自主学习能力 在日常生活中，每逢春节等传统节日，随处可见"福"字张贴门窗之上，学生对"福"字代表的吉祥含义有直观感受。在家庭与社区环境里，学生也或多或少听闻长辈讲述与"福"字相关的俗语、故事等，这使得他们对"福"字有较为亲切的熟悉感，为深入探究"福"字的演变奠定了生活认知基础 尽管学生有一定基础，但面对"福"字演变较为复杂的历史脉络与文化内涵，理解起来仍有难度。从甲骨文到金文、篆书、隶书、楷书等多种字体的形态变化，涉及古文字学知识，学生可能难以精准把握其特征与演变逻辑。同时，"福"字背后所承载的深厚文化底蕴，如与古代祭祀、民俗信仰等多方面的联系，可能会因学生知识储备不足和社会阅历有限而难以深入体会，容易在学习过程中产生困惑与畏难情绪

续表

教学过程			
任务4			
环节及意图	学生活动	教师组织	学业要求
学生课前搜集有关资料，结合学习单中给的资料在课堂中根据小组成员兴趣，接"福"到组内进行深入研究，并进行全班汇报。在此环节中培养学生收集、整理、分析和表达的能力	1.学生通过观看视频并回答教师问题，引出本课要研究的"福"字 2.运用以往学习和生活经验谈一谈贴"福"字的含义等 3.结合课下收集和学习单中的资料，小组内讨论并完成学习单的填写 4.根据自己所知，与教师积极互动，课堂氛围活跃、和谐 5.学生通过视频回顾创作"福"字作品的历程 6.以小组的形式展示"福"字创新作品。同学间进行作品评价和谈感受、提建议活动	一、趣味导入——感知"福"的存在 1.视频导入：春节家家户户贴春联和"福"字视频 2.提问：同学们，在视频中大家看到最多的是哪个字？ 二、文化演变——探寻"福"的发展 1.出示书中p66页《汉字——一路走来》回顾汉字的演变过程。历经甲骨文、金、篆、隶、楷等的演变过程 2.猜一猜：教师出示不同时期的"福"字让学生猜是哪种字体，并对不同时期的福字进行排序 3.为什么"福"字在不同时期会发生变化，与哪些因素有关？组织学生开展接"福"寻源小组活动 4.全班汇报交流，教师进行相应补充 三、实践展示——创意"福"的欣赏	通过探寻"福"字演变过程，使学生了解中华文化的悠久历史和博大精深，体会中华优秀传统文化的精髓
学生根据所学知识，课前以小组为单位完成灵心创福活动，并于课上进行展评活动。通过此环节，培养学生的语言组织和表达能力		1.视频播放（学生灵心创"福"心路历程） 2.小组展示"福"字作品，并讲解设计思路和所表达的文化内涵 3.大家结合小组作品进行评价（可以从审美角度、文化内涵等方面评价，谈感受，提建议） 四、总结升华——传承"福"文化 1.为什么春节要贴这么多"福"字呢？ 2.作为现代社会的我们，幸福还包括什么呢？说一说你眼中的幸福是什么？ 3.教师总结	通过创意实践展示活动，为中华民族创造的文明成就感到自豪，坚定文化自信

第四课时课前准备：
结合本节课学到的知识，在家庭或社区中筹备开展一次"福"字文化宣传活动

板书设计
探寻"福"字演变，传承文化根脉

承古纳新瑰宝光
规整流变韵悠长
古朴通会千秋意
端稳升华世代彰

以音乐学科课堂教学目标为例，强调美育与德育的紧密结合与渗透教育。如在《牧民新歌》一课中，教师教学注重培养学生的爱国主义和集体主义精神。通过音乐作品中所表现的对祖国山河、人民、历史文化和社会发展的赞美和歌颂，培养学生的爱国主义情怀。在音乐实践活动中，培养学生良好的行为习惯和宽容理解、互相尊重、共同合作的意识和集体主义精神。另外，还注重引导学生了解我国各民族民间音乐，培养学生对祖国音乐艺术的感情和民族自豪感、自信心，使学生对音乐艺术具有初步的感受。

案例：音乐学科教学设计

姓名	单位				
马雪莉	北京医科大学附属小学				
教学基本信息					
课题	牧民新歌				
学科	音乐	学段	中年级	年级	三年级
教材	人民音乐出版社				
指导思想与理论依据					
1. 指导思想 从听觉入手，结合对演奏乐器的初步了解，在音乐实践活动中使学生了解我国蒙古族的音乐特点，培养学生对祖国音乐的感情和民族自豪感、自信心，使学生具有初步的艺术感受。 2. 理论依据 依据音乐课程标准中感受与欣赏领域的相关建议，采用多种形式引导学生积极参与音乐体验活动。					
教学内容分析					
1. 教学内容 以歌曲《牧民新歌》的欣赏与感受为核心内容，有机结合本领域的音乐表现要素、音乐情绪与情感、音乐体裁与形式，以及其他领域的演唱、编创、综合性艺术表演等内容展开。 2. 教材分析 《牧民新歌》是我国著名笛子演奏家简广易先生于1966年所创，此曲以内蒙古伊克昭盟民歌音调为素材。作品以浓郁清新的民族风格、亲切感人的旋律、活泼跳动的节奏展现出内蒙古大草原的风光和牧场上一片生机勃勃的喜人景象，表现了新时期牧民的精神风貌。					

（二）实践活动育人

蒙台梭利曾说："我听到了，知识如过耳之风，转瞬即逝；我看到了，印象深刻，铭记于心；而唯有当我亲身实践，方能透彻理解，内化为能。"这句话深刻揭示了教育过程中从听觉到视觉、再到实践的递进价值，即听之易忘，观之难忘，做之方解。活动作为一种生动活泼、寓教于乐的教育形式，是培养小学生思想品德不可或缺的桥梁。从课堂延伸至广阔的自然与社会，我们鼓励学生走出书本，通过亲身体验、动手操作，去感受责任的分量，去领悟成长的真谛。每一次活动的组织，都能让学生在实践中学习，在学习中成长，逐渐将外在的责任要求内化为内心的自觉行动，在心灵深处生根发芽，茁壮成长。

1. 仪式教育活动

每一个仪式都承载着深远的意义，构建着一个个充满内涵的平凡日子。仪式教育具有明确教育目的，按照特定程序组织的活动形式定义着学生生活中不平凡的事件与变化。学校开展的入学典礼、升旗仪式、节日课程、毕业典礼及课堂仪式等，在学生价值观、人生观和世界观的形成过程中扮演着举足轻重的角色。学校的仪式不仅潜移默化地影响着学生的成长轨迹，而且是学生认同与传承校园文化精神的重要桥梁，为师生的道德培育提供了生动而有实效的载体。因此，在小学阶段开展仪式教育的必要性不言而喻。

"以德治校、以德育人"是学校德育工作的核心。在北医附小，主题仪式教育是学校日常德育工作中最为重要的、投入精力最多的、教育效果最显著的常规活动。学校以"活动育人"为抓手，不断探索与创新仪式教育的形式与内容。目前，学校已开展了一系列主题丰富、形式多样的仪式教育活动，包括但不限于升旗仪式、节日庆典、入学与毕业典礼、颁奖典礼、开学典礼、活动开幕式闭幕式等。每一年，学校都会精心策划、开展数十种仪式教育活动，为师生打造强有力的德育"磁场"，以情动人，诱发积极情感体验的产生。

其中，以集团化办学和"E+星球创新学院"创建为核心的开学典礼，开启了新学期的序幕，点燃了学生探索未知的热情；"三八"妇女节主题教育展示了教师风采，引导学生学会尊师爱师；具有中草药特色的"五一"劳动周，让学生在动手实践中感受劳动的乐趣；通过设计"百草香韵迎端午"跨学科综合实践活动，让传统文化浸润学生心灵。

案例1：开蒙启智立德——北医附小2024年秋季一年级入学仪式（节选）

	学生、家长活动	学生地点	负责教师	家长活动	家长地点	负责教师
8:30—9:00	校园合影、认识班级，正副班主任自我介绍	操场、一年级本班	正班主任		操场打卡点：区学生志愿者进门处1心愿墙（2）、屏幕两侧打卡点*2（4）、一层大厅（1）	正班主任
9:00—10:00	学生认识班级、楼层，下发成长册、吉祥物、领取校服等，学习入学适应教育	一年级本班	副班主任	观看直播：1. 校长介绍学校（15分钟）2. 家长学校第一期：心理副校长讲座（30分钟）3. 组长介绍入学准备（10分钟）	花园路：一年级对应班；牡丹园：二层阶梯教室	
10:00—10:20	学生、家长回本班取材料，老师带队到操场	正副班主任自我介绍，清点桌面物品正副班主任带领家长、学生到操场相应位置坐好家长带好所有物品，装有朱砂的墨盒、毛笔				
10:20—10:50	学生、家长随老师前往操场参与开笔礼	操场	正副班主任			
11:00	学生、家长在班主任带领下离校，确认放学地点	班级、放学地点	正副班主任			

案例 2：画中德——猜猜我有多爱您

活动简介

本次活动是北医附小金帆书画院在美育思政课题中的一次探索，活动的开展以学生的绘画活动为载体，在学生的画中寻找那些让我们感动的师德事迹，让学生明白何为教师、让教师明白何为师德。活动注重美育渗透，引导学生实现知识与能力、品格与价值观的融合。北医附小金帆书画院指导教师在海淀区师德建设和培训资源征集活动中撰写的《画中德——猜猜我有多爱您》入选师德培训资源库。

活动目的

师德是每一位基层教育工作者都应当追求和一辈子探寻的道路，本次活动的开展以学生的绘画活动为载体，在学生的画中寻找那些让我们感动的师德事迹，让学生明白何为教师、让教师明白何为师德。

教学过程与活动设计

2022 年教师节前夕，在二十大即将召开的日子里，我带着三年级的孩子们上了一节美术课，主题是漫画赏析与肖像创作。我们正常学习绘画，教授给孩子们绘画的知识。就在这时，一个孩子突然告诉我，他想要画一个老师，我感到很惊喜，询问为什么，他告诉我："王老师对我很好，有些东西我总是学不会，但她一直悉心地指导并鼓励我，现在我会了，我想要画一幅画送给她。"

初闻此言，深觉感动。刚开始我只是想，王老师一定很负责任，一定是个很优秀的老师，但是后来我才想明白，原来这就是师德。老师们每每不经意的举动，都牵动与改变着每一位孩子。我每每想起课间、课后孩子们塞给我的一张张充满感谢与祝福的卡片，心间涌起阵阵温暖。

于是，我决定在教师节之际组织一场校级活动，就是让孩子们画出他们心中的老师，让我们看一看他们心中的"师"是什么样子的，主题活动取名为"猜猜我有多爱您"。

本次活动我邀请了学校三至五年级的学生参加，孩子们参与布展，展前装饰稚拙淳朴，但绘画中表现出的是北医师德，值得我们细细感受是孩子们对我们无限的爱。

一个五年级的孩子说："我最喜欢陈老师了，她已经陪伴我们五年了。她是同学们最好的朋友！""我最喜欢体育老师姜老师，他是最温柔，也是最强壮的体育老师！"这时，耳畔中传来孩子们一声声"盈盈老师好"，这声音是那么好听，我暖心回应着。我想这就是我们当教师的那份小幸福与大责任。

活动宣传与反思

本次校园活动我们参与了面向北京医科大学附属小学两个校区全体师生"礼赞最美教师"活动展示环节。在此次活动中，大家感受到的是老师对学生的悉心教导，孩子对老师的感谢与爱。我想，师德并不是口头上说的，而是需要用心去做的，像孩子们的画中表现出来的真挚纯净的情感一样，师德也应当是随风潜入夜，润物细无声。

（供稿人：刘盈盈）

2. 少先队实践活动

少先队活动主要由大队活动、中队活动和小队活动组成，形式灵活而丰富。每学期，我们都会制定《少先队工作计划》以确定本学期少先队实践活动的工作重点、德育特色和具体工作安排。学校把少先队工作与增强民族文化创新力联系起来，坚持传统文化四十六载，非遗进校园十二年，在中华优秀传统文化与国际先进的教育理论中寻找依据，完善了队员的个性品质。

案例1：一年级教育（少先队）计划
——2023—2024学年度第二学期

年级	一年级	年级人数	400	组长	李爱彤

工作重点	1. 开展入队教育，传承红色精神。通过认识少先队、学习佩戴红领巾的方法、分享红色故事等班级活动，激发学生热爱少先队、热爱中国共产党的情感，产生成为少先队员的自豪之感 2. 深入常规培养，塑造良好品格。利用班级内小组合作相互帮助、认真履职等班级活动岗位继续抓实常规培养，帮助学生养成良好的行为习惯 3. 树立安全意识，健康快乐成长。利用安全日活动、安全疏散演习等方式引导学生树立安全意识，规范日常安全行为，从交通安全、人身安全、防灾安全等多角度进行深入学习

德育特色	1. 强化德育主体地位，扎实开展队前教育。充分发挥德育在校园文化中的核心地位，全面实施"四化同步"策略：团队精神培养化、日常管理规范化、德育研究深入化、家校协同加强化，以提升德育实效。在规范化的德育教育中扎实推进针对一年级学生开展的少先队教育，培养共产主义接班人 2. 深化五育并举理念，全面提升学生素养。深化五育并举策略，通过节日庆典、特色活动、社会实践等多元平台，深化育人理念，全面提升学生素养 3. 巩固行为习惯发展，规范习惯养成教育。在龙年的起航中，加强学生日常习惯与行为规范管理，促使学生内化良好习惯，展现新时代少先队员的良好风貌

工作安排	时间	内容	具体措施
	2月、3月	1. 新学期，新励志——开学第一课 2. 培养好习惯，争做好队员——行为习惯教育 3. 懂得感恩，学会关心——"三八"妇女节活动 4. 全国中小学生安全日主题活动	1. 开展开学第一课主题活动，借助分享、交流、影视资料等策略，激发学生积极向上的学习风貌 2. 通过主题班会，交流好习惯的好处，以及养成好习惯的方法 3. 开展庆祝"三八"妇女节的主题活动，通过为家中女性做一件让她幸福的事教学生懂得感恩 4. 借助影视资料、观看展板等活动，帮助孩子树立安全意识
	4月	1. 缅怀英烈，不忘忠魂，做励志少年——爱国主义教育 2. 弘扬民族文化，传承优秀传统——传统文化教育 3. 最是书香能致远——世界读书日活动	1. 通过阅读红色故事、观看红色电影，开展红色教育 2. 通过交流清明节的由来，说一说清明节的习俗，感受清明节的深远意义 3. 利用班会时间开展读书分享活动，激发学生阅读兴趣

续表

工作安排	5月	1.弘扬劳模精神，争当时代少年——劳动主题教育 2.防灾减灾，你我同行——安全教育 3.强身健体，快乐成长——运动安全教育 4.快乐童年，美好未来——"六一"国际儿童节	1.通过阅读劳模事迹，感受强大的精神力量，学习劳动技能，分享劳动成功，坚持劳动习惯 2.拓展自救知识，分享自救案例，增强自救意识 3.借助体育节的契机，引导学生树立强身健体的意识，开展运动安全主题教育 4.借助丰富的儿童节活动，引导学生互敬互爱，团结向上，并开展队前教育
	6月、7月	1.呵护明眸，演绎精彩——全国护眼日活动 2.了解传统文化，丰富端午活动——端午节主题教育 3.童心向党，做共产主义接班人——少先队教育	1.开展爱眼活动宣传与主题实践活动，在班会上分享交流 2.通过学生讲故事，了解端午节的由来与习俗，感受文化的力量 3.开展少先队主题活动，强化少先队主题教育
备注			

案例2：一粥一饭当思来处不易（少先队微党课）

亲爱的少先队员们，今天的微党课，小王老师带大家认识一位"共和国勋章"获得者，他就是被誉为"杂交水稻之父"的袁隆平爷爷。

就在前不久前的5月22日，"共和国勋章"获得者、中国工程院院士、国家杂交水稻工程技术研究中心主任袁隆平爷爷，在长沙逝世，享年91岁。"人就像种子，要做一粒好种子。"这是袁隆平爷爷生前常说的一句话。他也用一生，为这句话写下了注脚。袁隆平爷爷是世界上第一个成功地利用水稻杂种优势的科学家，被誉为"杂交水稻之父"。在杂交水稻出现前，我国粮食短缺，甚至出现饥荒。直到1973年，袁隆平耗时9年将杂交水稻研究成功。此后，每年增产的稻谷可养活6000多万人。2014年，袁隆平研究的超级稻亩产更是超过1000公斤，创造了新纪录。中国杂交水稻不仅在我国种植，还在亚洲、非洲、美洲的数十个国家和地区推广，为解决世界饥饿和贫困问题作出了巨大贡献。袁隆平爷爷毕生奋斗的梦想，是让杂交水稻覆盖全球，让所有人不挨饿。

少先队员们，为了把袁隆平爷爷的美好梦想尽快变为现实，为了我们的祖国更加美好富强，北医附小少先队大队发出倡议。

1. 树立"节约光荣，浪费可耻"的理念，养成勤俭节约的好习惯，珍惜粮食，杜绝浪费。

2. 学习先锋楷模坚韧不拔、矢志不渝的精神，乐于服务，甘于奉献。

3. 树立与时代同步伐、与祖国共命运、与人民齐奋斗的志向。

少先队员们，让我们珍惜每一粒粮食，用实际行动，告慰为我们开创美好生活的前辈。

北医附小少先队大队

3. 德育主题活动

将立德树人理念深植于心，培养学生的必备品格与关键能力，是学校教育工作的核心所在。为此，学校采取了多元化、多维度的德育主题教育策略，一系列精心设计的举措，如主题班会、班级文化建设、激励表彰机制及丰富多彩的实践活动，潜移默化地熏陶学生的心灵，塑造其高尚品德。

学校鼓励学生主动参与班级标识设计，如设计班徽、班名、班训等。参与班级规则的制定，通过周评比、月表彰的形式，激发学生的集体荣誉感和个人成长动力。在学科教学中，注重公民素养教育的渗透，培养学生的家国情怀、责任担当、创新精神及坚毅品质，通过编写"北医附小学生十大美德"对其进行课程化实施，开展"美德少年"评选活动，树立学生身边的正面典型，引领风尚。为每年级设计贴合其心理发展特点的主题心理课程及有针对性地达成目标，为有特殊需求的学生提供个性化心理辅导方案，确保"育德育心"理念深入人心，惠及每一位学生。

正如教育家叶圣陶先生所言："教育就是培养习惯。"我高度重视学生良好习惯的养成，因为这不仅关乎学生当前的学习效率，更对他们未来的生活、工作产生深远影响，所以我号召全校教师利用班会、日常活动及学习指导等契机，积极引导学生纠正不良习惯，培养良好的行为习惯，为学生的长远发展奠定坚实的基础。

案例1：班会活动课《文明礼仪从我做起》（节选）

活动方式：

1.故事明理：聆听礼仪的小故事，体会遵守礼仪的重要性。

2.节目表演：激发兴趣，在观赏节目中受到教育。

3.知识问答：请学生收集资料，在活动课上以抢答的形式进行知识问答，激发学生兴趣，在游戏中熟记礼仪知识。

活动步骤：

1.活动一：认识讲文明礼仪是中华传统美德。

2.活动二：学习讨论，生活处处离不开文明礼仪。

3.活动三：待人接物我知道，文明礼仪很重要。

4.活动四：学习礼仪小知识，文明礼仪从我做起。

（供稿人：付菊）

案例2：班会活动课《爱国，从学习升国旗礼仪开始》（节选）

活动目的：

通过本次班会活动，增强学生对升旗仪式礼仪的认识，培养热爱祖国的情感；体会文明礼仪的重要性，正确遵守升旗仪式相应的礼仪。

活动方式：

1.前期调查：通过学生自主调查，了解升旗仪式时身边同学的行为表现。

2.思辨讨论：通过小组讨论、交流看法，明确升旗时的文明礼仪。

3.故事明理：通过了解《雪山上的升旗仪式》的故事，体会升旗仪式中浓浓的爱国情。

4.共写倡议：全班共同书写倡议书，讲所学、所思，并认真践行。

活动步骤：

活动1：汇报调查：升旗仪式时这些行为文明吗？

活动2：思辨明理：为什么升国旗时要遵守文明规范？

活动3：榜样故事：雪山之巅的爱国颂歌。

活动4：共议共享：爱国，就是做好这些小事。

活动5：书写《校园文明倡议书》，践行文明礼仪。

（供稿人：姜震）

（三）家校协同育人

2024年，教育部等十七部门联合印发的《家校社协同育人"教联体"工作方案》提出，"教联体"是以中小学生健康快乐成长为目标、以学校为圆心、以区域为主体、以资源为纽带，促进家校社有效协同的一种工作方式。要推动各地全面建立家校社协同育人"教联体"，确保政府统筹、部门协作、学校主导、家庭尽责、社会参与的协同育人工作机制更加完善，促进学生全面发展健康成长的良好氛围更加浓厚。

1.家委会

在构建现代学校制度和完善中小学管理体系的征途中，推进家长委员会（家委会）的建设占据着举足轻重的地位。为整合多方资源，学校积极探索形成学校、家庭与社会三位一体的教育协同机制。学校成立了三级家长委员会，由学校组织家长，遵循"公正、公平、公开"原则，按照一定的民主程序，在自愿的基础上选举出能代表全体家长意愿的在校学生家长。家长代表参与学校民主管理，支持和监督我们做好教育工作的群众性自治组织，成为学校联系广大学生家长的桥梁和纽带。为充分发挥家委会价值，学校每学期至少召开一次全体会议，及时向家长代表介绍学校重要工作的进展，同时广泛听取并吸纳他们的宝贵意见和建议。

2. 家长会

学校建立了"家长资源库"，形成家长参与学校活动的长效机制。每学年，学校都会用心制作邀请函，创意渲染温馨氛围，开展"家长开放日"主题活动，让家长和孩子在活动中增进亲情，真正成为学校发展的同盟军。

每学期我们都会邀请家长走进班级，让家长会成为家庭教育培训会，根据学生的学段和年龄特点梳理出一系列的家庭教育主题，然后再根据主题选择不同的时机开展家长会。通过主题培训让家长学习掌握孩子的心理特征、性格特点、家庭教育策略、家校共育沟通方法等，提升家庭教育的水平；通过开展家长经验分享沙龙，分享与孩子的沟通方式、处理棘手教育问题的方法、陪伴学生成长的教育理念等。我期待"有温度的家长会"能像澄澈天空中的白云，让每一个家庭感受到教育的感动与美好；像璀璨星空中的繁星，让每一个家庭熠熠生辉的同时也可以点亮他人。

比如，2024年下学期，我们开展了"以爱相约，共话成长"家长进校园主题活动，我介绍了学校的整体情况，带领家长们参观了学生体育活动、观看学生班级活动，通过班主任讲解本班情况、共同参与心理讲座等系列环节，家长们全方位、多角度地了解了孩子在班级、年级、学校的整体学习和生活情况。其中，班主任竭尽所能为家长带来很多"育儿妙招"，包括强调校家共育的思想一致性；要懂得放手，做好孩子的情绪调节；培养孩子良好的学习习惯，形成适合自己的学习方法；让孩子坚持自己的兴趣爱好发展，学会面对困难和挫折等，有针对性地对孩子的教育问题予以有效指导和帮助，实现了校家共育。

3. 家长讲堂

为了充分利用"家长智库"资源，我们还邀请家长走进课堂，开办"家长大讲堂"，为孩子带来了一系列丰富多彩、别开生面的课程体验。目前，学校每个学期都会迎来几十位热心家长，他们带着自己的专业知识和生活智慧，走进学校、走进教室，与孩子们共同探索知识的奥秘，分享人生的感悟。家庭是孩子成长的摇篮，家庭氛围对孩子的品德塑造有着至关重要的影响，我希望汇聚家庭的力量，引导家长们重视德育，积极参与到孩子的品德培养中来。通过"家庭大讲堂"这一平台为家长们提供学习交流的机会，帮助家长更好地了解孩子，改善亲子关系，共同营造良好的家庭氛围。

自"家庭大讲堂"开办以来，受到了广大家长的热烈欢迎和高度评价。许多家长反馈，通过参加讲座，学到了许多实用的育儿知识，还找到了改善亲子关系、促进孩子品德发展的有效途径。这让我深感欣慰，也更加坚定了继续推进这一工作的决心。未来，学校将继续深化家校合作，探索更多元化的家长参与方式，让"家长智库"成为学校德育工作的重要支撑，共同为孩子们的健康成长和全面发展贡献力量。

家庭教育大讲堂

今天上午，我和爱人共同聆听了海淀家庭教育大讲堂的新学期第一讲，心理专家林丹华老师为我们带来《如何"贴心"培养高质量的亲子关系》，我和孩子妈妈感觉受益匪浅。林老师向大家介绍青少年儿童的心理特点，并通过实例向我们阐述孩子的想法与需求。

我和孩子妈妈一边聆听一边反思：我们是孩子喜欢的父母类型吗？我们为孩子提供了什么样的家庭环境？

我相信，许多家长和我们一样，在林老师的讲解中不断审视自己作为父母的角色，有没有真正接纳孩子、是否愿意花时间静下心来，聆听孩子的想法和诉求。讲座中，林老师为我们讲解了与孩子有效沟通的方法，这让我重新审视与青春期孩子的交流方式。正如林老师所说，孩子身上有自主与叛逆的矛盾、进取与受挫的矛盾、自我意识与自卑的矛盾，我们作为成年人何尝不是从这些矛盾中成长历练起来的呢？接纳孩子的全部、允许他们犯错、让他们永远可以信赖我们，这几点是我今天最大的收获。孩子在长大，我们做父母的也要一起"成长"，构建和谐的亲子关系，为和谐社会贡献力量。

（供稿人：学生家长）

（四）管理制度育人

学校围绕社会主义核心价值观及《北京市中小学生日常行为规范》的精神实质，制定了《北医附小十大美德》，引领学生深入学习并身体力行。每学期，学校通过举办"美德少年"与"美德班级"评选活动，对学生日常行为习惯进行正面激励，在学生心中种下自律自强的种子，让学生在新时代的浪潮中成长为有担当、有作为的好队员，让少先队员的光荣感在心中生根发芽。

学高为师，身正为范。依据《中小学职业道德规范》，结合学校的实际情况，制定《北医附小教师师德管理制度》，内容涵盖学校管理制度、教师职业道德规范、学校德育工作管理制度等多个方面，从干部管理职责到师德建设，从治理有偿补课到禁止体罚学生，再到班主任培训与师德考评领导小组的设立，为教师的言行举止提供明确的指引。

三、全员"育心育德"心理健康教育实践成果

全国德育工作会议要求中小学心理健康教育要融入德育工作。作为海淀区心理教育特色学校，北医附小在"康＋"文化引领下扎实开展各项心理健康教育工作。多年来，学校秉持"关注孩子，从'心'开始"的教育理念，构建了全方位、多层次的心理健康教育体系，为心理健康教育与德育工作的深度融合奠定基础。

（一）健全心理管理制度

学校组织成立了"心理健康教育专项工作组"，制定了"十四五"心理发展规划，建立了完善的组织架构和管理体系，每学期制定详尽的心理教育工作计划，每周的党组织会议、校长办公会议均有心理工作汇报。在危机干预方面，学校建立了"心理委员—班主任—心理教师—德育主任—德育副校长—校长"的多层级领导小组，修订完善了危机干预制度，关注学生心理动态，有效预防危机事件的发生，营造了更加健康和谐的校园环境。

学校拥有一支相对固定的专职与兼职心理教师团队，定期开展教研和培训，负责全校师生的心理健康教育和咨询服务。针对随班就读的特需学生实施"一生一策"，确保每位学生都能得到个性化的关注和辅导。此外，作为北京林业大学心理系"校外实习基地"，学校每年都接受本科实习生、研究生到校实习，形成短期、长期相结合的模式，补足了学校心理教师资源不足的短板。

学校通过"三全心"护航心理健康。首先是"全心管理"。学校完善了各项心理健康教育工作制度，如《北医附小心理工作管理制度》《北医附小心理咨询保密制度》《北医附小随班就读申请制度》《北医附小陪

读制度》等，实现了规范管理。其次是"全心研究"。全体教师深入学习文件，及时反思，制定了《北医附小学生心理干预与应急处理预案》。最后是"全心护育"。中层干部下沉到年级，时时关注学生的心理健康。班主任作为第一责任人，负责学生心理健康教育的日常工作，与家长保持密切沟通。同时，心理健康教育专职与兼职教师形成了强大的育人团队，通过心语信箱、知心热线、心理大讲堂和心理班会等多种形式，呵护着学生、家长和老师的心理健康，取得了良好的效果。

北京医科大学附属小学学生心理危机干预与应急处理预案

一、指导思想

为了切实保障学生身心健康，积极预防和减少学生在校期间的突发伤害事件。依据相关法律、法规、规章的要求，按照"预防为主，安全第一"的原则，建立学生突发事件应急预案，减少伤害事故，做好突发事件的舆情处理预案。

二、适用范围

本预案适用于下列各类心理健康需重点关注的学生：

（1）心理困惑学生：主要指由于学习压力过大、生活中遭遇重大打击或挫折、人际关系失调、性格内向孤僻等原因造成心理困扰的一般心理问题或心理障碍的学生。

（2）心理危机学生：主要指由于心理问题而引发可能危及学生自身或他人身心健康和生命安全的严重心理问题的学生。

（3）心理疾病学生：主要包括确诊为自闭症学生和多动症障碍，并在特教中心备案的学生；有自闭、多动、狂躁等心理、行为异常的学生，没有办理随班就读证明，但需要陪读老师监护的学生。

三、预防措施

1. 成立工作领导小组

成立学校心理危机干预领导小组和突发事件紧急处理领导小组，建立学生身心健康安全预防网络。

组长：田国英、王含

副组长：李京荣、柳秉直、王禹群、李冉

组员：德育处、教导处、卫生室、年级下沉干部、年级组长、班主任、任课教师、心理教师

2. 加强教师培训

加强对全体教职工的心理健康教育培训，提高教职工安全责任意识和专业知识，在各类教育教学活动中注意对学生进行身心健康保护。

3. 摸底排查梳理

每学期初开展心理健康需重点关注学生摸底梳理工作，按特需类型分类记录。班主任老师仔细地对班级学生进行摸底梳理，填写心理健康需重点关注学生摸底梳理情况表。心理老师进行重点关注。通过进一步排查，发现情况比较严重，需做好"一生一案"的跟踪记录反馈工作。

4. 用好心理委员

四至六年级各班设立心理委员，定期开展较系统的培训，使他们能够在平时学习和生活中关注到同学行为的异常，并及时向班主任和心理老师汇报。心理委员对有心理困难的学生应提供及时周到的帮助，助他们渡过难关。

四、处置措施

针对有关学生在心理、学习、生活等各方面的不同状况，分别制定不同的工作预案：

1. 对心理困惑学生的工作预案

（1）对心理困惑学生，要及时给予疏导，尽量把问题化解在萌芽状态，可借助学校心理课程、心语信箱、心语阁、心理讲座等形式，加强心理健康宣传建设，普及心理健康基础知识，引导学生学会心理调适，提升学生心理素质。

（2）任课教师及时从学习、生活、交际、情感、压力等多个维度对班级学生心理状态进行观察了解，发现情况及时报告。班主任要加强与心理困惑学生及家长的交流沟通，及时掌握学生心理动态，进行有效疏导，及早解决问题，并做好记录。

2. 对心理危机学生的工作预案

对心理危机学生，要做到及时发现，及时上报。班主任一旦发现有心理危机学生，要及时向年级组长上报，再根据情况严重程度向学校汇报情况，并充分利用海淀区心理危机管理平台，完善"班级—校级—区级"三级预警信息报告机制，做到早发现、早诊断和早防治，降低心理危机事件的发生。

对于学生心理问题严重程度超出心理咨询范围，班主任应立即联系家长，建议将学生转介到相关机构或医疗单位进行治疗。如有需要，学校会第一时间联系海淀区德育心理研究所，提供转介就医通道，及时诊断、干预、治疗。

3. 对心理疾病学生的工作预案

（1）逐个建立完善特殊学生档案，做到"一生一案"，保护学生个人隐私。

（2）严格陪读制度，规范管理陪读人员，确保特需学生得到最适合的帮助与指导。

（3）加强家校沟通。与父母沟通、交流，指导家长做好对孩子的正确教育工作。同时，积极倡导学生家长进行校访，强化交流合作，在教育转化上形成一个和谐的氛围。

五、事故处理阶段的原则和注意事项

1. "早发现、早干预"原则

在日常的工作中，以心理危机干预领导小组为核心，全体教师提高心理健康教育意识，加强观察、指导、干预、培训等工作，对学生心理异常情况早发现、早干预，避免发生危险行为。

2. "救治第一，追责其后"的原则

如若发生危险行为时，必须遵循"救治第一"的原则，第一时间组织力量将受伤学生送往卫生室或医院救治，上报心理健康工作领导小组，等待事后再追究责任，及时调整和改进。

（供稿人：心理教研组）

（二）开发心育校本课程

学校的心理课程涵盖认识自我、学习策略、人际交往、情绪管理、社会适应、生涯规划六大核心主题，目的是激发心理潜能，提升生命质量。在课程设置上，遵循不同学段学生的年龄特点，在全校范围内开设心理课程，每年级设定不同主题，传授心理知识，提升学生自我调节能力。一至六年级均开设心理渗透课程和心理课程：一年级重点是习惯培养，二至六年级开设的教育内容从规则意识、集体观念到青春期教育循序渐进。

学校依托校本教材《快乐生活，健康成长》打造了独具特色的心理健康教育项目，针对不同年段学生的心理特点和需求，设置了多样化的心理课程及达成目标。心理课程共有三层，基础课程面向全体学生，传授积极的心理健康理念和知识；拓展课程注重实践与应用，让学生在实践中深化理解，提升能力；对于高年级学生和有特殊需求的学生，提供个性化的实践活动课程，通过个别辅导、团队辅导等方式，帮助其建立良好的行为模式，培养自我觉察、自主成长的能力。此外，还充分利用学校、社会和家长资源，为特殊需求学生量身定制个性辅导方案，通过心理课、团体辅导、主题讲座、个别辅导等多种形式，深化学生对健康成长理念的理解，锻炼他们解决实际问题的能力。

2023—2024 学年学校各年级心理主题班会参考内容一览表

主题	内容举例	解决问题
一年级 生命教育	我从哪里来	了解生命的伟大，感受自我成长的快乐
	生命的奥秘	了解生命诞生的全过程
	我们在成长	了解生命的各个成长阶段，理解自己是在不断成长变化的
二年级 认识自我	认识自己	全面、客观地了解自己
	我喜欢我自己	认识和接纳自己，了解自己的独特性，增强自信
	做最好的自己	了解自己的优点与优势，提升自信
三年级 学会学习	注意力训练	学习提升注意力的方法，提高专注力
	做时间的小主人	了解自己每天的时间分配和使用情况，提高时间利用效率
	我的学习小技巧	了解自己和他人的学习技巧，提高学习效率
四年级 人际交往	我想和你交朋友	了解如何与同伴相处，促进同伴之间互相了解
	谢谢你，好朋友	发现同伴给自己带来的帮助，学会感谢同伴，体会与同伴共同成长的快乐
	友善待人，和谐相处	了解如何妥善处理矛盾，与同伴和谐相处
	学会换位思考	学会站在他人的角度看同伴相处之间的问题，敞开心扉，真诚交流
五年级 情绪调适	情绪小世界	了解自己的情绪，学会辨认和表达自己的情绪
	做情绪的主人	合理认识情绪，学习如何调节和管理自己的情绪
	接纳情绪，陪你一起慢慢成长	接纳自己的情绪，阳光快乐的成长
	与挫折同行	正确看待失败和挫折，拥有面对挫折的勇气
六年级 心理科普	心理健康那些事	了解心理健康的内涵
	阳光心态伴我前行	学习如何调节自己的心态，拥有健康阳光的生活
	生活中的心理老师	了解在遇到心理困扰时可以求助的对象都有哪些

（三）家校携手开展心育

在教育的生态系统中，学生是主体，教师和家长是至关重要的引领者和护航者，三者的良性沟通和协作是学校心理健康教育工作的重要内容之一。

学校心理健康教育工作充分发挥自身的桥梁和纽带作用，将助人与自助相结合，接纳和帮助每一名学生，关注并助力每一名教师成长，支持和提升每一名家长的教育能力。利用广播、微信平台、班队会等为全体学生普及心理健康知识，为特殊需求学生提供针对性、个性化帮助。关注教师的心理健康，开展了一系列针对教师的心理拓展、沙龙等活动，减轻教师心理压力、提升教师心理韧性，助力教师更加有效、快乐地工作。每学期为家长提供心理讲座，线上培训，帮助家长更多地了解孩子成长的需求，提高自身教育能力。

全方位、多渠道的心理工作，促进了师生、家长共同成长、互相协作，让幸福的教师带出幸福的学生，睿智的家长教育出健康、积极、乐观的孩子，真正实现了学校"全员参与，家校共育"的目标。

案例 1：成长是需要陪伴的（节选）

"成长是需要陪伴的。丁丁是个自闭症孩子，总是沉醉在自己的小世界中。细心的老师偶然发现孩子喜欢画画，就送给他一套彩笔，还嘱咐美术老师多多关爱孩子。学校在世纪坛办展时，特意为丁丁布置了一个独立展区。家长的感动、孩子的笑容让老师倍感欣慰。用心呵护、用情温暖、用爱陪伴，让孤独的星宝找到了回家的路。"

"爱是需要真情温暖的。小涛的多动症让很多社团老师却步，只有剪纸社团马老师接纳了他。坐不住、不会剪，跑来跑去、一地纸屑，但马老师没有放弃，耐心安抚，随时表扬。在一份脏兮兮的作品中，老师却捕捉到一个来自孩子内心的生动故事。历时两个月，在老师的精心指导下，《小甲龙找妈妈》剪纸绘本视频完成了。质朴的设计、生动的配音、爱心的浸润，让三分钟的短片充满了温暖和感动。"

（选自2024年北医附小心理健康工作区级汇报稿）

案例2：你是我眼中最美的那颗"星"
——我与"星星的孩子"的师生缘（节选）

工作之余，我查阅了大量关于自闭症（孤独症）的资料，这类孩子会出现较多的行为问题：上课叫嚷、下座位等，但是最主要的问题是不能与老师和同学进行简单沟通，无法参与到班级生活和学习活动中去。为了随班就读的孤独症儿童能在他们喜欢的普通环境中尽可能长时间地、顺利地学习和生活，提高其沟通和交往能力无疑是十分重要的。

由于自闭症儿童的学习能力表现普遍不佳，在班级中接受教育成了一个非常棘手的问题。他们不懂得课堂常规，上课时经常跑出座位，兴奋时会乱蹦乱跳，班内的教学秩序遭到破坏，影响了正常学生的学习，牵扯了教师的教学精力；听不懂集体指令，在情绪激动时甚至会出现攻击行为，致使正常儿童对自闭症儿童比较排斥。

日常教育教学工作中，我常常鼓励正常学生与自闭症儿童交往，重视同伴的作用，帮助他们之间形成良好的互动，如在班上寻找年龄相当且有爱心的正常学生，安排他们和自闭症儿童坐在一起，协助其完成一些课堂指令。通过游戏和活动培养自闭症儿童的集体意识和观念，正确地运用社交方法，养成沟通交往的良好习惯，以便让他们更好地融入学校和班级集体中。基于这样的背景，我还尝试使用"鼓励性评价"转变自闭症学生的集体生活以及语言交流能力。

小帆是一名孤独症儿童，他不爱与同学交流，总是自己玩自己的。课余时间，我就坐在他身边陪他做他喜欢做的事情，同时我还安排小干部课下主动陪小帆上卫生间、打水、陪他说话、做游戏等，让他逐渐感到集体的温暖。重要的是我对于他一点一滴的进步总是及时给予评价鼓励，让小帆充分感受到老师、同学对他的爱、对他的肯定与接纳。例如，课上他支支吾吾回答问题后，我会抚摸着他的头说："孩子，你真棒！"当他为同学们摆正桌椅后，我会竖起大拇指对他说："小帆，你看你多了不起，你是同学们学习的好榜样！"当小帆在参加完班级集体活动后，同学们也会一起竖起大拇指并对他说："小帆，你是我们的骄傲！"在老师和同学们的鼓励下，每当小帆看到别人对他竖起大拇指就会开心的笑。值得一提的是，从一年级至小学毕业，除了因生病请假外，小帆从来没有缺席过一节课。我相信一定是老师和同学们对他的鼓励、认可才促使这样一个"星星"的孩子如此热爱学校、热爱这个充满关爱的集体。

我和小帆这份师生情谊维系了整整六年，作为班级的一员，小帆在我的鼓励下，积极参加学校的各项活动，如校级运动会、合唱比赛、兴趣小组等，并且得到了老师、同学、家长的极大认可。看着他一点一滴的进步，看着他慢慢融入班集体这个大家庭，看到同学们对他主动关心呵护的融洽关系，看到班上的家长对这样一个"星星"的孩子的接纳和认可，我倍感欣慰。

（供稿人：吕利昆）

（四）心育服务形式多样

心理健康教育需要不断创新，才能更好地适应学生的需求，达到最佳的教育效果。因此，学校不断探索和拓展心理教育的途径与形式，力求让心理教育更加丰富、有效、有趣。学校开发了多样的心理教育形式，如心课程、"心语阁"心理广播、心理微课、心理团辅、心理咨询、校园心理节、心理健康活动月等，全方位向师生、家长提供浸润式的心理健康教育，在润物细无声中传递心理健康知识和技巧，让心理健康教育伴随并助力师生、家长的健康成长与生活，让生命灵动绽放。

为了深耕"心育"实践，我推出了"五个一"计划：每班隔周上一次心理课，每天开放一次"心语屋"供学生预约咨询，每周一次"心语阁"校园广播，每月开展一次心理团辅活动，每年举办一次"心理健康活动月"。"五个一"计划的实施，确保了学校心理健康教育的连续性和系统性，让学生在不同的时间、地点和情境下都能接受到心理健康教育。

设立"心语屋"让教育更有温度，"心语屋"每天开放两个小时，为学生提供预约咨询服务，涵盖亲子关系、同学关系、情绪控制、矛盾处理等多个方面。在突发疫情等重大事件时，我带领党支部、心理团队迅速响应，为36个双一线家庭的学生，开展深度心理团辅工作，及时为学生提供心理支持和干预，确保他们的身心健康。通过"心语阁"心理广播、综合素养课、冥想放松活动等多种形式，为学生提供多元化的心理健康教育服务，丰富了学生的课余生活，使学生在轻松愉快的氛围中学习到了心理健康知识和技巧。通过心理教育系列专题讲座，向家长宣传学校的"心育"理念，构建"家校双管齐下"的心育网络，为学生搭设了一个身心健康成长的立体平台，使其在家庭和学校都能接受到全面、系统的心理健康教育。

多年来，学校多次积极承办全国及市区级的心理专题现场会，还承担了海淀区心理课题实验校的培训任务，充分发挥了辐射引领作用，为区域乃至全国的心理健康教育贡献了自己的力量。在历次社会满意度测评工作中，学生、家长和教师对心理健康教育工作的评分均高于海淀区均值。学校教师怀揣一份爱心，打造"育德育心"路径，在心理健康教育体系、课程建设、社会支持和课题研究等方面均取得显著成效。心理健康教育成果得到了市区级领导的广泛认可，荣获了首批北京市阳光心语示范学校、海淀区心理健康特色校、海淀区心理项目特色校多项殊荣。

第二章　体育与健康课程，充盈健康力

"欲文明其精神，必先野蛮其体魄。体育一道、配德育与智育，而德智皆寄于体，无体是无德智也。"《体育强国建设纲要》《关于全面加强和改进新时代学校体育工作的意见》等一系列教育政策文件中指出，体育不仅是身体的锻炼，更是全面提升学生核心素养、促进身心健康的重要路径。因此，我始终坚守"健康第一"的教育理念，全面加强和改进学校体育工作，为学生的身心全面发展奠定坚实的基础。

一、体育与健康课程的内容构建

体育是塑造学生强健体魄、培育坚韧意志的关键。2020 年，教育部发布的《关于全面加强和改进新时代学校体育工作的意见》强调要不断深化教学改革，开齐开足上好体育课，加强体育课程和教材体系的建设。在国家政策的引领下，学校积极响应，紧密围绕《义务教育体育与健康课程标准（2022 年版）》的指导精神，明确了体育与健康课程的构建蓝图。科学合理的课程设计是提升教学质量的关键，因此，我们基于新课标的具体要求，科学规划了体育与健康课程的基本内容结构，确立了一系列切实可行的课程实施原则。

在"康＋"课程体系的总体框架下，体育与健康课程领域不仅与国家课程紧密衔接，还注重不同学段间的连贯性，通过系统的课程设计，全面提升学生的核心素养。为此，体育与健康课程领域精心设计了"康之本""康之彩""康之新"纵向三层课程体系。每一层都紧密围绕学生的身心发展需要，通过丰富多样的体育活动和健康教育为学生的全面发展奠定坚实基础。"康之本"注重基础体能训练，注重国家必修课程的实施；"康之彩"则强调体育活动的多样性和趣味性，通过丰富多彩的体育社团活动等，激发学生的运动兴趣；"康之新"聚焦于创新与实践，鼓励学生探索新兴体育项目，培养创新思维和自主学习能力。

二、体育与健康课程的实施情况

教育部办公厅发布了《〈体育与健康〉教学改革指导纲要（试行）》，旨在深化体育教学改革，帮助学生在体育锻炼中享受乐趣、增强体质、健全人格、锤炼意志。纲要强调了体育教学的总体要求、改革内容和目标，以促进青少年学生身心健康全面发展。

（一）康之本

为了更好地推动落实学校体育工作和学生体质健康第一责任人的任务，让校长、家长和班主任重视、支持孩子的体育运动，切实担起管理者、模范者、志愿者和指导者多重角色，以积极正面影响学生参加体育运动。2021年，《关于全面加强和改进新时代学校体育工作的行动方案》《北京市加强中小学体育增强学生体质健康二十条措施》发布后，北京市各中小学校根据实际校情，开设了丰富多彩的校园体育项目和课间活动。

体育与健康课程领域下的"康之本"课程包括体育与健康课程、体育学科实践活动和综合实践活动等。学校落实上级要求，一至六年级每天一节体育课。课程内容涵盖基本运动技能、体能、专项运动技能、心理健康和体适能等，全面提高学生的身体素质和心理健康水平。课程实施强调多样化的教学方法，鼓励教师采用游戏化、项目式学习等方法来提高教学效果。强调评价方式的多元化，关注学生的运动技能、运动兴趣、参与度，提高学生的身体素质和体育核心素养。

（二）康之彩

"康之彩"课程是在国家必修课程的基础上，为满足学生个性发展需要所开设的多种形式的社团和体育活动。它包括排球、篮球、足球、跳皮筋、武术、跳绳、亲子运动、校园乐跑、健美操等。

学校两个校区的学生近 2000 人，但校园活动面积不足 20 亩。场地有限，如何保障孩子们课间运动、玩耍的需求，是困扰我的一大难题。基于学校情况，我将体育理念定位于"小场地 大体育"，通过多种渠道、多样化的活动让孩子们在有限的空间里充分动起来。

1. 校园乐跑，强体健心

根据海淀区《关于加强中小学生体育锻炼的工作方案》要求，学校在"落实课间 15 分钟"的基础上，倡导积极健康的生活方式，提出了"大课间·巧运动"活动理念。结合巴黎奥运会上我国运动员榜样，全校学生以问卷形式，遴选出心中学习的奥运榜样，以榜样精神为引领，创设出"奔跑吧·少年：与奥运健儿同行"校园乐跑活动方案。围绕奥运榜样家乡设计路线，带领学生不断解锁奥运榜样故事及其家乡文化，体悟奥运精神与运动意义。一是提升心肺功能，促进身心健康；二是培养自律习惯，提升意志品质；三是增进凝聚力，加强团队合作；四是营造积极向上的校园文化氛围，共同实现"以体育德""以体育人""以体强心"的乐跑目的。

乐跑活动坚持传承奥运精神，有效疏解学生压力，增强心理稳定性。

每次活动我都抽出时间参加，为师生"领跑"。孩子们队列整齐、步伐坚定、精神饱满，老师们动作规范、身姿矫健、笑容灿烂，彰显出师生朝气蓬勃、奋发向上的精神风貌。"校长领跑"赋予校园运动新能量，引领乐跑新花样，将整个乐跑活动分为集体项目和个人项目，其中集体项目又分为"阳光大课间"和"体育课乐跑"两个子项目，个人项目又分为"课间打卡"和"家庭打卡"两个子项目，共计四种跑步形式，让跑步成为校园一道亮丽的风景线。

乐跑活动秉持安全第一、全员与自愿参与相结合、科学性与趣味性相结合三大原则，引导学生掌握必要的安全防范知识，充分发挥师生的积极性和创造性，根据学段特点科学安排锻炼计划和运动量，实现寓教于乐、寓学于趣。在乐跑活动评价方面，学校通过"日日有记录、周周有总结、月月有表彰"，细致观察学生运动成长轨迹，将学生和班级跑步完成情况纳入学生评优与班级考评，努力使学生普遍达到国家体质健康的基本要求，帮助学生健康快乐地成长与发展。

实际上，乐跑活动在北医附小有着良好的传统，起源于"多彩课间十分钟"对跑步运动的倡导。因此，目前的乐跑已然成为常态体育活动，辅以素质操、排球操、毽子操等专项与拓展练习，学生在运动中增强了体质，享受到运动的乐趣，"四小"（小胖墩、小眼镜、小焦虑、小豆芽）的数量逐渐下降，学生们跑得越快，脸上的笑容越灿烂。历时两个月，不同学段的学生已纷纷跑到奥运榜样的家乡，并被他们的体育精神深深折服，比如"青山自成巍峨，方斩天地枷锁"的郑钦文；"不惧挑战，捍卫荣耀"的陈梦；"独守半区，一夫当关"的樊振东；"水中飞鱼，永不言败"的潘展乐；"跳水精灵，追求卓越"的全红婵；"新科蝶后，乘风破浪"的张雨霏等都成为学生们心中的新晋偶像。

学校将继续坚持"以体育课程改革为主线，以强化学生体育养成为首要，深入推进体教融合"的总体思路，进一步推动学校体育工作改革，包括开发场景式育人课程资源、与五育融合相关的拓展实践等，促进乐跑活动深入持续开展，让学生喜欢、热爱、享受体育，促进学生德智体美劳全面发展。乐跑，既是一场体育竞技的集会，又是一次心灵的洗礼，更成为一种追求健康、拥抱活力、展望未来的生活态度。

<h2 align="center">奔跑吧·少年：与奥运健儿同行</h2>
——北医附小校园乐跑活动（节选）

体育课乐跑，让运动品格融入教学实践

体育与健康课程培养的核心素养主要包括运动能力、健康行为、体育品德等。其中，体育精神、体育道德、体育品格是以往教学中比较容易忽视的部分。本次乐跑借助奥运主题，在每节体育课都做到有主题、有设计、有实施、有始终，并将乐跑成绩作为体育课成绩的一部分，纳入学期综合素质测评，更好地促进学生通过真实情境中的实际体验，理解体育精神，塑造体育品格，并有效促进德育在体育课堂的实施。同时，学校还通过体育节、体育社团等，营造师生热爱体育运动的良好氛围。

课间打卡，让乐跑成为健康生活方式

在学校乐跑活动引领下，班级开展"寻找奥运榜样"主题活动，教师组织学生在课间分年级以小组的形式自愿到操场进行跑步，学生可以根据自身情况选择增加或减少锻炼距离，以累计跑量为基础到达奥运冠军的家乡，并解锁下一位奥运榜样。

学生每天将慢跑圈数告知体委记录，体委每周根据跑量在路线图上进行盖章打卡，班主任进行综合统计后上报学校。学校定期评选"乐跑优秀个人"和"乐跑优秀班级"，并颁发奖状和火炬奖章。正副班主任如能参与到学生跑步锻炼中，班级将获得额外加分，班级乐跑成绩也将作为期末评选优秀班级的重要条件。现在，乐跑已成为全校师生一种健康的生活方式，引导师生走出教室、走向户外、走进阳光，享受更加健康活力的校园生活，促进身心健康和谐发展。

家庭打卡，让乐跑成为家校共育的新引擎

学校通过与家委会成员的深入沟通，家长自愿带领学生一起进行锻炼，并每日在班级小管家里进行视频打卡，体育教师指出需要注意和纠正的地方，鼓励学生及时改进。同时，打卡设计与体育课所学内容相呼应，每个项目都兼顾安全性、可操作性和趣味性。打卡记录每月汇总后，由体育组按年级进行评定和颁奖。

谈到打卡收获，三年级的一位同学说："每天体育打卡帮助我提高了体育成绩。比如高抬腿跑，辅助了我的跑步速度，让我的短跑成绩从原来的 11 秒多提高到现在的 9 秒多。我希望更多的同学和我一样，每天坚持体育打卡，享受体育打卡带来的乐趣，提高自己的身体素质，锤炼自己的意志。"

积极保障，跑出安全健康的活力校园

为深入推进乐跑活动的高效开展，校长全面统筹，行政领导下沉年级，落实一至六年级分管责任。干部每天到操场参与体育活动，同时分别负责跑步活动的实施、指导、检查和评比工作，保证跑步运动和体育锻炼正常有序开展。少先队大队通过"四检查"落实乐跑活动的组织评比工作：一是检查出操人数，进退场秩序是否安静、整齐、守纪；二是检查出操速度，是否严格按照上操时间准时就位；三是检查出操质量，包括精神面貌、动作标准等；四是检查班级管理，班主任、副班主任是否跟班，是否参与学生运动，是否实施学生管理。"四检查"机制为师生乐跑活动保驾护航，促进师生跑得科学、跑得持久、跑得健康、跑得安全，跑出悦动和谐的活力校园。

（来源：学校公众号）

2. 多彩社团，特色发展

作为北京市足球特色校、北京市"三大球"排球重点示范校，学校始终秉持着"以体育人，全面发展"的教育理念，大力推进足球、排球进课堂，在全体师生的多年努力下取得了令人瞩目的成果。

学校每年举办足球、排球班级联赛，学生们在竞技中锻炼技能，体验团队合作的魅力。值得一提的是，学校排球队在全国、市区比赛中屡获佳绩，展现出学生们顽强拼搏、团结协作的精神风貌。我们按照分层推进、分步发展的战略，确保排球运动在校园内的全面普及与深入发展。首先，全校学生人手一球，保证每天手不离球。其次，体育组在 2016 年便着手申请并立项了排球特色课程教学的科研课题。经过四年的努力，于 2020 年顺利完成了课题结题。在研究过程中，结合学校学生特点制定了排球校本教材，通过大单元教学模式，激发学生的学习兴趣。低年级学生注重基础训练，中高年级则加强难度，进行扣球和移动速度、力量的训练。每班每学期都安排 18 课次的排球课堂教学，确保了教学效果。在此基础上，通过班级联赛，选拔出优秀队员进入校队，由专业排球老师进行系统训练。目前，学校排球校队 10 个，金字塔式的梯队建设模式培养了一批批高水平的排球运动员，在全国、市区级排球竞赛中屡创佳绩。学校还积极开展排球趣味活动，以班级、年级、学校三级联动，吸收家长积极参与，和孩子一起玩排球、学排球、练排球，让小小排球增进情感，传承体育精神。

除了排球，学校还开设有足球、篮球、武术、跳皮筋、跳绳、健美操等体育社团，共计 18 个训练队，涉及 600 余名骨干队员。多样社团活动丰富了学生们的课余生活，在强身健体的基础上以有序、有趣、有效的方式纾解学生情绪，增强了心理韧性。每天下午 4：30 到 6：00，操场上"三大球"校队训练总是热闹非凡，在烈日下、寒风中坚持训练的身影成为校园里一道亮丽的风景线。

多年来，北医附小为八一、一零一、北大附中等中学输送了一批批骨干队员，并在北京市排球联赛中连续多年夺冠。在市区大赛中，足球校队也取得了骄人成绩，跳皮筋社团在市级比赛中也多次获得特等奖。

（三）康之新

特色建设是学校实现内涵式发展的必由之路，是推动学校取得突破性进展的关键所在，构成了学校独树一帜的竞争力核心。一所学校要稳固根基、持续发展，必须以卓越的教育质量作为立身之本，而特色发展则是推动其不断壮大、迈向卓越的强大引擎。多年来，我深为学校排球这一传统特色项目的蓬勃发展而自豪。自 1999 年排球队成立以来，北医附小始终坚持排球文化的传承与发扬，先后被评为海淀区排球项目传统校、北京市"三大球"排球重点示范校。

体育新课标提出，体育与健康课程应融合多门课程，充分发挥育人功能，促进学生全面发展。学校积极推进体育与健康课程在各学科的融合，探索体育与其他学科融合的路径与方法，实现全科育人。通过关注体育与健康课程与其他相关学科的有机融合，使学生在运动实践中加深对各学科知识的理解，提高举一反三、融会贯通的能力，同时培养他们的批判性思维和解决问题的能力。

学校体育与健康领域的"康之新"课程面向部分或全体学生，通过多学科融合、研学实践、馆校融合等形式开展，其核心目标是在开足开好"康之本"课程的基础上，将体育与健康教育和学生的生活、学习相结合推进全面育人，激发学生对生活中的体育产生更深层次的兴趣，深化学生对"体育与健康"的理解和重视，拓展思维和视野，促进学生"健康力"素养的培养。

案例：跨学科主题学习教学设计（节选）

跨学科主题学习任务

以"2024巴黎夏季奥林匹克运动会"为抓手，以奥运冠军和我国优秀运动员苏炳添为切入点，带领学生了解奥运文化和精神，激发学生对祖国的热爱，学习奥运冠军奋勇拼搏、永不言弃的精神。通过数学学科融入三角形知识，"直角三角形中斜边大于直角边""直线距离最短"，引导学生进行思考，并让学生体验直线跑，明确跑直线对提升成绩的重要性。教会学生用秒表测量跑步时间，并进行小组记录；教会学生计算速度的公式（速度＝路程÷时间），并进行计算。通过不同学科教师的共同配合，探索提升和改进学生途中跑技术，提高快速跑的能力。

跨学科主题学习目标

体育学科目标：让学生掌握50米快速跑的正确姿势和动作要领，学生能够在规定时间内完成50米跑且提高速度。通过50米跑练习，锻炼学生的下肢力量、协调性和爆发力。

道法学科目标：弘扬奥运精神，践行"不积跬步，无以至千里"的信念，坚信自己、超越自己，培养学生勇敢、顽强的意志品质和竞争意识。

数学学科目标：引导学生运用数学知识计算自己和同学的跑步速度，理解速度的概念。通过数据记录和分析，让学生学会简单的统计方法，比较不同学生的跑步速度。让学生通过体验明确直线跑距离最短，对提升成绩很重要。

（供稿人：体育与健康学科教师芮秋云）

第三章　语言与人文课程，涵养人文力

哲学家维特根斯坦曾说"我语言的边界就是我世界的边界"，揭示了语言人文与个人认知的紧密联系。2021年，国务院办公厅发布的《关于全面加强新时代语言文字工作的意见》中指出："加强学校语言文字工作，全面落实国家通用语言文字作为教育教学基本用语用字的法定要求。坚持把语言文字规范化要求纳入学校、教师、学生管理和教育教学、评估评价等各个环节……提高学生国家通用语言文字听说读写能力和语文素养。"加强语言人文教育，培育人文素养是学校教育教学的重要内容。

一、语言与人文课程的内容构建

语言与人文密不可分，语言是人类交流思想、传递文化的重要工具，而人文则承载着传承文化遗产、培养道德品质、提升审美情趣和批判性思维的重任。语言与人文课程领域是培育学生"人文力"素养的核心阵地。纵向上，通过三级课程的有序递进，帮助学生掌握基础的语言知识和技能，提高文学鉴赏能力和审美情趣，培养独立思考和批判性思维的能力，增强对中华文化的传承和对多元文化的尊重和理解，以其丰富的内容和多样的形式，为学生语言与人文素养的培养提供了肥沃的土壤。

"康之本"课程是国家规定的、面向所有学生的国家课程，如语文和英语，确保学生掌握必要的语言知识和技能，为后续学习和发展奠定基础。

"康之彩"课程为学生提供了多样化的学科选修机会，满足学生个性发展的需要。学科兴趣课程群中的语文和英语兴趣课程激发学生的学科热情；经典启智课程群中的全学科阅读和经典诵读课程，让学生在书海中遨游，提升文学鉴赏能力和审美情趣，国学、英语阅读等则为学生打开了通往世界文化宝库的大门。此外，非遗传承课程群中的京剧、陶艺、扇面制作等丰富的课程，更是让学生在动手实践中感受到中华优秀传统文化的魅力，增强对多元文化的尊重与理解。

"康之新"课程如同一股清新的春风，吹拂着学生的心田。节日节气探秘课程以二十四节气为线索，让学生在丰富多彩的活动中探索自然奥秘，感知四季更迭，感悟节气之美。

多种形式课程的开设，为学生语言与人文素养的培养提供了良好的载体，让学生能够理解人类文明的多样性和复杂性，更好地传承中华优秀传统文化，增强对不同文化的尊重和理解，培养具有国际视野和跨文化交流能力的复合型人才。以李冉老师"融合中华优秀传统文化构建语文项目化学习的实践研究"课题为例，明确指向语文项目化学习，通过"传统文化"主题，以语文学科为主导，贯通各年级相关学习内容，深化学生对中华优秀传统文化的理解与传承，有效落实语文学科核心素养的综合发展，增强民族自信与国际文化理解。

二、语言与人文课程的特色成效

学校在语言与人文课程领域深耕细作，收获了累累硕果。其中，"小梅花"京剧社团，以其精湛的表演技艺和深厚的文化底蕴熠熠生辉，成为学校的一张亮丽名片；非遗项目更是丰富多彩，传承中华优秀传统文化的精髓，为学生提供了多元化的学习体验；而中医药文化在学校得到了广泛普及、传承与发展，让学生们在了解中医药知识的同时，深刻感受到中华文化的博大精深。

（一）京剧社团

京剧，凭借其深厚的文化底蕴和艺术魅力让人陶醉。北京作为发源地，已有超过 200 年的历史。随着时间的推移，京剧不仅在国内广受喜爱，更逐渐走出国门，赢得了国际上的赞誉，被誉为"国粹"。

《中小学综合实践活动课程指导纲要》提出，可将优秀传统文化教育转化为学生感兴趣的综合实践活动主题。多年来，学校坚持"传承弘扬中华优秀传统文化"的教育传统，先后将京剧、面塑等十余项传统文化技艺引进课堂，取得了良好的育人效果。在此基础上，学校创造性地研发了优秀传统文化综合实践活动课程，将其纳入学校教育教学计划，让学生在实践中体验、感悟，增强学生对优秀传统文化的探究意识和价值体认，并引发学生学习方式的变革。

学校对京剧的传承与发展尤为重视。2009 年春天，"小梅花"京剧团诞生了，以"育人为本，提高审美，传承民族文化，弘扬民族精神"为宗旨，以"读书学艺并举，校园梨园合一"为目标，培育学生的审美情趣，传承民族文化，弘扬民族精神。从最初的一个小小兴趣班，到如今拥有百余名骨干队员，涵盖老生、花脸、青衣、花旦、武生、武旦六个行当，八个班次的大团队，"小梅花"京剧团已经茁壮成长，成为学校文化特色的一大亮点。

学校开设的京剧校本课程是一门涉及音乐、美术、舞蹈、文学等门类的综合性艺术课程。学习这门课程的过程中，学生要了解并掌握"唱念做打""生旦净丑"等众多京剧艺术元素，通过欣赏、学唱、表演、画和剪京剧脸谱等，充分调动学生多种感官协调发展，在观察体会和实践中把握唱腔的准确、动作的协调，培养学生坚韧的品格，形成积极的情感、态度、价值观，激发学生传承国粹艺术的兴趣。

为了让学生更全面地了解和掌握京剧艺术，学校编辑出版了京剧校本教材。自2013年起，学校进一步加大了京剧教育的力度，采用音乐教师和外聘教师相结合的教学方式，将京剧引进了低年级的课堂。由学校音乐教师和京剧专家共同授课，校本教材得以有效实施，学生在轻松愉快的氛围中学习京剧，兴趣盎然。通过京剧课程的学习，学生能够感受到中华优秀传统文化的魅力；在了解经典唱段中历史故事的同时提高分辨真善美的能力，树立正确的做人、处世原则；丰富了学生的文化底蕴，为学生成为适应社会发展的优秀人才打下了坚实的基础。

在京剧校本特色课程建设方面，注重课程的层次性和多样性。基础性课程面向全体学生，进行剪纸历史文化和简单技艺的普及，培养学生对剪纸的兴趣及基本素质和基础学习力。拓展性课程面向喜爱剪纸文化和其他民间美术形式的学生，着重对剪纸基础性课程的拓展和延伸，培养学生不同的技艺能力及发展性学习力。研创性课程面向剪纸特长生，进行剪纸创意设计和制作，培养学生创新精神和高阶思维能力发展。

京剧艺术在学校传承普及十余年，校本教材有效实施，国粹艺术在校开花结果。近年来，学校京剧教育取得了显著成果，一批批京剧小戏迷、小达人层出不穷，师生在全国、市、区各级比赛中屡获佳绩。学校连续六年荣获中国少儿戏曲小梅花大赛金奖，获得北京市第24届学生艺术节戏曲大赛京剧金奖、北京市国戏杯一等奖等多项荣誉。央视艺术频道还走进学校进行了专题报道，进一步扩大了学校京剧教育的影响力。

（二）非遗课程

学校作为北京市非物质文化遗产培训基地校、海淀区非物质文化遗产传承项目校，也是北京市首个开设雕版印刷课程的小学，开设了丰富的"非物质文化遗产传承项目进课堂"活动，主要项目包括剪纸、陶艺、毛根、扇面、面人、脸谱、面塑、衍纸等，孩子们在非遗课堂中感受着中华优秀传统文化的博大精深。

案例 1：2012—2024 年北医附小非遗文化活动汇总

序号	时间	实践活动课程
1	2012 年 3 月	在海淀区少年宫举办学校师生剪纸书画展，展出作品 500 余幅
2	2012 年 7 月	蔚县南留庄小学，与师生进行了剪纸交流活动
3	2013 年 7 月	学校剪纸社团师生到锦州董存瑞部队参观交流，教解放军叔叔学剪纸
4	2014 年 3 月	中华世纪坛举办北医附小"梦想起航，童心飞扬"第一届师生剪纸书画展，展出师生作品 1000 余幅
5	2015 年 1 月	中华世纪坛举办北医附小"纸韵起舞墨飘香，童趣飞翔乘梦翔"第二届师生剪纸书画展，展出作品 1500 余幅
6	2014 年正月 2015 年正月	圆明园皇家庙会，北医附小专场剪纸交流活动受到各界的关注和好评
7	2015 年	3 月，与密云二小举办"手拉手剪纸书画交流活动"；6 月，指导密云二小举办剪纸展
8	2015 年 3 月	在花园路街道举办学校剪纸书画展
9	2016 年 5 月	承办京津冀首届非遗交流展暨海淀区非遗成果展
10	2016 年 6 月	在炎黄艺术馆举办学校剪纸书画展
11	2016 年 7 月	在双榆树学区活动中心举办学校师生剪纸书画展
12	2016 年 10 月	台湾慈济学校来校进行文化交流，参与剪纸活动
13	2016 年 12 月	中华世纪坛举办学校"梦想启航，童心飞扬"书画剪纸展
14	2017 年 1 月	参与北京市金帆书画院"绘金色梦想，扬理想风帆"师生教育教学成果展，数十幅师生优秀作品展出；参加"市金帆书画院"师生优秀作品展启动大会，校长做专题发言
15	2017 年 3 月	参加"寻找家乡记忆——传统艺术新媒体交互传播普及大展"活动，共有 11 幅剪纸作品入选，并在炎黄艺术馆展出
16	2017 年 9 月	剪纸社团师生赴台湾进行交流
17	2017 年 9 月	北医附小六（1）班学生周籽洋举办个人书画展

续表

序号	时间	实践活动课程
18	2017 年 11 月	学校参加了北京市学生管理中心、北京市金帆书画院举办的"不忘初心，牢记使命"北京市中小学美术书法教育成果展活动，得到许多市级领导和美术教育专家，以及其他学校的好评
19	2018 年 1 月	参加海淀区"孩子们的春晚"中小学生美育成果展演，学生现场表演脱稿剪纸，受到领导和嘉宾的好评
20	2018 年 5 月	海淀区稻香湖非遗科学城，举办学校"指间·梦"剪纸书画展
21	2018 年 5 月	参加北京市金帆"艺术与科学"主题书画展
22	2018 年 6 月	美术老师带领社团学生代表及参加展出作品的学生代表来到山水美术馆，参观了北京市金帆书画院"艺术与科学"画展以及"达·芬奇＆鲁班"国际大展
23	2018 年 8 月	汇编《北医附小优秀美术作品集》
24	2018 年 9 月	带领学生参加北京市"师爱无尘"教师节庆祝活动，剪纸社团师生与现场来宾互动交流
25	2018 年 10 月 23 日	台湾学校师生来访，学校开展"两岸一家亲，共叙中华情"主题活动，两岸学生同上剪纸课，共叙亲情
26	2018 年 10 月	参加第十三届北京文化创意博览会剪纸展示活动，10 幅剪纸作品参展，取得好成绩
27	2018 年 11 月	邢仙老师代表北京市骨干教师参加北京市文化局"北京之夜"希腊非遗交流活动
28	2019 年 4 月	参加海淀区教育系统庆祝建国 70 周年爱国主题活动，学生现场剪纸展示
29	2019 年 4 月 17 日	香港玛利亚学校来校进行文化交流，与剪纸社团学生互动交流
30	2019 年 4 月	学校收到东京国际交流礼宾办公室发来的邮件，表达日本小学生想与中国小朋友手拉手的愿望，并以交换"友好交流卡"的方式了解两国文化，交流校园生活
31	2019 年 5 月	组织学生参加"中国色彩优秀作品展"
32	2019 年 5 月	参加海淀区非遗课题汇报，校长做专题发言
33	2019 年 5 月	剪纸社团师生慰问国旗班战士，赠送精心设计的剪纸作品
34	2019 年 6 月	大爱与感恩，陪伴与成长——北医附小六（2）班赵丰年书画、作品回顾展
35	2019 年 6 月 27 日	中华世纪坛承办"海淀区优秀传统文化课程汇报暨北医附小成果展"，共展出作品 2000 余件，学生参与覆盖面达到 100%，获得广泛好评

续表

序号	时间	实践活动课程
36	2019 年 10 月 10 日	新西兰教育代表团来校参观交流，学校同学以精美的剪纸展示和精彩演出献礼来宾
37	2019 年 10 月 26 日	学校 38 名师生代表远赴祖国宝岛台湾，进行为期一周的文化交流活动
38	2019 年 11 月	当代美术馆承办"中国色彩为祖国点赞——北京市学生金帆书画院师生美术书法网络展"，学校展出部分优秀作品
39	2019 年 11 月 27 日	北京电影学院美术学院和学校"高参小"教学成果在 798 艺术中心拉开序幕
40	2019 年 12 月	走进北医幼儿园，指导小朋友学习剪纸
41	2020 年 2 月	组织学生参加"众志成城，战胜疫情——北京市学生金帆书画院学生美术书法作品网络展"
42	2020 年 2—4 月	学校开展"书画寄情，抗疫有我"抗疫主题作品征集活动，共征集千余幅作品，精选 200 余幅推送学校公众号，进行 10 期专题展
43	2020 年 5 月	14 幅优秀剪纸作品入选"中国宋庆龄青少年科技文化交流中心"主办的"最美抗疫瞬间"云展览，活动在央广网、北京时间报道
44	2020 年 5 月	学校在疫情防控期间，利用网络开展持续 6 年的"非遗进校园"活动，受到广泛好评
45	2020 年 10 月	"非遗云端实践案例"入选北京市十大优秀案例
46	2020 年 10 月	学校开展师生冬奥设计"我参与——校园井盖设计"征集活动
47	2020 年 10 月	学校与花园路街道工委、花园路街道办事处、花园路关心下一代委员会在元大都遗址公园联合举办 2022 北医附小"学生金帆书画院""小手拉大手共筑中国梦"优秀传统文化教育成果展
48	2020 年 11 月	开展金帆申报工作，从普及工作、特色打造、资源利用、校本课程、师资建设、环境设施、辐射带动及成绩效果等方面完善档案，全面总结 2017—2020 年艺术教育工作
49	2020 年 11 月	美术组教师整理出百余幅作品和十余节剪纸课程，参加全国非遗教育进行时云展
50	2020 年 12 月	学校"学生金帆书画院"举办"巧手绘山河，文化传九州"校园剪纸文化主题展览
51	2020 年 12 月	学校参加教育系统"美好'食'光"校园系列活动
52	2020 年 12 月	学校参加海淀区学生美育成果展播
53	2021 年 4 月	配合学校工作，美术组准备每周综合素养美术课程内容

续表

序号	时间	实践活动课程
54	2021 年 6 月	在迎接建党百年华诞庆祝活动中，美术组组织社团学生编排了服装秀、古诗诵读等剪纸展示节目
55	2021 年 6 月	学校金帆书画院举办"庆建党百年发展画卷"师生剪纸、书画主题展
56	2021 年 12 月	区非遗教育研讨会，学校 6 幅作品参展
57	2022 年 1 月	提交学校课题案例
58	2022 年 1 月	学校创作的"冬奥圆梦，非遗传情"冬奥主题作品，在延庆（海淀）冬奥主题非遗主题展中展出
59	2022 年 2 月	学校艺术剪纸工作坊被推送到北京市参加艺术展演。经过层层角逐，将代表北京市参加全国艺术展演的选拔
60	2022 年 4 月	北医附小与新西兰 Albany 学校开展"传承创新，智享未来"线上友好传统文化交流活动
61	2022 年 6 月	学校举办金帆书画院"秋收冬藏"师生剪纸书画展览活动
62	2022 年 6 月	学校金帆书画院艺术组长的《传承》插画设计作品在《2021 北京中轴文化遗产传承与创想大赛》1200 件作品入围 60 件作品中，入围并荣获北京医科大学附属小学优秀奖
63	2022 年 6 月	学校举办"2022 筑梦非遗 传承中华优秀文化"优秀剪纸作品线上主题展
64	2022 年 9 月	学校剪纸社团获"第四届京津冀中小学活力社团"荣誉称号
65	2022 年 10 月	开展"北京市艺术特色校"申报工作
66	2022 年 11 月	学校报送海淀区艺术节民族文化优秀作品
67	2022 年 11 月	学校金帆书画院 4 幅优秀作品在北京市炎黄艺术馆"共绘美好生活"金帆主题展中展出
68	2022 年 12 月	学校金帆书画院举办 2022 年"美育艺廊"学生优秀作品主题展
69	2022 年 12 月	学校《剪纸》学生艺术实践工作坊在"共绘美好生活"2022 年北京市学生金帆书画院中被评为一等奖
70	2022 年 12 月	开展金帆申报准备工作，从基础条件、特色打造、资源利用、校本课程、师资建设、环境设施、辐射带动及成绩效果等方面完善档案
71	2023 年 2 月	学校"魅力北京，大美中轴"剪纸艺术项目荣获全国第七届中小学生艺术展演活动学生艺术实践工作坊类全国一等奖

续表

序号	时间	实践活动课程
72	2023 年 2 月	学校金帆书画院美育浸润师生系列活动，特邀当代剪纸艺术家高少萍老师与师生进行"对话大国工匠·致敬劳动模范"艺术交流活动
73	2023 年 3 月	北医附小课程方案获海淀区中小学课程方案优秀案例二等奖
74	2023 年 3 月	举办"传承·创新"北京市学生金帆书画院书画作品征集活动
75	2023 年 4 月	学校进行金帆特色联动项目，与怀柔喇叭沟门小学剪纸工作坊师生进行线上交流活动
76	2023 年 6 月	美育发展中心校领导与艺术组教师赴门头沟少年宫参加金帆书画院城乡联动交流活动
77	2023 年 6 月	金帆剪纸社团师生参加首都少先队"六一"主题队日剪纸艺术实践展示活动
78	2023 年 6 月	学校艺术组全体成员参加北京市学生金帆书画院"传承·创新"师生素质提升活动
79	2023 年 6 月	北医附小艺术教师赴内蒙古敖汉旗丰收中心小学进行剪纸特色交流活动
80	2023 年 6 月	美育中心艺术组教师集体创作校园剪纸文创作品
81	2023 年 11 月	金帆书画院优秀师生艺术作品在海淀区稻香湖非遗优秀作品展展出
82	2023 年 11 月	学校举办"传承·创新"2023 北京市金帆书画院美育成果线上展览
83	2023 年 11 月	北医附小金帆书画院与新西兰 Albany 学校开展线上友好交流活动
84	2023 年 12 月	学校金帆书画院举办"与美同行·艺展风采"金帆书画院学生优秀作品展
85	2023 年 12 月	学校艺术教师作品在海淀区非遗优秀作品成果展中获优秀作品荣誉
86	2024 年 1 月	北医附小与内蒙古敖汉旗丰收中心小学进行"区域携手'艺'发展，校际联动创未来"艺术项目线上交流活动
87	2024 年 4 月	艺术组全体教师参加北京市金帆"对话传统之美"线下素质培训
88	2024 年 5 月	金帆书画院举办"探寻百草奥秘，传承千载文化——百草香韵迎端午"融美润心艺术实践活动
89	2024 年 5 月	举办"心有繁花·向美而行"金帆书画院学生优秀作品展
90	2024 年 6 月	京港心连心，共话育人梦——北医附小与香港基督教圣约教会坚乐小学美育交流活动

续表

序号	时间	实践活动课程
91	2024 年 6 月	北医附小与门头沟付家台中心小学进行艺术交流活动
92	2024 年 6 月	艺术组教师参加北京市金帆教师工作坊——传统节气中的民俗艺术创意实践活动
93	2024 年 6 月	学校艺术教师参加北京市金帆书画院——艺寻恭王府非遗主题艺术实践活动
94	2024 年 7 月	学校书画院教师参加北京市丰台少年宫金帆院校"文化中国非遗传承在行动"项目交流活动
95	2024 年 7 月	学校书画院优秀艺术师生代表赴西安参加海淀区艺术节"'艺'路有你——听见非遗的声音"艺术研学实践活动
96	2024 年 10 月	学校全面总结 2022—2024 艺术教育成果，进行北京市金帆申报工作
97	2024 年 10 月	书画院教师赴挪威参加"中挪建交 70 周年"庆祝活动，为国家领导人赠送剪纸肖像，剪纸作品被挪威国家博物馆珍藏
98	2024 年 12 月	举办"笔墨绘新年，百福迎新春"优秀传统文化艺术主题展
99	2024 年 12 月	北医附小参加海淀区中小学非物质文化遗产课程实施研究群体课题结题会"承非遗文化，育时代新人"
100	2024 年 11 月	北京市海淀区教育科学"十四五"规划"中小学美育体系构建与实施的研究"群体课题结题
101	2024 年 12 月	北京市海淀区教育科学"十三五"规划"剪纸课程与学校文化融合的模式研究"群体课题结题

案例 2：2020—2024 年非遗教师上课信息表

序号	姓名	非遗项目	备注
1	双　彦	彩塑兔爷	周二　美术教室 1
2	徐　豪	徐氏草编技艺	周二　美术教室 2
3	郭　林	戏法罗圈	周三　三（8）班教室
4	阴　卫	中国和古建筑	周二　五（2）班教室（牡丹园校区）
5	张　倩	中国古建筑	周二　六（3）班教室（牡丹园校区）
6	王琼珊	榫卯结构	周二　五（3）班教室（牡丹园校区）
7	闫　瑞	榫卯结构	周二　五（4）班教室（牡丹园校区）

序号	姓名	非遗项目	备注
8	冯慧芸	高年级面塑	周二　五（1）班教室（牡丹园校区）
9	李　琳	高年级面塑	周二　六（1）班教室（牡丹园校区）
10	倪巧凤	中国结艺	周二　六（2）班教室（牡丹园校区）
11	张运祥	雕版印刷	周二　六（3）班教室（牡丹园校区）
12	郎志丽	北京面人郎	周二　三（1）班教室
13	张晶泽	曹氏风筝	周二　三（2）班教室
14	荣慧生	毛猴（低年级）	周二　二（1）班教室
15	荣　容	毛猴（高年级）	周二　四（1）班教室
16	杨东海	卵石画	周二　三（3）班教室

第四章　思维与创新课程，启迪创想力

面对这个充满变化与不确定性的时代，无论是当下还是未来，适应与应对变化的能力显得尤为重要，而创新无疑是引领我们破浪前行的关键。

创新的源泉在于创造性人才，而创造性人才的培养，归根结底要依赖教育的力量。作为校长，我深知学校肩负的使命之重大。因此，在培养未来社会的建设者和接班人的过程中，学校要通过优化课程设置、加强实践教学等举措，不断激发学生的创新思维、提升创新能力。

一、思维与创新课程的内容构建

思维与创新课程的开设，是鼓励学生在已有知识与经验基础上从不同角度思考问题，寻找解决问题的更多可能性，运用可靠方法选择令人满意的解决方案，通过反思自己的思考方式和思考过程不断改进自己的创新思维模式。思维与创新课程中的实践操作环节也是这门课程的亮点，更是学生们的最爱，因为可以用学到的新方法或技能大显身手。课程形式的多样性，能让学生把奇思妙想变成现实，能唤起学生动手的激情，更能促使学生进行深度思考，并不断反思。

与其他的课程领域类似，思维与创新课程领域在纵向上也形成了三层。"康之本"课程是基础性课程，面向全员，奠基学生"创想力"的发展，包括数学、科学、信息技术、学科实践活动和综合实践活动等国家必修课程构成。"康之彩"课程是拓展性课程，包括学科兴趣课程群中的数学兴趣课程，以及科技创新课程群中的科学探究、工程思维、信息学、气象课程、模拟飞行、无人机、单片机、机器人、STEM、3D打印、创客课程、航空模型、航海模型、天文、无线电测向等社团课程，满足了学生们的个性化需求。"康之新"课程面向部分学生或全体学生，学校E+星球创新学院开设了"E+星球创新课程"。科技主题的研学实践、项目研究等形式让"创想力"培育渗透到学生学习的方方面面。作为海淀区科技示范校，学校在两个校区分别举办科技节，让学生们走近科学、了解科学、学习科学，充分体验现代科技进步的丰硕成果。鼓励学生通过参与、体验、实践等方式参加科技节活动，激励学生们崇尚科学、热爱科学，掌握科学知识和方法，培养科学创新精神。

二、思维与创新课程的实施情况

学校作为全国气象特色学校、中国青少年信息技术创新教育示范基地、海淀区科技示范校，我们在实践中不断深入贯彻习近平总书记有关科学教育工作的系列讲话精神，坚持在教育"双减"中做好科学教育加法。

（一）E+星球创新学院

2023年9月，学校创建"E+星球创新学院"（以下简称"创新学院"），创新育人模式，打造"大—中—小"全链条成长通道。创新学院是一所专门致力于科学教育和学生创新能力培养的特色学院，以"面向全体学生普及，聚焦拔尖人才培养"为科学教育理念，努力提高学生科学素养，鼓励学生探索未知、崇尚科学、勇于创新，旨在培养全面发展的未来科技人才。以"创 E 星 探未知 尚科学"为院训，鼓励孩子们运用想象力和创造力，看到自己在科技和创新中的无限可能。创新学院以学生问题为导向，整合大学、中学、科研院所等多方资源，跨界、破圈为学生的项目探究铺设实施路径，顶层规划为培养拔尖创新型人才提供贯通方案。

E+ 星球创新学院 logo

为提升创新学院的建设品质，给学生创造更丰富的展示舞台，我们面向全校同学征集了百余个院徽。最终，全校票决：六年级 8 班孙昕冉和一年级 10 班焦奕辰同学作品入选院徽初稿。后经修改完善新院徽诞生。创新学院的 logo 通过航天员、大写字母 E、星星以及将学校 logo 元素分解设计为飞天元素，紧扣学校文化，完美诠释了其教育理念。航天员象征着探索与无畏；"E"代表"探索"（explore，首字母为 E），也代表了学院的名字"创 E 星"；星星象征梦想和目标，引导学生们仰望星空，怀抱梦想；一飞冲天的学校标志元素象征着腾飞与成长。

（二）E+ 星球创新课程

"E+ 星球创新课程"包含通识普及、技能培养、拓展应用类课程。通识普及类包括科技馆课程、科学实践探究课、工程思维拓展课等，旨在激发学生对科学的兴趣和好奇心。

1. 科技馆课程

作为首批中国科技馆的馆校合作校，学校利用科技馆资源在一到五年级开展了科技馆课程。科技馆里的科学课旨在激发青少年的好奇心和想象力，增强科学兴趣、创新意识和创新能力。引导变革教学方式，倡导启发式、探究式、开放式教学，保护学生好奇心，激发求知欲和想象力。建立校内外科学教育资源有效衔接机制，实施馆校合作行动，引导中小学充分利用科技馆、博物馆、科普教育基地等科普场所广泛开展各类学习实践活动。

2. 科学实践探究课

科学实践探究是科学课程中的核心内容之一。科学实践探究通过实际的观察、实验、测量和数据分析等方法，帮助学生主动参与和实践科学思维方法，培养他们的科学精神和实践能力。

3. 工程思维拓展课

工程思维是指通过科学的方法和工程化的思维方式来解决实际问题的一种思维方式。工程思维拓展课让学生在设计实验中理解科学与工程的关系，进而提高学生学习科学的探究兴趣，以及工程思维下的创新能力。

4. 技能培养类课程

技能培养类课程，本着培养学生的科技兴趣、提升学生创新能力和综合能力的宗旨展开，更加注重培养学生的创新思维和实践能力。提高创新类课程包括：小院士班、小研究员班，以及无线电、气象、航模、机器人、数学信息科技社团等。

5. 拓展应用类课程

拓展应用类课程包括校外综合实践活动、科普教育活动、原创科普展，旨在通过一系列实践活动，拓宽学生的知识视野，培养创新精神和实践能力。校外综合实践活动通常包括参观高级科技企业、科技馆、艺术展览馆等，以了解科技发展历程和艺术作品，激发学生的科学兴趣。科普教育活动通过让学生参与一系列有趣的科学实验、讲座和制作活动，激发学生的好奇心。比如组织学生进行各种科学实验，参加科技小制作活动，培养学生的动手能力和创新思维。我们还定期邀请科学家或科技工作者为学生开展科普讲座，拓宽学生的知识面，激发学生的科学梦想和科学志向。原创科普展通常由学生和教师共同策划和制作，展示学生在科普学习中的成果和创意。展览内容涵盖科学、技术、工程、艺术、数学等多个领域，主要展示学生的科技作品、科学实验成果、艺术作品等。展览形式灵活多样，包括实物展示、图文展示、视频展示等，让学生在参观展览的过程中了解科学知识，感受科学的魅力。

据不完全统计，近几年学校学生参与的活动包括北京青少年科学调查体验活动、北京"小院士"科技教育活动、海淀区金鹏科技论坛、海淀区青少年科技创新大赛、海淀区中小学生科技竞赛、海淀区中小学生科技竞赛纸飞机比赛、海淀区中小学生纸结构模型承重赛等十多项科技类活动，荣获了数百项荣誉，极大鼓舞了师生们的探究热情。

创新学院自成立以来已经取得了显著成果，学生在各种科技竞赛中屡获佳绩，学院也培养了一批具有创新思维和实践能力的优秀学生。未来，E+星球创新学院将继续致力于科学教育和学生创新能力的培养，将进一步加强与大学、中学、科研院所等机构的合作与交流，为学生的成长和发展提供更多的机会和平台。学院还将不断探索和创新教育模式和方法，以适应时代发展的需要和学生成长的需求。

第五章　艺术与审美课程，修养审美力

2023年，教育部发布《关于全面实施学校美育浸润行动的通知》，明确指出："以浸润作为美育工作的目标和路径，将美育融入教育教学活动各环节，潜移默化地彰显育人实效，实现提升审美素养、陶冶情操、温润心灵、激发创新创造活力的功能，培养德智体美劳全面发展的社会主义建设者和接班人。"多年来，学校深耕美育发展，秉持"金帆精神"，朝着全面育人、引领示范、追求卓越的金帆目标，不断提升学生的审美力。

一、艺术与审美课程的内容构建

学校连续三届被评为北京市金帆书画院，在金帆书画院的引领下，剪纸、书法、美术多点开花，呈现以点带面的全员美育新态势，取得了全国特色学校、全国中小学中华优秀文化艺术传承学校、北京市艺术特色校、北京市非物质文化遗产传承示范校、北京市金帆书画院等数十项荣誉。

《义务教育艺术课程标准（2022年版）》指出，音乐、美术、舞蹈、戏剧（含戏曲）、影视（含数字媒体艺术），是对学生进行审美教育、情操教育、心灵教育的重要课程，具有审美性、情感性、实践性、创造性、人文性等特点。艺术与审美课程的内容结构纵向上也分为三层级："康之本""康之彩""康之新"。其中"康之本"课程主要是国家课程，如音乐、美术、书法等。"康之彩"课程面向有需求的个体，如艺术创想课程群中的民族剪纸、管乐、舞蹈、合唱、戏剧、国画等社团课程，非遗传承课程群中的小梅花京剧、陶艺、毛根等课程。"康之新"课程主要是美育主题的研学实践课程、馆校融合课程等。

二、艺术与审美课程的实践路径

艺术与审美教育作为一种综合化艺术教育方式和手段，在丰富学校艺术教育内容和活动类型，融通学校艺术类课程及社团课程，使学生获得趣味盎然的多元艺术体验等方面有不可替代的作用。因此，学校从"康+"理念出发，以艺术与审美课程的实施为主题，形成了文化、活动、课程、展演四维一体的全面美育体系。

（一）美的文化

美是点滴的浸润，需要渗透在校园文化中，无声育人。学校美育文化建设是一个系统工程，是一所学校品牌建设的"根基"与"灵魂"。学校注重文化建设，在"康+"教育文化的指引下，围绕学校发展规划进一步凸显美育特色，将学校建成艺术文化氛围浓厚、办学特色鲜明、育人实效显著的美育品牌学校。学校秉持"向真、向美、向善、向上"的金帆宗旨和"全面育人、引领示范、追求卓越"的金帆目标，凝练出"以美润心，向善向美"的美育理念，致力于向美而行，培养健康灵动的北医灵动少年。

校园环境是最直观、最能让学生身临其境体验美的浸润场。[①] 学校在

---

① 段鹏. 美育，可以为一所学校带来什么？ [J].基础教育课程，2024（10）:11-15.

小小空间中开辟出"一间蕴美厅、两面展美墙、三条育美道、四间创美室"的美育环境，充分展示师生剪纸、绘画、书法等优秀作品。学校将剪纸元素巧妙地融入到校园的每一个角落，标牌牌、公示栏、楼梯间……皆有剪纸元素，处处能够彰显出北医附小的校园文化特色；目之所及，每一处环境的精心设计与用心盘活都能营造出"美育浸润"的校园氛围。

（二）美的课程

学科课程是学校美育浸润的主要载体，而美育的良好落实有赖于对学科课程的精磨、打造与实施。学校根据《义务教育艺术课程标准（2022年版）》对美术学科课程的具体要求，"康之本"课程是在保证开足开齐每周两节美术、两节音乐的基础上，创造性地探索"学科整合模式"，即多学科整合、模块整合、跨学科融合、学科综合实践、全学科阅读。"康之彩"课程为地方和校本课程，根据学校实际情况，从学生兴趣出发，围绕五大课程领域开设了30余项艺术选修课程，书画院8个精品社团，供学生自主选择。"康之新"课程是结合八大课程类别，将"审美力"素养的培养融入其中，以集团融贯课程、节日节气课程、研学实践课程等课程类别为依托，让美育浸润课程，让美育无处不在。

（三）美的活动

美润学生，陪伴成长。实践活动是校本化育人的重要途径，美育的浸润离不开学生的亲身体验与感悟，以美育为主旨的各项实践活动是学校艺术与审美课程得以落实的另一重要途径。

实践活动是艺术与审美课程的重要组成。学校坚持每学期为学生举办一次优秀作品展；每年至少举办一次大型师生剪纸书画展、教育成果展；坚持开放交流，鼓励教师参加全国美育交流会，每年组织师生参加区级以上美术主题展示活动。"艺途启航""秋收冬藏""异彩非凡·游艺于画"等金帆书画院优秀作品展，提升了师生的审美能力和艺术修养，对学校美育发展起到积极促进作用。

社团活动是培养学生兴趣爱好、发挥学生创新创造活力的重要阵地。学校现有民族剪纸社团、传统文化禅绕画社团、儿童画社团、趣味折纸社团、书法社团、管乐社团、舞蹈社团、合唱社团、原创校园剧社团等数十个艺术社团。在金帆书画院的引领下，学校美术社团发展势头良好，积极参加校内外艺术实践活动，并取得了非常好的成效。学校与中国科学院、中国科技馆、气象局、北京大学医学部、北京林业大学等单位有紧密合作，将优质资源引进到课后服务是开展各项艺术与审美实践活动的常态工作。

（四）美的展演

教育家蔡元培曾说："美育者，应用美学之理论于教育，以陶养感情为目的者也。"教育部艺术教育委员会委员孔新苗认为，以兴趣为基础的艺术教育，给孩子带来的是长久的心性修养和人格素养，是为了培养一个有品位、会生活、懂欣赏的人。我也赞同，通过鼓励学生参加艺术与审美的展演活动，激发学生的学习兴趣，对于学生审美力的发展具有重要价值。多年来，学校坚持充分利用校内外丰富的美育资源场所，为学生美育成果的展示提供了广阔的舞台。

举办金帆书画、剪纸作品展（共31次）

序号	活动名称	活动时间	主要活动形式	作品数量
1	2020年"美育艺廊"学生优秀作品展	2020.12	展览	462
2	"巧手绘山河，文化传九州"少先队传统文化主题活动	2020.12	展览	372
3	"艺途启航"金帆书画院展览	2021.06	展览	412
4	"童心向党 致敬百年"金帆书画院剪纸主题展览	2021.06	展览	428

续表

序号	活动名称	活动时间	主要活动形式	作品数量
5	艺术创想线上画展"节约用水 我有画说"	2021.11	线上展览	361
6	2021年"艺动校园"北医附小师生艺术作品展	2021.11	展览	632
7	迎冬奥"童心绘梦 井上添花"活动	2021.11	实践活动	127
8	2021年"美育艺廊"学生优秀作品	2021.12	展览	456
9	艺术创想"萌虎跨年"线下画展	2022.01	展览	409
10	"科艺携手 太空圆梦"线上科艺作品展	2022.03	线上展览	531
11	艺术创想"童抗疫 趣宅家"线上艺术作品展	2022.06	线上展览	469
12	"秋收冬藏"金帆书画院展览	2022.06	展览	502
13	筑梦非遗 传承文化——优秀剪纸作品展	2022.06	线上展览	342
14	艺术创想"猜猜我有多爱您"画展	2022.09	展览	386
15	2022年"美育艺廊"学生优秀作品展	2022.12	展览	568
16	萌兔迎新	2022.12	展览	385
17	"异彩非凡 游艺于画"金帆展	2023.06	展览	503
18	"童心稚语绘心愿"儿童节主题画展	2023.06	线上展览	582
19	校园标志设计应用	2023.07	展览	410
20	艺术创想"走进天坛"艺术研学	2023.11	研学	320
21	"与美同行 艺展风采"金帆书画院学生优秀作品展	2023.12	展览	465
22	艺术创想"首善电力公益绘画活动"	2024.04	展览	267
23	"向阳而生 童趣墨韵"水墨画展览	2024.04	展览	357
24	探寻百草奥秘 传承千载文化	2024.05	研学	1923
25	"百草香韵迎端午"——跨学科主题实践课程	2024.05	课程	1948
26	"心有繁花 向美而行"金帆书画院学生优秀作品展	2024.06	展览	523
27	艺术创想"2024届毕业生毕业季"画展	2024.06	展览	273
28	艺术创想"百草诗心"线下画展	2024.07	展览	297
29	艺术创想"礼赞最美教师"线上主题画展	2024.09	展览	820

续表

序号	活动名称	活动时间	主要活动形式	作品数量
30	北医附小 2024 科艺节——"科艺创未来　好奇探未知"	2024.11	实践活动	1831
31	"笔墨绘新年　百福迎新春"艺术主题展	2024.12	展览	1660

校外美术实践活动（共 20 次）

序号	活动主题	活动时间	资源单位
1	小手拉大手，同心共筑中国梦（元大都遗址公园展览）	2020.10	元大都遗址公园
2	奥运冠军开启开学第一课	2021.08	中国乒乓球国家队
3	"世界空间周——我和我的共和国火箭事业"科技绘画展览	2021.10	北京科学中心
4	北京市金帆"携手·未来"作品展	2022.03	炎黄艺术馆北京市金帆书画院
5	少年问天　探梦苍穹——科艺携手太空圆梦展览	2022.09	中国航天科工集团星航学社
6	2022 年"共绘美好生活"金帆书画院展览	2022.11	炎黄艺术馆北京市金帆书画院
7	对话大国工匠　致敬劳动模范	2023.02	中国文化促进会剪纸专业委员会
8	首都少先队"六一"主题队日活动	2023.06	北京市团委、北京市教委、北京市公园管理中心、北海公园
9	全国书画等级考试、硬笔书法等级考试暨北医附小考点授牌仪式	2023.09	教育部教育考试院
10	艺术创想"走进天坛"艺术研学	2023.11	天坛
11	稻香湖非遗优秀作品展	2023.11	海淀区稻香湖非遗科学城
12	2023 年"传承·创新"北京市学生金帆书画院书画作品征集活动	2023.11	北京市少年宫、北京市学生金帆书画院
13	翰墨书古韵，妙笔润童心——北医附小硬笔书法等级考试	2024.03	教育部教育考试院
14	艺术创想"首善电力公益绘画活动"	2024.04	北京电力经研院
15	探寻百草奥秘　传承千载文化	2023.05	北京香草堂中草药基地
16	从南极到火星！"勇踏前人未至之境"	2024.06	教育部校外教育培训监管司、中国网

续表

序号	活动主题	活动时间	资源单位
17	"'艺'路有你"西安艺术研学实践	2024.07	海淀教委、海淀区青少年活动管理中心
18	走进非遗科学城　争做非遗小传人	2024.10	非遗科学城
19	艺寻大运河博物馆	2024.10	大运河博物馆
20	艺术空间数字科技馆	2024.10	数字科技馆

区级以上展示交流活动（共23次：国际1次，国家级1次，市级13次，区级8次）

序号	时间	活动级别	活动主题	主办单位
1	2021.11	国家级	ICAE 国际儿童画展	ICAE 国际儿童艺术联盟
2	2021.12	市级	同根同源两岸情　互盼统一少年心——北医附小涉台主题美育活动	北医附小美育发展中心与台湾校交流项目
3	2022.01	市级	非遗传情——延庆（海淀）冬奥主题非遗展	北京市延庆区文化旅游局
4	2022.03	市级	"携手·未来"北京市学生金帆书画院师生作品展	北京市金帆书画院
5	2022.04	市级	北京市学生金帆书画院师生素质提升活动	北京市金帆书画院
6	2022.04	国际	传承创新　智享未来——北医附小与新西兰 Albany 学校开展线上友好交流活动	北医附小美育发展中心与新西兰国际交流项目
7	2022.11	区级	海淀区艺术节民族文化优秀作品报送	北京市海淀区教委
8	2022.11	市级	"共绘美好生活"金帆展览	北京市金帆书画院
9	2023.02	市级	对话大国工匠　致敬劳动模范	北医附小美育发展中心与国家级剪纸专家
10	2023.04	市级	喇叭沟门小学交流	北京市金帆书画院
11	2023.05	区级	海淀区艺术节	北京市海淀区教委
12	2023.06	市级	北京市应急管理优秀公益宣传作品和优秀新闻报道征集展示活动	北京市应急管理局、北京市广播电视局
13	2023.06	市级	北京市学生金帆书画院师生素质提升活动——线上系列公益讲座	北京市金帆书画院
14	2023.06	市级	北京市金帆书画院 2023 项目联动	北京市金帆书画院
15	2023.06	市级	首都少先队"六一"主题队日活动	北京团市委、北京市教委、北京市公园管理中心

续表

序号	时间	活动级别	活动主题	主办单位
16	2023.06	市级	深耕课堂同实践　蒙汉情深共发展——北医附小赴内蒙古敖汉旗丰收中心小学送教活动	北医附小美育发展中心与敖汉旗收中心小学交流项目
17	2023.11	区级	海淀区稻香湖非遗优秀作品展	海淀区教委美育和校外教育科
18	2024.01	区级	北医附小与内蒙古敖汉旗丰收中心小学艺术项目线上交流活动——区域携手"艺"发展校际联动创未来	北医附小美育发展中心与内蒙古敖汉旗丰收中心小学艺术教育结对交流项目
19	2024.04	区级	海淀区艺术节	北京市海淀区教委
20	2024.06	区级	北医附小与门头沟付家台中心小学艺术交流	北医附小美育发展中心与付家台中心小学艺术教育交流项目
21	2024.06	市级	京港心连心　共话育人梦——北医附小与香港基督教圣约教会坚乐小学美育交流活动	北医附小美育发展中心与香港基督教圣约教会坚乐小学艺术教育项目
22	2024.11	区级	第44届海淀区青少年科技创新绘画活动——共绘科学幻想	北京市海淀区教育委员会
23	2024.12	区级	北京市第二十七届学生艺术节——2024年海淀区学生艺术节"艺术之星"展演活动	北京市海淀区教育委员会

与国内外相关机构进行交流（共22次：国际3次，市级19次）

序号	时间	活动级别	活动主题	主办单位
1	2021.4	国际	相知无远近　万里尚为邻——北医附小与新西兰Albany学校线上友好交流	北医附小美育发展中心与新西兰国际交流项目
2	2021.12	市级	同根同源两岸情　互盼统一少年心——北医附小涉台主题美育活动	北医附小美育发展中心与台湾校交流项目
3	2022.4	市级	北京市学生金帆书画院师生素质提升活动	北京市金帆书画院
4	2022.4	国际	传承创新　智享未来——北医附小与新西兰Albany学校开展线上友好交流活动	北医附小美育发展中心与新西兰国际交流项目
5	2023.2	市级	对话大国工匠　致敬劳动模范	北医附小美育发展中心与国家级剪纸专家交流项目
6	2023.3	市级	吴立喜专家剪纸培训	北医附小美育发展中心与中国文化促进会剪纸专业委员会
7	2023.4	市级	喇叭沟门满族乡中心小学交流	北京市金帆书画院

续表

序号	时间	活动级别	活动主题	主办单位
8	2023.6	市级	北京市学生金帆书画院师生素质提升活动线上系列公益讲座	北京市金帆书画院
9	2023.6	市级	北京市金帆书画院 2023 项目联动	北京市金帆书画院
10	2023.6	市级	首都少先队"六一"主题队日活动	北京团市委、北京市教委、北京市公园管理中心
11	2023.6	市级	深耕课堂同实践　蒙汉情深共发展——北医附小赴内蒙古敖汉旗丰收中心小学送教活动	北医附小美育发展中心与内蒙古敖汉旗丰收中心小学交流项目
12	2023.11	国际	探索·创新——北医附小与新西兰 Albany 学校开展线上友好交流	北医附小美育发展中心与新西兰国际交流项目
13	2023.11	市级	"传承·创新"北京市金帆书画院美育成果展	炎黄艺术馆、北京市金帆书画院
14	2024.1	市级	优秀金帆团赴杭州孤山探梅活动	北京市海淀区教委
15	2024.4	市级	北京市金帆"对话传统之美"	北京市金帆书画院
16	2024.6	市级	"京港心连心　共话育人梦"	北医附小美育发展中心与香港校交流联动项目
17	2024.6	市级	北京市金帆"走进科学，感受艺术"	北京市金帆书画院
18	2024.6	市级	北京市金帆传统节气中的民俗艺术创意实践教师工作坊	北京市金帆书画院
19	2024.07	市级	北京市金帆院校"文化中国非遗传承在行动"交流活动	北医附小美育发展中心与丰台少年宫金帆院校交流项目
20	2024.09	市级	北京市金帆院校"将大师之作"请进八一交流活动	北医附小美育发展中心与北京市八一金帆院校交流项目
21	2024.10	市级	北京市金帆院校"AI 赋能美育新实践"交流活动	北医附小美育发展中心与人大附小金帆院校交流项目
22	2024.12	市级	北京市海淀区名师工作站导师"大美育课程讲座"培训	北医附小美育发展中心与北京市海淀区教科院美育研究中心

（以上内容根据北京市金帆评审相关要求进行划分）

三、民族剪纸，剪出灵动

习近平总书记在党的十九大报告中指出，"深入挖掘中华优秀传统文化蕴含的思想观念、人文精神、道德规范，结合时代要求继承创新，让中华文化展现出永久魅力和时代风采"。如何传承、发展中华优秀传统文化，建设社会主义文化强国，实现中华民族伟大复兴的中国梦，已成为作为当代教育工作者的我们都应深思和探究的重要问题。

1978年，市级非遗传承人张凤琴老师创立了学校第一支剪纸兴趣小组，然而随着张老师的退休，剪纸项目陷入"群龙无首"的搁浅状态。我担任校长后，了解到美术组老师对剪纸的热爱与坚持，意识到这正是学校点燃团队激情、推动学校特色发展的"关键星火"，便采取了三项关键举措：一是邀请张老师担任学校剪纸文化传承顾问，为剪纸文化注入灵魂；二是由美术组牵头创建学校剪纸社团，普及剪纸文化，让全校师生共同参与；三是搭建"专、精、特、深"的专业成长平台，支持教师发展，提升剪纸教学的专业水平。

在学校的全力推动下，剪纸文化迅速生根发芽，美术组老师们的信心与干劲也日益增强。经过不懈努力，我们在中华世纪坛成功举办了第一届师生剪纸书画展，展出作品1108幅，成为学校的一大亮点。同时，学校还研发了全国发行的、覆盖全学段的民族剪纸校本教材，绘制了课程图谱，满足了全校近2000名学生的发展需求，形成了人人"学剪纸、爱剪纸、会剪纸"的良好局面。

学校剪纸文化已经系统、深入地走进课堂，人人都能出作品，个个都是优秀传统文化传承小使者，"小而精"的剪纸艺术与学校文化融为一体。"民族剪纸"自1978年开设至今已有46年的历史。从2003年开始，学校坚持开设剪纸课，做到"师生每人一剪，学生每周一课"，充分体现了民族传统文化与现代教育理念的完美整合。

剪纸是北医附小的立校特色，这项"小而美"的传统文化项目成为文化传承、文化融合的一把"金钥匙"。学校构建了适合小学生的剪纸社团课程，拓宽传统剪纸审美文化和表现内容、形式，扎实有效地开展了系列剪纸活动，编撰了校本化的剪纸教材。我们还利用校内外丰富的资源，搭建各种展示活动平台，引导学生积极参与中华优秀传统文化的传承、交流和创新，使剪纸成为传承传统文化的有效载体。

剪纸课程图谱的构建，进一步明确了课程的结构与目标。基础性课程面向全体学生，着重培养学生对剪纸的兴趣，以及剪纸基本素质和基础学力。课程内容见下表：

年级	主题	教学内容	教学目标
一年级	撕剪贴	认识线条和工具、基本技法	激发学生对剪纸艺术的信心与兴趣，学会画剪纸图、剪纸外形设计
	对折剪外形	树叶小草、飞机等	运用对称剪纸的方法剪小亭子；学会画剪纸图，激发学生对中国传统剪纸活动的兴趣
	破剪花纹	房屋家具、建筑、衣服、植物	学习折剪方法，会用剪刀在其边缘剪出空缺，感受剪纸的美以及体验协作成功的快乐
	剪纸欣赏	母子情、好伙伴	欣赏我国民间剪纸艺术，使学生初步了解剪纸的美，并把我国的民间艺术继续发扬光大
	认识单独纹样	柳叶纹、月牙纹、锯齿纹、水滴纹、水波纹	掌握剪纸的方法和步骤，提高操作能力，能运用不同的花纹剪出作品
	剪影	建筑、植物	增强学生对民间剪纸艺术的热爱，培养小学生对剪纸活动的兴趣；引导学生尝试学会对折技能的同时按轮廓线剪纸，保持边缘光滑、不毛糙，学习剪曲直线相结合的作品
	剪纸创作	纹样搭配	掌握剪纸的方法和步骤，提高操作能力，能运用不同的花纹剪出作品
二年级	花边设计	二方连续、动物聚会、鸟	掌握剪纸的方法和步骤，认识花边，了解花边的装饰性及在生活中的作用，并能用剪纸的方法设计表现花边

续表

年级	主题	教学内容	教学目标
二年级	动物纹样	猫头鹰、青蛙、猫、小鼠、小兔、大熊、金鱼、蜻蜓、蝴蝶	掌握对折剪纸的方法，引导学生用不同的环境实物通过剪纸的方式完善动物的生活环境，培养学生的思维能力
	植物纹样	多瓣花、西瓜、白菜、菊花	在学习三瓣花的基础上，用折、剪、累加的方法制作多瓣花，感受剪纸植物带来的美
	立体纸工	圣诞树	学会剪纸的基本折法、剪法，制作立体纸花、圣诞树、铃铛等
	剪纸欣赏	校园生活、十二生肖	唤起并激发学生对民族剪纸艺术的热爱，继承并发扬民族艺术
三年级	团花	四角团花、小杯垫	通过体验、欣赏、总结的方法，引导学生掌握团花剪纸的技法
	单独纹样	如意纹	巩固折纸技能，训练学生双手的灵活性
	人物剪纸	男孩女孩、爸爸妈妈、老人	学习运用剪纸的方法和技能进行人物剪纸，培养学生耐心细致的工作作风和创造精神
	吉祥图案	双喜、宝葫芦、花篮、十二生肖	继承并发扬民族艺术，从小培养学生对民族剪纸的了解和兴趣，增强其民族自豪感，进一步提高其对形式美的认识和感知，以及创造美的能力
	剪纸创作	纹样搭配	掌握剪纸的方法和步骤，提高操作能力，能运用不同的手法剪出窗花
	剪纸欣赏	贴喜字、中国戏曲	唤起学生对民间剪纸艺术的热爱，培养学生继承、发扬民族艺术的情感
四年级	团花设计	三角团花、六角团花	三角、六角团花在折法上稍复杂些，学生在前面四角团花的基础上，学会用自己喜爱的吉祥剪纸符号剪出变化丰富的团花
	吉祥水果	寿桃、苹果、甜柿子	通过折剪吉祥水果，培养学生练习简单的掏剪，学习纹样组合方法，设计稍复杂的自然纹样
	人物设计	我的同桌、我们是双胞胎、大阿世界名塔福、中国娃娃	运用组合设计花纹来设计人物剪纸，可以让学生的剪纸提升一个层次，为以后的剪纸创作做铺垫
	吉祥剪纸	蝙蝠、福禄寿、青花瓷、神仙鱼	在折剪组合设计花纹的基础上，培养学生学习中国传统吉祥纹样，剪出细致精美的花纹
	剪纸创作	套娃、世界名塔	培养学生把中国传统剪纸中的技法运用到世界各地特色生活中进行剪纸创作

续表

年级	主题	教学内容	教学目标
五年级	吉祥纹样	寿字纹、团寿、中国结、方胜纹、祥云纹、如意纹、抓髻娃娃、铜钱纹	体会这些剪纸的寓意，并知道其大多用于民间传统节日、传统宗教和民族饰品等
	生活用品	小提琴、相框	掌握剪纸方法和步骤，能运用不同的手法剪出不一样的窗花等
	吉祥蔬果	白菜、茄子、葡萄、石榴、桃子、柿子、佛手	水果有它们传统的果语，如苹果代表平安，石榴代表多福，桃代表长寿，橘子代表吉利，葡萄代表丰收等，启发学生如何应用，培养其创新思维
	剪纸欣赏	传统节日、蔚县剪纸	从小培养学生对民族剪纸的了解和兴趣，增强其民族自豪感；通过节日文化产生、沿革和发展来展示中华民族社会生活的一个侧面
	剪纸创作	团花、吉祥蔬果	进一步提高对形式美的认识和感知，培养创造美的能力
六年级	剪纸欣赏	认识中外剪纸名家，了解中外剪纸的不同风格及技法	了解中外具有代表性的民间剪纸大师；了解不同地区、不同风格的民间剪纸作品；欣赏不同风格、不同题材的剪纸；了解剪纸的历史及发展；了解剪纸的造型特点及艺术特色
	民族传统纹样	京剧脸谱剪纸花纹设计合理，新颖有创新，利用对折剪纸方法，单剪、阴剪阳剪相结合	培养学生对剪纸艺术的信心与兴趣，能够对剪纸脸谱的外形花纹进行设计与创新；欣赏脸谱创新设计，教师分析运用剪纸符号的方法与技巧；学生根据临摹，运用剪纸符号独立设计完成一张脸谱
	传统吉祥图案	金鸡报晓年年有余鸳鸯戏水剪纸形象变形夸张，花纹设计合理美观，阴剪阳剪相结合	了解民间剪纸吉祥图案的寓意，掌握剪纸的方法和步骤，提高操作能力；能运用不同的手法剪出作品并唤起、激发学生对民族剪纸艺术的热爱；继承并发扬民族艺术，培养对民族剪纸的了解和兴趣，增强学生民族自豪感
	剪纸创作	树上的王国最炫民族风剪纸花纹的设计组合美观，对折徒手剪纸，设计画稿，先画后剪	培养学生热爱生活、热爱大自然的情感；帮助学生进一步把握不同动物人物的形象特征，训练学生的观察力，加强学生的记忆力，丰富学生的想象力；让学生能大胆创新出与众不同的剪纸形象；掌握剪纸的方法和步骤，提高动手操作能力

拓展性课程面向喜爱剪纸文化和其他民间美术形式的学生，着重培养学生对基础课程的横向拓宽、纵向延伸，注重发展学生不同的特殊能

力，为终身学习打基础的发展性学习力。课程内容重点聚焦于传统剪纸的传承。这类在民间占主导地位的传统剪纸，其传统纹样在民俗中大都有一定的讲究和寓意，已然形成一整套独特的形象符号体系。其造型与技艺经一代代传承人的创造与发展，构建起完整且独立的民间美术造型体系。

第一单元：巧手剪国花

牡丹同莲花、菊花、梅花相结合，象征"四季平安"；牡丹同芙蓉花组合象征"富贵长春"；牡丹同寿石、桃花组合表示"长命富贵"等。剪复瓣的牡丹，除用剖视造型方法外，也有用仰视和俯视的方法来表现。小牡丹常与大牡丹相配，其花苞与花蕾剪法上多为单剪，形象虽小，但要剪得有情趣，与大牡丹相呼应。

第二单元：巧手剪植物

树在传统花草中有自己的造型特点。区分树的品种主要表现在树叶上，如松树叶为针状，柳树叶为羽状，苹果树叶为椭圆状等。叶的剪法同花草叶的造型规律一样，形成几种象征符号，如变形为轮状锯齿纹，表示松叶；羽状叶中间稍鼓，表示柳、石榴、桃叶；一叶五叉，表示枫树、葡萄叶。

引导学生观察生活中不同的植物，进行创作。在传统剪纸植物纹样中，竹子和麦穗的纹样较多。竹子是四君子之一，又是岁寒三友之一，常用来赞誉高尚人格，民间也有"竹报平安"的吉语。麦穗、谷穗的"穗"与"岁"字同音，用九穗麦子组成的纹样称"九穗"，寓吉祥兴旺之义。

第三单元：巧手剪吉祥

学习传统剪纸离不开吉祥符号的练习，可使作品更加有底蕴。云头、云勾是天的象征，有耕云播雨、化生万物的文化内涵。云头花适用于边角装饰，用云组成不同的云纹：水磨云、顶头云、翻天云等。剪纸中剪石以祝人长寿，用寿石配以菊、蝴蝶和猫组成的纹饰称"寿居耄耋"；用寿石、牡丹、桃花组成的纹饰称"长命富贵"。

第四单元：巧手剪节气

上述课程中学生已掌握花草、树石的创作和剪刻技法，对于创作二十四节气的主题剪纸具有铺垫作用。带领学生学习了解节气特点，如每个节气在农耕、饮食、景象、服装等方面的情况。学生们通过查阅资料，发挥丰富想象力，运用剪纸独特的语言创作自己心中的节气图，传承祖国文化。

研创性课程面向特长学生，通过学科活动课程化，将剪纸课程与多学科融合，着重在专题性与综合性的展示交流、探究创作过程中培养学生的创新精神、想象力、思维力、审美能力与实践能力。

通过剪纸教育实践，我常感慨：教育的艺术不在传授，而在鼓舞和唤醒。小学生正处在身体和心理发育的初级阶段，剪纸恰恰可以很好地促进学生身心的健康成长，获得愉悦体验，提升审美品位。作为教师，只有不断总结教学中的得与失，才能摸索出适合学生年龄特点的教学方法；只有教学得法，才能有效减轻学生的学习负担，提高课堂学习效率，使每个孩子都能学得轻松，剪得快乐，学有所获。

学校里的"小小艺术家"们曾多次与国内外朋友进行面对面交流，多次参加全国大型剪纸、书画比赛，获多项荣誉，学生们的作品走进中国美术馆、中国人民革命军事博物馆、中华世纪坛、圆明园皇家庙会、炎黄艺术馆、海淀非遗科学城、北京798文化创意产业园、街道社区等，进行展示，以展现剪纸技艺、传承剪纸文化。学校还承办了首届"京津冀非遗成果展""海淀区优秀传统文化课程汇报暨学校成果展"，为全区及兄弟学校美术教师培训提供了宝贵经验。师生们走出国门，开阔眼界，赴希腊、挪威等地参加非遗文化传承交流，让剪纸文化在国际舞台上绽放光彩。

　　剪纸团队在探索中前行，取得了显著成绩。学校荣获了全国中小学中华优秀文化艺术传承学校、北京市中小学艺术教育特色学校、北京市学生金帆书画院、北京市非物质文化遗产培训基地、北京民协小小艺术家协会等多项荣誉。如今，剪纸已成为北医附小最亮的金字招牌，它不仅是一门课程，更是一种文化、一种精神。剪纸文化的传承与发展，让这一"小而美"的传统文化项目在北医附小这片沃土上绽放出更加绚丽的光彩。

第六章　劳动与实践课程，铸就践行力

爱迪生曾说过："世间没有一种具有真正价值的东西，可以不经过艰苦辛勤劳动而能够得到的。"对于中小学生来说，从小教育他们用自己最大的能力来获得幸福，可能是人生最为重要的一课。因此，学校教育应该让学生明白一个基本道理：没有人们的劳动创造就没有劳动幸福，就没有美好生活，更不会有人的自由而全面的发展。学校劳动教育一定要同人的发展、美好生活、自我实现、自我完善等基本元素紧密结合在一起。

一、劳动与实践课程的内容设置

中共中央、国务院出台的《关于全面加强新时代大中小学劳动教育的意见》明确指出："劳动教育是国民教育体系的重要内容，是学生成长的必要途径，具有树德、增智、强体、育美的综合育人价值。"要求中小学"整体优化学校课程设置，将劳动教育纳入中小学国家课程方案"，发挥学校在劳动教育中的主导作用，开齐开足劳动教育课程，促进学生形成正确的世界观、人生观、价值观。

作为校长，我认为劳动教育的实施仅仅依靠劳动技术课堂教学来落实是远远不够的，还需要结合校情进行校本化设计，整体构建劳动教育课程体系，科学设置劳动教育课程内容，努力打造创造性劳动项目。因此，"康+"课程体系特别强调并设计了"劳动与实践"课程，通过层次分明的课程设计，全面培养学生的劳动观念、实践能力和创新精神。三个层次的课程满足了不同年龄段和发展阶段学生的需求。

"康之本"课程作为劳动教育的基石，严格遵循国家规定，确保学生接受到全面而系统的劳动教育，内容包括必修的劳动课程、学科实践活动、综合实践活动以及劳动周活动等，培养学生的劳动意识和基本技能。"康之彩"课程更加注重课程的多样性和实践性，设置了丰富多彩的劳动与实践课程类型，如家校共育课程中的生活自理课、生活美化课，教会学生如何自理生活，培养学生的审美情趣和动手能力。中医文化课程群中的中草药种植、生活养护课、生活创意课，让学生在亲身体验中感受中华传统文化的魅力。非遗传承课程的实施将文化传承与劳动教育紧密结合。志愿服务课程群中的校园志愿服务和社区志愿服务，让学生在服务他人中学会感恩与回馈，培养社会责任感和公民意识。"康之新"课程重视培育学生的研创能力，涉及馆校融合课程、研学实践课程、节日节气课程以及职业探究课程等，引导学生走出校园，拓宽视野，在实践劳动和体验中发现问题、解决问题，培养其创新思维和实践能力。

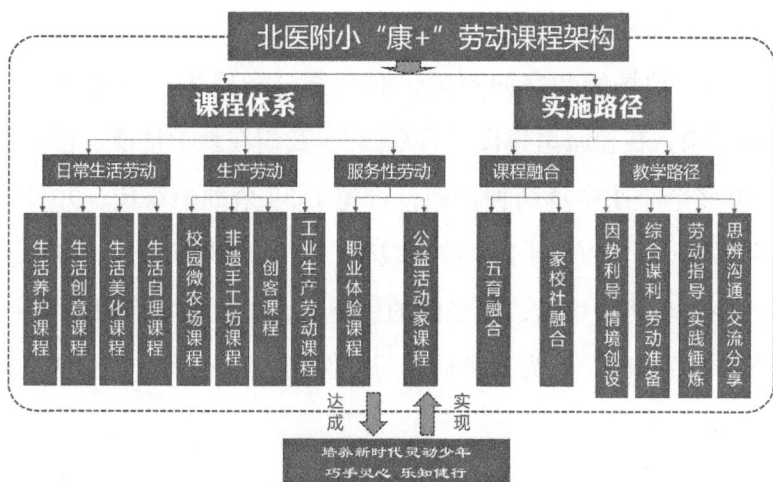

北医附小"康+"劳动与实践课程领域的内容与实施路径

二、劳动与实践课程的实施情况

新时代，劳动课程是实施劳动教育的重要途径，具有鲜明的思想性、突出的社会性和显著的实践性，在劳动教育中发挥主导作用。学校依据劳动课程标准中的三大模块和十个任务群，结合学校实际，整合家校社优质资源，通过多方劳动场域建构、多维劳动课程设置、家校社多元综合育人等实施路径，结合不同学段的劳动主题，聚焦劳动实践中的真实问题，让学生在劳动课程中释放自然天性、体会责任担当、发挥劳动技能、提升生存智慧、增强健康体魄。

（一）多方劳动场域

学校构建了校内、家庭、社会三位一体的劳动育人空间，打破了真实性学习的时空边界，实现了"学习在窗外"，充分建构了广阔的劳动育人的空间格局，将定时劳动与多方参与相结合，让学生参与志愿服务劳动，树立社区小主人、社会小公民的意识。

1. 开发学校每一寸土地

学校的劳动场所和空间有限，必须充分利用每一寸土地，把"田野"搬进校园，在校园里建设"百草园"。我们在教学楼前、校园门前共设置了 40 多个小小中草药种植箱，种植了 30 余种中草药，并有相应的二维码扫码简介，专门用于种植、观察、记录中草药成长。每个班级内还设有小小中草药种植盆，在老师的引导下，学生自主策划、自主实施、自主评价。"百草园"成为孩子们学习中医药文化的学园，也是亲近自然的乐园。

2. 利用家庭每一处空间

日常生活劳动在家庭中无处不在，家庭中的每一处空间均可成为学生劳动实践的场所。卫生间，可以清洗自己的袜子和内衣；厨房中，可以收拾用过的碗筷和盆勺；卧室里，整理收纳自己的衣服和被褥；客厅处，可以为爷爷奶奶倒茶和捶背……家中的阳台更是学生们种植体验的"小田园"。学校发放的薄荷、凤仙花都在学生家的阳台中生长过、绽放过，学生们在进行种植、观察、记录和管理的同时，养成了做事细心和持之以恒的好习惯，在实践活动中体会到了动手参与的快乐。

3. 延展社会每一方沃土

学校以"打开边界，融通未来"的思路，打通近郊周边的生态园区、绿植基地，带领学生去工厂、政府大院、大学、医院参观学习，引导他们对不同职业进行体验和探究，感受劳动的辛苦与劳动的价值和意义。还指导学生通过服务社区，做力所能及的服务性劳动，如作为文明小使者，向社区居民宣传垃圾分类知识；走进敬老院慰问老人，送上薄荷茶，带去欢声笑语。学生们在服务他人、奉献社会的同时，升华了对劳动的认知和情感。

（二）多维劳动课程

构建基础性、实践性、开放性、发展性的劳动与实践课程，对贯彻落实党中央和国务院劳动教育文件精神具有重要意义。学校在劳动教育实施过程中，构建了多维立体劳动课程，鼓励学生通过辛勤劳动、诚实劳动和创造性劳动，在实践中学习，在担当中历练，在尽责中成长，强化使命担当，增强社会责任感和历史使命感。

1. 普及劳动课程，夯实劳动教育基础性

学校以日常生活劳动、生产劳动、服务性劳动三大板块构建"康＋"

劳动教育课程体系，夯实人人都有劳动责任，事事都有劳动权利，处处都有劳动义务的普及教育。日常生活劳动包括生活自理课程、生活美化课程、生活创意课程、生活养护课程；生产劳动包括中草药种植课程、手工坊课程、创客课程、工业生产劳动课程；服务性劳动包括公益活动家课程等。

劳动课程采取"三环节"实施步骤：劳动前激励——学习了解相关劳动知识、树立服务意识，培养学生的责任感；劳动中实践——践行劳动过程，培养学生的行动力、意志力；劳动后分享——回顾劳动过程，分享劳动感受，明确劳动价值，强化劳动创造幸福生活的深刻意义。

学校劳动课程的每个板块，按年段特点设计劳动教育内容各有侧重点，各年段内容交互渗透、逐级提升。一、二年级主要以劳动培养习惯，以劳动培育理想。让学生在劳动中学会尊重劳动者，拥有积极的理想信念，对未来充满期待。例如，生活自理课程，孩子们从学会整理自己的学习用品开始，逐步延伸到学校生活和家庭生活，从而逐步养成"勤整理""会整理""善整理"的生活小技能，养成"劳动从我做起，劳动从小事做起"的社会自觉性，懂得应该尊重别人的劳动，珍惜每个人的劳动成果。对于三、四年级的学生主要以劳动发展本领，以劳动作为荣耀。关注学生综合实践能力的培养，通过不断学习胜任劳动任务，基本上做到自己的事情自己做，家庭的事情主动做，集体的事情积极做。五、六年级主要以劳动创新思维，以劳动历练担当。学生在劳动过程中感受创新、设计、制作是劳动的主旋律，学会与环境相处、与他人相处、与自己相处，明白任何成果都来之不易，增强社会责任感和历史使命感。

北医附小劳动教育实施内容

劳动类别	劳动内容	能力指向	情感、态度价值观	重点实施年级	评价体系
日常生活劳动	个人物品整理、清洗	提高生活自理能力	树立自己的事情自己做的意识	一、二年级	北医附小（自主管理手账）
	家庭清洁				
	垃圾分类				
	家居清洁	学会1—2项生活技能	增强生活自理能力、勤俭节约意识和家庭责任感	三至六年级	
	家务整理				
	制作简单的家常菜				
生产劳动	进行简单手工制作	初步的手工制作和生产技能	懂得关爱生命、热爱自然	一、二年级	小种子闯关
	照顾身边的动植物				
	初步体验种植、养殖	体验简单的生产劳动能力	学会与他人合作劳动，懂得生活用品、食品来之不易，珍惜劳动成果	三至六年级	
	初步体验手工制作				
服务性劳动	班级集体劳动	基本校园服务性劳动能力	增强集体荣誉感	一、二年级	志愿者服务徽章
	教室内外环境卫生				
	校园卫生保洁、垃圾分类、绿化美化等	公共服务意识等能力提升	增强公共服务意识	三至六年级	
	适当参加社区环保、公共卫生等公益活动				
	家校社协同下的劳动服务				
学校特色主题劳动体验活动	中医药劳动实践活动、中华传统（非遗）制作、二十四节气中的劳动实践活动、校园农场（班级种植箱/空中农场）、春种秋收、校外劳动实践基地体验系列活动等				

2. 项目式劳动主题，凸显劳动教育实践性

新课标提出，根据学生经验基础和发展需要，以劳动项目为载体，以劳动任务群为基本单元，以学生经历体验劳动过程为基本要求，学段进阶安排、有所侧重安排课程结构，因此，学校的劳动教学内容基于各

项劳动任务，采用项目化学习方式开展。

以"校园微农场"这个大主题项目为例，学校设计开发了种植管理、收获处理、土壤调理、环境维护、农产品文创五个子课题，培养学生用多种手段与途径来获取、整理、分析和处理信息的能力，不同学科的教师都要参与联动。如在"种植管理"项目中，劳动教师在课上带领学生了解薄荷移栽知识，学习使用工具移栽薄荷。在移栽过程中，提升动手、探究和观察能力；科学老师带领学生根据薄荷的生长特点和观察记录方法，设计个性化《薄荷生长观察日记》记录自己的劳动过程；美术教师指导学生绘制薄荷；信息老师从摄影和视频等现代教学技术方面教给学生记录方法；劳动教师在养护薄荷的劳动过程中，引导学生通过多学科、多角度感受生命成长的神奇，养成持之以恒的劳动品质；道德与法治教师组织学生展示分享种植薄荷的成果，在家里为家长制作薄荷茶，尽一份孝心。学校还组织孩子们到敬老院慰问老人，为老人献上自己亲手制作的薄荷茶，感受劳动给自己和他人带来的喜悦与幸福。在项目实施过程中，将劳动教育、生命教育、学科教学和非遗文化传承相结合，实现了学科整合和学生综合素质提升的目标。

案例1：中草药种植学习任务

学段 劳动项目	低学段	中学段	高学段
学习目标	通过实践、观察、讲解等方式，掌握中草药种植管理的基本技能，提高动手能力和实践能力	通过实践、观察、讲解等方式，掌握中草药种植管理的进阶技能，提高动手能力和实践能力；了解中草药的生长规律，培养观察力和分析能力	通过实践、观察、讲解等方式，掌握中草药种植管理的高级技能，提高他们的动手能力和实践能力；了解中草药的产业链和市场环境，培养创新思维和创业能力

续表

学段 劳动项目	低学段	中学段	高学段
种植管理	①学习如何选择适宜的种植环境，如阳光、温度、湿度等 ②学习如何播种中草药，如何浇水，如何施肥 ③学习如何除草、除虫和防止病害 ④学习如何调节土壤的酸碱度和营养成分，保持土壤的适宜性 ⑤学习如何认识和保护有益的昆虫和动物，以及如何在不破坏生态环境的前提下进行中草药种植管理	①学习如何进行中草药的嫁接和扦插 ②学习如何进行中草药的疏苗和定植，如何对中草药进行定期修剪和整形 ③学习如何进行中草药的营养管理，如何进行中草药的有机肥料施用和营养液配制等 ④学习如何进行中草药的生长监测，如何测量中草药的生长速率和高度等 ⑤学习如何进行中草药的收割和储存，如何分辨不同部位的中草药，如何保存中草药的干燥度和质量等	①学习如何进行中草药的病虫害防治，如何使用生物防治和化学防治等 ②学习如何进行中草药的植株修剪和整形，如何进行中草药的营养管理 ③学习如何进行中草药的生长监测，如何测量中草药的生长速率和高度等 ④学习如何进行中草药的收割和储存，如何分辨不同部位的中草药，如何保存中草药的干燥度和质量等
收获处理	①学习如何判断中草药的成熟度和收获时间 ②学习如何采摘中草药，如何处理中草药的叶、花、果等不同部位 ③学习如何对中草药进行晾晒、烘干、蒸制等初步处理	①学习如何进行中草药的初步加工，如何研磨、切片、切碎等 ②学习如何进行中草药的提取和制剂，如何进行水提、醇提、乙醚提等过程，如何制作中药丸、中药粉、中药汤等 ③学习如何进行中草药的质量检验，如何判断中草药的质量和纯度等	①学习如何进行中草药的初步加工，如何研磨、切片、切碎等 ②学习如何进行中草药的提取和制剂，如何进行水提、醇提、乙醚提等过程，如何制作中药丸、中药粉、中药汤等 ③学习如何进行中草药的质量检验，如何判断中草药的质量和纯度等
土壤调理	①学习如何测定土壤的酸碱度和营养成分，了解土壤的性质 ②学习如何进行中草药的土壤改良，如何添加有机肥料等 ③学习如何进行中草药的灌溉和排水	①学习如何进行中草药的耕作和翻耕，如何保持土壤的松软度和透气性 ②学习如何进行中草药的有机肥料施用和营养液配制，如何测定土壤的酸碱度和营养成分 ③学习如何进行中草药的土壤改良和保护，如何添加有机肥料、保持土壤湿度等	①学习如何进行中草药的耕作和翻耕，如何保持土壤的松软度和透气性 ②学习如何进行中草药的有机肥料施用和营养液配制，如何测定土壤的酸碱度和营养成分 ③学习如何进行中草药的土壤改良和保护，如何添加有机肥料、保持土壤湿度等
环境维护	①学习如何维护种植环境的卫生和整洁 ②学习如何进行中草药的病虫害防治，如何使用生物防治和化学防治等 ③学习如何进行中草药的气候调控，如何调节温度、湿度等环境因素	①学习如何进行中草药的病虫害防治，如何使用生物防治和化学防治等 ②学习如何进行中草药的气候调控，如何调节温度、湿度等环境因素 ③学习如何进行中草药的生态保护，如何认识和保护有益的昆虫和动物	①学习如何进行中草药的气候调控，如何调节温度、湿度等环境因素 ②学习如何进行中草药的生态保护，如何认识和保护有益的昆虫和动物 ③学习如何进行中草药的有害物质排放控制，如何认识和控制中草药的有害物质排放等

续表

学段 劳动项目	低学段	中学段	高学段
中草药 文创	①学习中草药的基本概念和种类 ②学习中草药的文化价值和应用价值 ③发挥想象力和创造力，设计中草药文创作品，如植物贴画、绘画等	①学习中草药的历史和文化价值，如何进行中草药的文化研究和传承 ②学习中草药的药用价值和应用价值，如何进行中草药的功效研究和应用 ③学习如何进行中草药的文创设计和制作，如中草药茶、中草药香囊、中草药故事书等创作	①学习中草药的历史和文化价值，如何进行中草药的文化研究和传承 ②学习中草药的药用价值和应用价值，如何进行中草药的功效研究和应用 ③学习如何进行中草药的文创设计和制作，如中草药健身器具（中草药球、跳绳、哑铃等）、中草药糕点、科普漫画等创作

案例2：中草药养护记录表（中高年级）

班级：_____

药材名称			栽培时间			栽培方法		
草药图样								
生长变化观察计划	日期	记录人	天气情况	药材高度（厘米）除草	生长情况施肥	养护情况（请打√）		
						浇水	除虫	
	第一周　月　日							
	第二周　月　日							
	第三周　月　日							
	第四周　月　日							
	第五周　月　日							
	第六周　月　日							
	第七周　月　日							
	第八周　月　日							
性味	四性	□寒□凉□热□微寒（平）						
	五味	□辛□酸□甘□苦□咸						
归经	□胃经□脾经□心经□胆经□膀胱经□三焦经 □肾经□肺经□肝经□小肠经□心包经□大肠经							
功效与作用	□清热药□安神药□收涩药□解表药□化痰止咳□活血化瘀药□利水渗湿药 □补虚药□止血药□平喘药□泻下药□祛风湿药□平肝息风药□其他							
主治								

3. 激励性劳动活动，落实劳动教育开放性

每学期，学校开展劳动教育必修课及劳动周评比活动，针对不同学段学生开展"美好生活""快乐劳作""爱心公益"三大课程、六大板块的实践与评比，激发学生的劳动热情，评比结果纳入学生综合素质评价体系。

学校将劳动教育与行为习惯评比、少先队争章活动相结合，开展班级、年级、校级"热爱劳动美德少年"争章活动，增强学生劳动的荣誉感、自豪感和仪式感，让"劳动最光荣"的理念深入人心。少先队大队定期组织开展"云端厨艺秀""争当家务劳动小能手"、文化小传人、劳动小达人、"热心劳动勤锻炼"等实践活动，学生的劳动素养、热爱劳动的品质均有了大幅度提升。

学校注重培养学生的创新思维，为学生提供开放性展示的机会，开设了多种主题活动，比如：我是环保小卫士、我是生活小能手、我是校园保护者、我是小厨神等。在主题活动中，学生们自主探索、自主实践，提高了学生们的动手动脑能力。

实施年级	北医附小少先队大队开展劳动教育评比（特色章争章）					
	美好生活			快乐劳作		爱心公益
	生活整理	生活技能	生活创意	开心田园	巧手工匠	
一、二年级	削铅笔、整理书桌、书包、扫地、擦地、系红领巾	摆碗筷、择菜、剥蒜、拌凉菜	水果拼盘、种子贴画	水培植物（蒜苗、水仙、豆芽）	包书皮	1.公益劳动宣传（公益手抄报、海报、宣传标语）2.爱心义卖 3.红领巾志愿者 4.社区服务 5.社会公益活动
三、四年级	系鞋带、洗袜子、剪指甲、叠被子、整理玩具	削果皮、和面、洗桌套	旧物改造、创意小物件	种植蘑菇、养蚕	修补图书、维修常用文具	
五、六年级	整理房间、手洗衣物、擦玻璃	包饺子、包包子、简单缝补衣物	变废为宝、创意发明	种植园	模型制作	

4. "劳动＋"课程实践，探寻劳动教育发展性

学校开展"劳动＋非遗文化"课程，即劳动与非遗文化相结合的体

验课程，目前比较成熟的课程包括"探寻非遗文化，探索中药奥秘""闻药香识药材，赏标本巧作画"等；邀请中医药研究方面的家长为孩子们讲授有趣的医学知识；开展"我是小中医""巧手制作山楂丸""如何制作中草药香囊、中草药手工皂"等实践课程，科学制定教学内容和形式，丰富课程体系。通过"玩中学""学中做"，激发学生对中医药文化的热爱和综合实践能力。

学校开设了非遗等传统文化社团 10 余个，学生 600 余名。学生自主选课、自主建设，学校精心筛选出陶艺、毛根、扇面、面人、脸谱、面塑、衍纸等非遗项目作为学校特色劳动社团课程。为有效推进劳动课程实施，组织学生走进稻香湖非遗科学城体验课程；走进社区、敬老院、兄弟学校进行文化交流，力求使非遗文化所包含的传统劳动美德、巧艺匠心能够入脑入心，在学生心中播撒下"爱劳动、传美德、护非遗"的种子。

穿越时空足迹，传承历史文脉
——博物馆主题综合实践活动

金秋十月，北医附小开展以博物馆课程为主题的综合实践活动。全体师生走进非遗科学城、大运河博物馆和无相艺术空间数字科技馆，穿梭于古今之间，探索自然科学的奥秘，感受历史文化的厚重。

非遗科学城：感受非遗技艺，弘扬传统文化

为了传承民族传统文化、弘扬非遗文化，北医附小一、二年级的师生走进非遗科学城，全方位探究非遗技艺，传承工匠精神。

在场馆工作人员的带领下，孩子们进行了一场穿越千年的文化漫游，绚丽多彩的脸谱，造型生动的面塑，小巧精致的风筝，炯炯有神的兔爷，一个个精美的非遗作品从同学手中绘制而成。

大运河博物馆：开启时光之门，领略运河底蕴

三、四年级的师生打破了课堂的界限，走进大运河森林公园和

博物馆，感悟秋日北京的美景，欣赏大运河博物馆的精美展品。同学们惊叹于古代劳动人民的非凡智慧，深刻体会了中华文化的博大精深。

步入运河文化展厅，一幅幅生动的画卷，展示了大运河的历史变迁。展柜中古老的船模精致无比，让人仿佛看到昔日大运河上船只往来穿梭的繁荣景象。同学们认真聆听讲解员的介绍，对大运河的历史意义有了更深刻的认识，了解到大运河不仅是一条交通要道，更是文化交流的重要纽带，促进了不同地区的经济发展和文化融合。

无相艺术空间数字科技馆：翱翔光影空间，感受科技魅力

五、六年级的同学们走进无相艺术空间数字科技馆，体验了一场艺术、科技盛宴。

在这个五彩斑斓的世界里，同学们在梦幻泡影里穿越时空，走过迷宫去探索未知，感受谜之光影梦幻之美，在水晶宇宙里感受纯净透明的变幻莫测，在运动森林里欢快跳跃……当光影交错，数字与色彩交织，艺术的边界被无限拓宽，孩子们的想象力也随之翱翔。

博物馆课程涵盖了历史、文化、艺术、科学等多个领域的知识，拓宽学生视野，形成更加全面、综合的思维方式。让我们走向大自然、走进博物馆，在体验与感悟中博古通今、创造未来。

（来源：学校公众号）

近期，一批"太空种子"也住进了学生们的家中，他们从科学老师手中得到珍贵的太空种子，在校学习了解相关知识，在家与家长一起进行培育，单一的体力劳动变为了具有思维含量的创造性劳动，提升劳动创新意识和创新精神，也在劳动中深刻领悟到劳动最光荣、劳动最伟大的真正含义。

（三）多元协同育人

在劳动教育中，三位一体融合指的是学校、社会和家庭三个方面共同参与劳动教育，形成互动、协同育人格局。通过三方共同努力，使劳动教育更加全面、深入、有效，促进学校、社会和家庭之间的交流与合作，实现资源共享，提高劳动教育的质量和水平。

1. 提升"校内教师"的劳动教育能力

数学学科倡导学科实践、课程综合，与劳动学科不谋而合，为未来跨学科主题活动提供了有力的人员支撑。不足一年的教学实践中，学校老师们已经形成一种共识：随处发现劳动的可能，各学科发现劳动的踪影——老师们的课程意识从劳动学科生发，又融合到其他学科，无形中引发了老师们课程观的建立。到目前为止，老师们基于课程开展的课题、项目已经不下 20 项，促进了学校课程发展、学生学习、教学模式多方面新面貌的出现。除校内教师"练内功"外，学校还借助周边大学、科研院所、医院等优质资源，为教师提供场外教研指导、学科提升、资源拓展，为学校劳动学科教师队伍不断注入活水。

2. 挖掘"家长导师"的潜能

在家中，家长通过身体力行的示范、耐心细致的指导、合作探究的启迪，成为孩子参与劳动的专属导师。比如在共同种植"太空种子"时，与孩子共同查阅资料，讲解种植要点，指导撰写研究报告等，在陪伴劳动中，成为孩子的导师，更是孩子的益友。在学校，邀请在工作岗位上成为劳动模范的家长到校做宣讲，讲述本职劳动特点，讲述劳动意义所在，让孩子们从家长身上看到值得崇尚的工匠精神，产生敬佩和向往之情。

3. 发挥"社会专家"的才能

北医附小缘于一个"医"字，比邻北医三院、北大六院，具有身心两方面的医院资源支持；有北京城市学院中草药专家团队和中医药大学特聘教授的高校资源支持；有非遗传承人将中医药文化带进课堂，教授学生技能，传承文化。专家教授定期给团队教师进行中医药知识培训，择期给孩子们教授中医药文化劳动特色课程，在课堂上更直观地呈现中医药文化内容。

作为北京市教育规划重点项目研究基地校，学校与北京林业大学专家教师共同研究，注重通过自然接触和自然教育来促进学生身心健康和亲环境行为的培养。学生在活动中动手种植、绘画，释放自然天性、体会责任担当、提升生存智慧、增强自信心和抗挫能力。有了城市学院、中医药大学、北大医学部、林业大学等专家团队和高校教师资源的支持，开阔了学生的视野，让他们更加热爱劳动、崇尚劳动。

为此，全社会要大力弘扬劳模精神、劳动精神，引导广大人民群众树立辛勤劳动、诚实劳动、创造性劳动的理念，加强对广大青少年的教育，使劳动最光荣、劳动最崇高、劳动最伟大、劳动最美丽的观念在校园中蔚然成风。

第四篇
未来展望 擘画新质发展蓝图

　　随着教育改革的持续深化，学校的高质量发展已成为时代赋予的使命。学校必须紧紧把握时代脉搏，立足当下，优化教育资源配置，全面提升教育质量；坚持以"康+"教育理念为引领，精心擘画学校新质发展的宏伟蓝图；明确发展目标，制定长远规划，确保学校发展与时代发展同频共振；注重课程建设，创新教育教学方式，精准施策，推动教育教学改革的深化；加强师资队伍建设，提升教师专业素养，努力打造一支高水平、高素质的教师队伍。未来，学校将继续秉承"康+"教育理念，不断探索实践，为教育教学高质量发展贡献力量。

第一章　立足当下，挑战与机遇并存

风好正是扬帆时，奋楫逐浪向未来。多年来，学校坚持社会主义办学方向，遵循教育规律，始终把立德树人作为根本任务，坚持五育并举、融合育人，把培养德智体美劳全面发展的社会主义建设者和接班人作为奋斗目标，积极开展基础教育课程改革，提升学校办学品质，促进学校健康、和谐、可持续发展。未来，学校将继续秉持"康＋"理念，坚持完善更加适合学校发展需要的课程体系，与时代并进，引领学生前行。

一、问题与挑战

在北京市教委与海淀区教委各级领导的深切关怀与鼎力支持下，全校师生齐心协力，共同奋斗，学校"康＋"课程建设在实践中得以不断完善。学校的育人规模持续扩大，办学实力显著增强，确立了自身在区域内的竞争优势，塑造了鲜明的品牌影响力。然而，面对新时代教育发展的澎湃浪潮，我深知学校所处的环境正经历着前所未有的变革，唯有清晰地洞察并审视当前面临的问题与挑战，方能精准把握学校的发展方向，充分利用自身优势，不断查漏补缺，实现质的超越。

（一）学校特色课程研究的质量亟须提高

在我国的课程建设体系下，学校特色课程是一块留给学校自主开发的"自留地"。[①] 目前，学校"康+"文化体系建设已初步完善，这一理念贯穿学校的教育教学、管理服务、课程建设等各个方面，构建了一套相对完善的、富有实践生命力的"康+"课程体系。然而，随着教育改革的深入和新时代教育需求的变化，我也深刻感受到，在课程开发意识、理念、思路及特色课程研究等方面，学校还需要不断更新和深化，更精准地对标核心素养，真正行走在课程建设的长征路上。

学校特色课程是形成学校课程品牌的基础，追求的是"人无我有、人有我优"，立足的是学校自身的现实资源、能力和追求。我也清楚地知道，学校目前的"康+"课程体系还不能真正满足每一位师生的需求，但"康+"课程体系的建立，为学校下一步开发适应学生需要的更多、更好的课程打下了基础，能使学校在未来的实践"站"，在已有课程建设的基础上，不断提高课程质量。

在管理文化和制度文化方面，学校需要进一步完善和修订相关规章制度，确保各项制度能够真正落到实处，发挥实效。同时，学校还应加强标识系统的规范应用，使"康+"文化理念内化于心、固化于制、外化于行。在特色建设方面，学校要在补充、丰富和完善现有的"康+"课程体系的基础上，凸显学校育人特色，使学校定位和品牌效应更加鲜明。加强课程内容的整合和优化，推动跨学科课程的开发与实施；注重课程与生活的联系，加强实践性课程的建设，让学生在实践中学习和成长。

---

① 王立宽，胡玉平，张翼. 构建适合学生核心素养发展的校本课程体系——以唐山市小学校本课程开发为例 [J]. 课程·教材·教法，2016，36（07）：108-115.

（二）教师教学创新能力和科研水平有待提升

目前，学校教师队伍的整体素质较高，高水平师资队伍为学生成长提供了基本保障。然而，面对新时代的教育需求，教师队伍的创新能力与科研水平仍有待提升。目前，学校教师队伍数量足够，但顶尖人才较少，缺乏能够在省市乃至全国范围内产生重大影响的教学名师。在各类教学竞赛和评选中，学校获奖的高层次教师数量有限，市级学科带头人、骨干教师等称号的获得者也相对稀缺。

为打造一支素质高、业务精、梯队分明的教师队伍，学校亟须加强"名师工程"建设。通过制定一系列实效性强的策略和措施，如设立专项基金支持教师参加高级研修班、学术论坛等，鼓励教师积极参与课题研究，提升科研能力。同时，建立教师成长档案，对教师成长轨迹进行跟踪和评估，为每位教师量身定制成长计划。此外，学校还应加强教师间的交流与合作，通过教学观摩、教学研讨等活动，促进教师之间的经验分享和相互学习，形成积极向上的教学氛围。

在教学方式的转变上，学校也面临着一定的挑战。虽然教师们普遍具有较强的教科研意识，但范围多限于学科骨干教师，部分教师缺乏开展教科研的内部动力。为此，学校需要加大对教师教科研活动的支持力度，建立更加完善的激励机制，鼓励更多教师参与到教科研活动中来。学校还应加强校本研究的力度，推动项目研究、小课题研究等活动的深入开展，为科研兴教提供有力支撑。学校的教科研意识较强，参与度较高，但范围多限于学科骨干教师，部分教师缺乏开展教科研的内部动力。在教学方式的转变上，立足校本研究的力度不够，项目研究、小课题研究欠缺，制约着科研兴教的步伐。

（三）新时代学生多样化的发展需求亟待满足

随着社会的快速发展和教育的不断进步，学生的需求也日益多样化。扎实的基础知识是学生发展的基础，而兴趣特长、社会实践、国际交流等得到全面发展才是幸福成长的关键。当前，如何落实"核心素养"的培育，是学校课程建设必须考虑的首要问题。课程建设是一所学校内涵实力的体现，是长期性、全员性的系统化工程。为了满足学生的多样化需求，学校需要进一步完善课程体系和课程设置。在课程建设上，要加强选修课程的开发和管理，为学生提供更多样化的课程选择。

生活即教育，社会即学校。加强社会实践和志愿服务等活动的组织和管理，重视学生的亲身参与和体验，坚持手脑并重、学思结合，让学生在"做中学"，真正"活"起来、"动"起来，在实践中锻炼自己的能力和素质。随着学习压力和社会竞争的加剧，学生的心理健康问题日益凸显。北医附小作为心理教育特色校，我们还要继续深入推进学生的心理健康教育，建立更加完善的、富有北医附小特色的心理健康教育体系，为学生提供专业的心理咨询和辅导服务，加强家校合作，为学生的健康成长提供有力保障。

二、机遇与发展

任何一所学校的发展都不乏挑战和困境，但我坚信，机遇总会青睐有准备的学校。北医附小位于首都，又地处全国教育高地的海淀区，区域教育资源丰富，为学校发展提供了坚实的基础。近年来，学校"康+"文化品牌已初露锋芒，教育质量也得到了家长的认可。面向未来，学校必须以更加开阔的视野和前瞻性的思维紧抓时代赋予的每一个机遇，依托现有优势资源，优化教育资源配置，深化教育教学改革，探索"康+"

文化品牌的深度内涵与深化应用，进一步推动学校高质量发展。

（一）利用首都定位资源奠定课程发展基础

在首都"四个中心"的战略定位下，我亲眼见证并参与了北京市教育事业前所未有的发展机遇期。学校积极响应国家号召，深入学习和贯彻落实教育大会精神，深刻领会到教育在首都城市发展中的核心地位，积极响应并推进北京市教育现代化建设的三大战略转变。

教育质量是学校始终不变的追求和坚守。教育的根本在于质量，而质量的提升离不开教育资源的优化配置、课堂教学质量的持续精进、素质教育的全面加强以及现代育人模式的积极探索。通过一系列扎实有效的举措，学校已实现了教育规模、结构、质量和效益的和谐统一，教育成果斐然。在这个过程中，学校要勇于自我革新，不断减少"跟跑"项目，增加"并跑"和"领跑"项目，以更加昂扬的姿态，推动学校高质量发展迈向新台阶。教育的未来在于创新，创新的源泉来自开放与合作。我们要积极融入首都教育的大格局，与各类优质教育资源开展深度合作，共同探索教育创新的新模式、新路径。为此，我们需要加强与政府、高校等机构的合作，不断拓展教育边界，丰富教育内容，提升教育品质。我坚信，只有开放包容，才能汇聚八方智慧；只有合作共赢，才能为建成理念先进、体系完备、质量优良、环境优越、保障有力的首都教育贡献力量。

（二）区位资源环境为学校品牌建设提供机会

海淀区作为北京市的教育强区，具有体量大、质量高、门类全、样态多、影响广的特点。学校依托海淀教育的品牌优势，充分利用区域经济的良好环境和丰富的教育资源。在教育实践中，学校积极响应国家"五育并举"的号召，将德育、智育、体育、美育和劳动教育紧密融合，形成了独具特色的教育管理体系、"康+"文化体系、"康+"课程体系等。

从区位环境来看，学校毗邻北京大学基础医学院等顶尖学府和科研机构，优质的教育资源为学校开展心理健康教育特色建设研究提供了得天独厚的条件。可以说，心理健康是学生健康成长的基础，因此，学校积极与北京大学医学部等机构开展深度合作，共同探索心理健康教育的创新模式。通过专家讲座、心理咨询和辅导等多种形式，为学生提供更加专业、全面的心理健康教育服务。同时，学校还充分利用区域经济的优势，加强与企业的合作，共同开发特色课程和实践项目，丰富学生的学习内容，为学生提供宝贵的实践机会和就业渠道。与企业紧密合作，让学生能提前接触社会、了解行业，培养他们的创新思维和实践能力，为学生未来的职业生涯提供帮助。

（三）学校文化品牌特色效应和向心力增强

"康+"文化是学校文化的核心和灵魂，体现了学校对于健康、全面、自主发展的追求。通过创新与发展特色建设，学校逐渐形成了鲜明的"康+"文化特色。

在传统文化方面，学校坚持传承和弘扬中华优秀传统文化，开设了丰富多彩的传统文化类社团课程，如书法、国画、剪纸等。通过"五注重"的实施策略，学校让中华优秀传统文化基因深深植根于学生心中。同时，学校还通过举办成果展、接待外国考察团、承办研讨交流会、帮助拉手学校办书画展等方式，将优秀传统文化辐射到更广泛的领域。

在心理健康教育方面，学校坚持"心育"模式，注重学生的心理健康发展，通过开设心理课、心理团体辅导、个体辅导等方式，为学生提供全方位的心理健康教育服务。学校还构建了心理微课堂平台，定期开放"心语屋""家长热线"等，帮助学生和家长了解心理健康知识，提升心理自主理念和能力。

在艺术方面，学校以剪纸和京剧为特色项目，通过开设相关课程和实践活动，让学生深入了解和体验传统文化的魅力。学校的剪纸作品多次在全国大型剪纸比赛中获得嘉奖，京剧社团也多次在全国性比赛中获得优异成绩。剪纸和京剧社团不仅丰富了学生的课余生活，也提升了学校的知名度和影响力。

在体育方面，学校以排球为传统项目，通过加强训练和比赛，培养了一批批优秀的排球运动员。近年来，学校的排球项目在全国、北京市及海淀区各类比赛中获得优异成绩，上百人次获得奖项，2019年学校被北京市体育局授予北京市"三大球"排球重点示范校称号。排球的兴起推动了学校体育教育的整体发展，学校还被评为"北京市足球特色校"。

在品牌建设方面，学校通过系统设计视觉识别系统（VIS）和创意设计校园文化产品等方式，提升了学校的品牌形象和知名度。同时，学校还积极加强与社会各界的联系和合作，以学校吉祥物、特色文化元素为载体，推出简约灵动、实用美观的文创产品，使得学校的品牌效应显著增强，直观、生动、鲜明地体现出北医附小的文化内涵与品牌特色，为学校的未来发展奠定了坚实基础。

"康+"课程体系的构建是学校"康+"文化特色的集中体现，它紧紧围绕"五育并举"的育人目标，以学生发展的"六力"素养为核心，通过基础性、拓展性和研创性三层级课程，共同培养学生的综合素质和能力。可以说，学校"康+"课程体系的构建、迭代与实施，是学校教育创新不断探索和实践的精华。

第二章　面向未来，战略与战术同行

站在新时代的潮头，面对未来教育领域的种种挑战与前所未有的机遇，引领学校走向高质量发展之路，我们既要有"不畏浮云遮望眼"的战略眼光，更需具备"绝知此事要躬行"的战术执行力，方能在教育改革的汹涌浪潮中乘风破浪，稳健前行。学校的每一步发展需要精心布局，长远规划，以前瞻性的思维为学校的发展绘制出清晰的路线图。战略只是起点，真正的挑战在于如何将这份蓝图转化为现实的每一步脚印，力求学校的每一项决策都能精准落地，每一项改革都能深入人心、行之有效。

一、明确学校特色，制定发展规划

特色，是一所学校的灵魂，赋予其独特的生命活力。每所学校应基于其深厚的历史积淀、丰富的地域文化、得天独厚的教育资源等独特优势，精心提炼并培育出鲜明的教育特色，将其发展成为学校发展的核心竞争力。特色教育不仅是学校的一张名片，更是学校内涵发展的深刻体现。学校必须立足现实，着眼未来，制定长远而具体的发展规划，这包括但不限于教学目标的精准设定、课程体系的科学构建、校园文化的精心营造以及硬件设施的全面升级。在制定发展规划时，既要注重其可操作性，确保每一项措施都能落地生根，开花结果；又要具备前瞻性，紧跟时代步伐，预见未来趋势，为学校的可持续发展预留足够的空间。

坚持以人民为中心，扎根中国大地办教育是中国特色社会主义教育发展道路的核心要义。学校发展规划必须深深扎根于中国的教育土壤，又要具有国际化的视野，吸收世界先进的教育理念和方法，为培养具有全球竞争力的未来人才奠定坚实基础。同时，我们注重校园文化是学校特色的精神内核，如同一股无形的力量，引领着学校的发展方向，激励着师生不断追求卓越。因此，我们必须精心打造校园文化，让特色教育渗透到学校的每一个角落，融入到每一位师生的心中，成为学校可持续发展的不竭动力。

特色是学校发展的灵魂，是我们必须坚守的核心竞争力。在未来的日子里，我将带领全校师生，以更加坚定的步伐，更加务实的作风，共同书写学校特色发展的新篇章，为培养德智体美劳全面发展的社会主义建设者和接班人而不懈奋斗。

二、优化课程设置，创新教育教学

课程，是学校教育教学的核心载体，其质量的高低直接关乎每一位学生的成长轨迹与成才之路。站在新时代的门槛上，优化课程设置、创新教学模式，是学校提升教育质量、培养未来人才的必由之路。未来，我们将秉持"以学生为中心"的教育理念，进一步优化课程设置，打破传统学科的壁垒，引入跨学科整合课程。"教育的首要目标永远是独立思考和判断，而非特定的知识。"跨学科整合课程，可激发学生的创造力，让他们在知识的海洋中自由遨游，探索未知的世界。

《中国教育现代化2035》强调，充分利用现代信息技术，促进教育内容、教学组织方式和教学方法现代化。将信息技术融入教育的每一个环节，让教育更加智慧、更加高效。一方面，充分利用信息技术的力量，如人工智能、大数据分析等前沿技术，为学生量身定制个性化学习路径，精准捕捉学生的学习需求，实现因材施教，更能激发学生的学习兴趣，让他们在最适合自己的节奏下成长。

教育教学方式的创新，还体现在教学方法的多样化上。学校鼓励教师勇于尝试情境教学、翻转课堂、合作学习等教学模式，让课堂成为学生探索知识、展现自我的舞台，激发学生的学习兴趣和主动性，培养学生的团队协作能力、沟通能力和解决问题的能力。我相信，通过多样化的教学方法，能够点燃学生内心的学习热情，让他们在探索与实践中绽放光彩。

三、强化师资队伍，优化教师结构

教师，是推动学校蓬勃发展的中坚力量，是教育质量提升的决定性要素。强化师资队伍，提升教师专业素养与教学能力，是学校教育教学面向未来、赢得未来的关键所在。

教育大计，教师为本。学校必须将教师队伍建设置于学校发展的核心位置，通过定期组织专业培训、学术交流、海外研修等活动，为教师搭建起成长的阶梯。帮助教师拓宽视野，更新教师教育理念，激发教师内心深处的教育热情，让他们的教育道路越走越远，越走越宽。学校将继续深化"名师工程"实施，通过"引进与培养"相结合的方式，打造一批具有广泛影响力的教师"榜样"和"领军人物"。在优化教师队伍结构方面，注重年龄、学历、专业的合理搭配，确保教师队伍既有深厚的教学经验，又充满活力与创新精神。这样的教师队伍，既能够传承学校教育教学的宝贵经验和优良传统，又勇于开拓创新，为学校的持续发展注入不竭动力。提升教师的职业幸福感和社会地位，建立健全教师激励机制，让每一位教师都能够感受到职业的尊严与价值。同时，积极营造尊师重教的良好氛围，吸引更多优秀人才投身教育事业，共同构建一支高素质、专业化的教师队伍。

学校课程建设是一场深刻的教育变革。让我们抒写教育理想，赋能课程品牌，多元学习百花齐放，协同育人共赴远方，为培养担当民族复兴大任的时代新人接续奋斗！

参考文献

［1］张传燧. 基础教育课程改革十年：政策引领、重大创新与未来展望——基于《义务教育课程方案（2022年版）》的解读 [J]. 课程·教材·教法，2024，44（01）：13-22.

［2］朱英杰. 北京师范大学中国教育与社会发展研究院教授褚宏启：提升孩子在一辈子生活中都需要的素养 [N]. 人民政协报，2024-11-05（10）.

［3］石中英，董玉雪，仇梦真. 从"五育并举"到"五育融合"：内涵、合理性与实现路径 [J]. 中国教育学刊，2024（02）：65-69.

［4］刘世清，吕可. 从"加速"走向"丰富"：中小学拔尖创新人才培养的模式变革与政策建议 [J]. 北京教育（普教版），2023（11）：21-25.

［5］梁丹. 拔尖创新人才培养大中小衔接如何"破题"——"走好拔尖创新人才自主培养之路"观察（下）[N]. 中国教育报，2024-11-12（04）.

［6］钟启泉. 中小学如何孕育拔尖创新人才 [N]. 中国教育报，2024-05-29（05）.

［7］葛东雷，徐丰，于冰，等. 集团化办学的文化治理转型：基于治理观的思考 [J]. 教育科学研究，2023（11）：90-96.

［8］陈永堂，艾兴. 学校文化治理的多元逻辑、现实阻滞与纾解路径 [J]. 中国教育学刊，2024（11）：48-54.

［9］徐广华. 有效作业何以成为可能——义务教育新课标下的作业设计策略研究 [J]. 济南大学学报（社会科学版），2023，33（06）：144-152+178.

［10］陈辉，陈虹. 家校社协同育人再研究：基于责任边界的视角 [J]. 教育科学研究，2024（03）：35-42.

［11］屈玲，冯永刚. "五育并举"学校课程体系的构建及保障 [J]. 中国电化教育，2023（12）：41-47.

［12］〔美〕杰罗姆·布鲁纳. 布鲁纳教育文化观 [M]. 宋文里等，译. 北京：首都师范大学出版社，2012：21.

［13］陈佑清，胡金玲. 核心素养导向的课程与教学改革的特质——基于核心素养特性及其学习机制的理解 [J]. 课程·教材·教法，2022（10）：12-19.

［14］杨清. 学校课程群构建：为何、是何与如何 [J]. 教育科学研究，2023（10）：65-72.

［15］田慧生，雒义凡. 全面深化新时代课程教学改革的背景，重点与路径 [J]. 中国教育学刊，2024（02）：45-49.

［16］李群. 课程一体化如何实现 [N]，中国教师报，2019-08-21（07）.

［17］柳夕浪. 实践型课程：基础教育课程新形态 [J]. 课程·教材·教法，2022，42（06）：14-19+34.

［18］周凤林. 学校德育的顶层设计论 [M]. 上海：华东师范大学出版社，2018：10.

［19］杜建群，范蔚. 综合实践活动课程实施的方法论探析 [J]. 教育理论与实践，2012，32（02）：38-40.

［20］翟博. 育人为本：教育思想理念的重大创新 [J]. 教育研究，2011，32（01）：8-14.

［21］崔允漷，邵朝友. 试论核心素养的课程意义 [J]. 全球教育展望，2017，46（10）：24-33.

［22］章巍. 课程篇：重构课程体系——高质量育人的核心载体 [J]. 中国基础教育，2024（03）：68-70.

［23］刘琦. 指向学生创新性思维培养的中小学科学教育实践路径 [J]. 中小学科学教育，2024（03）：24-29.

［24］赵彦鹏. 专题教育校本课程价值取向：问题解决与高品质探究 [J]. 中国教师，2024（02）：35-39.

［25］施良方. 课程理论：课程的基础、原理与问题 [M]. 北京：教育科学出版社，1996：157.

［26］司林波. 新时代教育评价改革的现实背景、内在逻辑与实践路向 [J]. 陕西师范大学学报（哲学社会科学版），2022（01）：96-110.

［27］邢利红. 指向改进的学生过程性评价结果应用探究 [J]. 教学与管理，2024（30）：105-108.

［28］鲁洁，王逢贤. 德育新论 [M]. 南京：江苏教育出版社，2002.

［29］段鹏. 美育，可以为一所学校带来什么？ [J]. 基础教育课程，2024（10）：11-15.

［30］王立宽，胡玉平，张翼. 构建适合学生核心素养发展的校本课程体系——以唐山市小学校本课程开发为例 [J]. 课程·教材·教法，2016，36（07）：108-115.

做校长的初心使命

1990 年盛夏，刚从师范学校毕业的我，怀揣着对教育事业的无限憧憬和对孩子们的满腔热爱，毅然决然地踏上了这条神圣的教育之路，自此便与这片热土结下了不解之缘。风雨人生路，拳拳育人心，转瞬之间，已三十四个春秋。

一、启航校长生涯

毕业后，我便踏入了海淀实验二小的大门，真正成为一名老师，每一次经历都是青涩的：第一次备课、第一次管理班级、第一次与学生谈心、第一次公开课……许多个"第一次"融汇成了我对"教师"职业的理解。

白驹过隙，踏入海淀实验二小有十年光阴。其间，我与孩子们一同成长，既做班主任，也担任语文、数学老师，孩子们那纯真的笑脸和求知若渴的眼神，是我不断前行的动力源泉。后来，我有幸担任了三年大队辅导员兼任高年级数学教学工作，虽然忙碌，但内心无比充实满足。这段经历让我对教育有了更为深刻的感悟——从将教师作为一种职业，到将教育视为与学生心与心的交流触碰、学生品格的塑造，是一种责任与使命。

1996 年，由于表现出色，我被破格评为小学高级教师，次年被聘为学校教导副主任。从 1996 年至 2000 年间，我肩负起了学校教学管理的重任，以更宽广的视野去审视教育，规划学校的未来。每一次调整、每一次决策，都承载着对学校教育事业发展的责任，不敢有丝毫疏忽与懈怠。

随着教学经验的不断积累和对教育认识的日益深刻，上级领导给予了我这个青年教师更深切的期望和厚爱。2000 年初，我被调任至东升学区担任教学主任，承担教学、学籍及科研管理多项重任，每一天都充满了挑战与机遇。我逐渐意识到，教育是一项错综复杂的系统工程，而学区正是连接各校、推动教育发展的关键纽带。

教育之路，很长也很苦，但我的精神很富足。时光荏苒，2005 年 5 月，我被任命为枫丹实验小学的常务副校长。在这个充满活力的校园里，我与校领导团队紧密携手，共同推动学校的各项改革与发展，亲眼见证了学校的日新月异。2007 年至 2008 年，我有幸在海淀教委小教科挂职锻炼，对教育的政策法规、发展趋势有了更为全面深入的了解。2008 年 9 月至 2010 年 12 月，我担任了双榆树学区副书记、副校长的职务，积极参与指导学校的党建工作，继续深化教学管理工作，从新手教师到有经验的教师、从一线教师到学校管理、教育科研，岗位的更迭、角色的转变带来了很大的压力，但我将其视为人生的机遇及自己全面发展的舞台，可以舞出我的教学风格、我的管理智慧、我的教育思想、我赤诚的教育之心……

美国优秀教师雷夫说："做教育本身就是一个很艰辛的过程。"多种角色身份的转换让我体会到教育事业的乐趣和辛苦，无论是作为教师还是校长，要想"诲人不倦"，必须"学而不厌"。学习不能止步，我先后参加了海淀区小学教学干部培训班、北京市中青年小学骨干校长能力提升研修班以及北京市国际合作小学校长高研班的培训学习，撰写了近 4

万字的学习心得及开题、结题报告。对我而言，学习培训就是一个修炼成长的过程，其核心和根本就是不断学习、不断历练、不断积淀并不断超越自己，只有坚持深层次的学习、内化和提升，才能适应社会的发展、学校的需要。

钱钟书说："大抵学问是荒江野老屋中，二三素心人商量培养之事，朝市之显学，必成俗学。"教育，正是这样一份需要精心修为的职业。回想起来，当初怀揣梦想、懵懂地踏上三尺讲坛，历经时间的磨砺、前辈们的指导、领导的关怀、团队的互助，我对如何做一名优秀的教育者，对如何实现自己的教育目标有了越发清晰的认识。在潜移默化中凝练成无声的春雨，浸润在学校教育的每一步，我不仅收获了成长与成熟，更为日后担任北医附小的书记、校长积累了宝贵的经验与智慧。

二、深耕北医附小

问道不叹星光远，俯首躬耕徐徐行。2010 年，我有幸担任北医附小书记、校长。回忆在北医附小的这些年，可以说，我把最好的青春年华献给了教育事业。从教师到校长，角色的转变不仅是一种成长的标志，也是一种质的飞跃，更是对自己内心、眼界、思想、行为的提升。在这里，我与北医附小、与各位老师们、与孩子们并肩同行，一起成长着，进步着。

（一）校史校情分析，回溯发展之源

北医附小，隶属于花园路街道，与北大医学部、北医三院、部队干休所、北大、清华、科大等高校紧邻，地理位置优越，周边资源得天独厚，文化底蕴深厚。在我看来，这是一所真正意义上的"不错的小学"。为了更全面地了解北医附小，我走访了很多老教师、老校友，与周边社区、友邻单位座谈等，通过探寻学校发展历史和学校资源利用情况，逐渐了解了学校建校以来的发展根基与脉络。

1949年，初建校时的"学校"还只是一座小庙，之后在政府的关怀下，小庙摇身一变，成为市立小学，被命名为"五道庙小学"。60年代，学校已初具规模，拥有18个教学班、400多名学生和20多位老师。但教学条件仍然十分艰苦，校园地势低，地下水位高，每年雨季，整个操场一片汪洋。那时的学校没有院墙，也没有像样的校门，来往行人随意穿行于校园之中。直至1965年，学校面貌才有了初步改观。然而，好景不长，随着"文化大革命"的开始，学校被迫停课，后又改名为"志新小学"。虽然不久后复课了，但教学内容和方式都受到了极大冲击。1970至1976年间，学校领导频繁更换，程福绵、马静、唐红玉、黄翔等4位校长先后上任，尽管任期短暂，但在那特殊的历史时期，都为志新小学的发展作出了不可磨灭的贡献。

学校老教师

风雨之后见彩虹，1977年，学校迎来了质的变化。学校管理扎扎实实，教学质量稳步提升，学生教育活动丰富多彩，老师们也焕发出了前所未有的工作热情。他们白天上课，放学后补课，晚上刻钢板、印卷子，一切都步入了正轨。学校每周开展专题教研组活动，老师们研究教材，讨论教法，制定教学进度；校长、主任定期进班听评课，老师之间互相听课，认真评课。1978 年，学校美术老师张凤琴以其敏锐的艺术触觉和满腔教育热情，带领十几个孩子学习剪纸，在张老师的悉心教导下，学校剪纸艺术开始生根发芽。

1985 年，新教学楼的建成标志着学校进入了稳步提升的历史阶段。硬件的更新、教师队伍素质的整体提升、学生素养的不断提高、家长认可度及社会知名度的不断攀升，学校焕发出了前所未有的生机与活力。1999 年，学校正式更名为"北京医科大学附属小学"，成为海淀区唯一一所以"医"命名的学校，周围百姓亲切地称呼这所学校为"北医附小"。

学校正式更名为"北京医科大学附属小学"

从建校初期的条件艰苦，到"文革"时期的被迫停课，再到改革开放时期的狠抓教育教学质量，学校始终在逆境中坚韧生长。进入 21 世纪初期，北医附小又面临着新的考验——先后与牡丹园小学（牡丹园小学在 2005 年之前合并了北极寺小学）、健翔桥小学合并，学校规模迅速扩大，形成了一校三址的新格局。教师来自四所学校，稳定教师队伍成为学校亟须解决的头等大事。为此，学校迅速调整干部队伍，通过一系列有效措施稳定了教师队伍，教育教学工作逐渐步入正轨。

2007 年，学校积极参与海淀区"课堂教学有效性"的研究，将教研与科研紧密结合，形成了"在研究中学习，在学习中研究"的浓厚教科研氛围，教学、科研质量逐年稳步提升，先后被评为：海淀区德育管理先进校、海淀区教学管理先进校、海淀区素质教育优质校。2010 年，学校顺利通过优质校复验及"十一五"时期校本培训先进校的检查，先后当选海淀区"十一五"时期校本培训先进校、继续教育先进校，学校教育教学质量得到了肯定。在历任校长的辛勤付出和努力下，北医附小逐渐奠定了坚实的基础、积淀了深厚的文化底蕴，学校以崭新的姿态迎接新挑战。

（二）探索创新发展，强化品牌建设

苏霍姆林斯基曾说："教育者的个性、思想信念及其精神生活的财富，是一种能激发每一个受教育者检点自己、反省自己和控制自己的力量。"面对这所学校，我不停地思考，如何才能接力前任校长们的努力，不辜负各位领导、师生、社会的期望，在北医附小现有基础上实现新阶段的新发展呢？

学校的管理首先应当是教育思想的管理。我认为，办学的核心还是要落到学生的培养，"通过六年的教育我们要培养什么样的孩子？"是贯穿学校教育工作始终的问题，是学校开展一切工作的核心和宗旨。归根结底，完善、提升办学思想就是在提升学校的办学品质，加快学校的发展速度。于是，我们采取了一系列措施，2011 年，在逐步改善学校办学环境的同时，努力探索文化兴校之路，希望通过文化引领，为学校发展注入积极向上的力量，从根本上带动学校整体发展。

1. 依托心理健康教育，凝练"心育"文化

《国家中长期教育改革和发展规划纲要（2010—2020 年）》指出，学校教育必须关心每个学生，促进每个学生主动地、生动活泼地发展，

尊重教育规律和学生身心发展规律，为每个学生提供适合的教育。2012年，北京市海淀区启动了"课程整合自主排课"课题实验项目，北医附小有幸被选为实验校之一，得益于政策的全力扶持，我们开始了为期三年的深入探索实践。这是学校课程与教学改革的绝佳平台和契机，我深知机会难得，责任重大，不敢有丝毫懈怠。我抓紧时间，多方邀请专家亲临指导，携手干部与教师，深入课堂一线，分析学校发展现状，致力于整合出一套适合北医附小独特发展需求的课程体系。

（1）"心育"理念萌芽。

作为校长，我深知课程体系建设的重要性，但我也清楚课程体系的建设并非空中楼阁，而是一项系统工程，既要有特色化的内在支撑，又需要深入研究、持续实践。

早在 2001 年，北医附小便前瞻性地提出了"关注孩子，从'心'开始"的教育理念，重视孩子的心理健康教育。2004 年，凭借毗邻北京大学医学部得天独厚的资源条件，学校积极参与了"阳光心语行动"，承担起全国重点心理课题研究实践工作，早早地开始分年级开设心理课程，做到全员心育。自 2006 年起，学校多次承担市区级心理健康现场会、心理活动周和心理课堂教学展示，获得专家一致好评。2009 年，学校编辑出版了《快乐生活，健康成长》这一涵盖一至六年级的心理校本教材，正式挂牌成为北京林业大学心理系学生实习基地，这标志着学校心理健康教育迈出了坚实的一步。

经过一番深入调研与研讨分析，我更加坚信心理健康教育可以成为学校发展的内在基因和基石，"课程整合、自主排课"的实践应以触及学生内心为动力，让教师为幸福感受而教、学生为快乐感受而学，推动学校的内涵建设和特色发展。2009 年 10 月，基于学校的实际情况，海淀区学校特色建设项目组专家团队在学校原有的心理健康教育特色的基础上，提出了针对性建议，为我校量身定制了"心育"办学理念。"心育"

理念强调对人的全面教育，对学生灵魂的教育，心理健康教育在学校已经历了多年的实践验证，彰显了独特的优势，因此，这一理念迅速赢得了全校师生的一致赞同，充分表明我们在追求的方向上已经初步达成了共识。

（2）"心育"文化生长。

课程作为实现教育目的的重要载体，自"心育"理念提出后，我们便踏上了"心育"引领的教学探究与实践之路。育人即育己，从教学研讨到备课环节，从课堂教学到课后反思，从学生学习到课外活动，始终将"心育"理念融入其中，拓展"心育"途径，让学生在感悟中体验生活、学会生活。每一位教师都在育人中提升着自我，享受着"学校中有我，我在学校中"的归属感。

在"课程整合 自主排课"实验中，结合学校"心育"理念实践成果，聚焦"学生身心健康发展"，我们进一步明确了课程建设和学校特色建设应紧密结合的发展方向，提出了"以心育心，让生命灵动绽放"的学校发展核心内涵。"以心育心"，以教师之心影响、培育学生之心，这是心灵影响心灵的工作。只有教师具备积极健康的心态，才能真正触及学生的心灵深处，引领学生健康成长。"生命灵动绽放"，强调学校应以学生为主体，尊重每个生命的独特价值，让学生的潜能在体验中发展，智慧在感悟中生成，让教育绽放生命的灵动之美，焕发生命的活力，展示生命的飞扬。

在"以心育心"教育理念引领下，学校还明确了"五心教师育五心少年"的培养目标。"五心教师"包括智慧之心、博爱之心、鉴美之心、责任之心、创新之心。"五心少年"涵盖求知之心、健康之心、审美之心、创新之心、社会之心。结合"心育"理念，将环境育人、学科育人、课程育人、文化育人、活动育人有机融合，塑造出独具特色的"心育"文化。

（3）"灵动"课程绽放。

课程是学校设置的学科、学校组织的课外活动和学校有意识安排的教学活动的总和，是培养人的蓝图。在贯彻国家课程、地方课程的前提下，立足学校发展，以"心育"文化为主线，坚持问题导向和实践创新，进一步构建了适合师生和学校发展的"灵动"课程体系。目的是"让学生拥有灵动的童年、让教师拥有灵动的人生、让学校拥有灵动的教育"。为此，学校课程组撰写了《课程实施方案》《课程评价方案》《校本课程开发总方案及总纲要》等。"灵动"课程的开发与实施，彰显了心育课程、心育活动、心育文化的育人功能，也推动了学校的特色发展。

经过一年多的精心布局与实施，"课程整合自主排课"项目在学校开展得如火如荼，学校十余年"心育"的价值追求在课程改革中得以深化和完善，"灵动"课程体系得到了多元化的发展。校园里孩子们的笑声、歌声此起彼伏，笑脸如花绽放。课程改革也给教师们带来了新的挑战，备课不再局限于教材和教参，主动读书和研究成为常态，极大地激发了教师的教育热情，提升了专业发展意识，课题研究也随之增多。家长们从最初的质疑到如今的满意，无疑是对课程实施效果的最好证明。问卷结果显示，95% 的家长对学校实施的课程表示满意，更有 30% 拥有专业特长的家长表示愿意作为志愿者参与家长课堂活动。有不少孩子在课程结束后兴奋地说："以后还能这样上课吗？一节课学了那么多有趣的诗，我太棒了！"

2012 年，北医附小荣获"海淀区素质教育优质校"称号，教师的课堂教学和论文在各级比赛中获奖近 200 人次，教育教学质量稳步提升，学生在全国、市区级各类竞赛和展示中都取得了优异的成绩，获奖数量高达 400 人次。仅这一年，学校还荣获了全国首届剪纸大赛一等奖、北京市艺术特色校、海淀区心理健康特色校等近 20 项荣誉称号。作为北京市"三大球"排球重点示范校，北医附小学生在市、区大赛中屡获佳绩；

作为北京市金帆书画院，剪纸校本教材在美术组教师的辛勤付出下得以修订再版，并在世纪坛等地成功举办师生剪纸、书画艺术展；京剧连续两年获得市、区大奖数十次，在全国最高级别的"小梅花"大奖赛中更是摘得了金奖桂冠。此外，学校的选修课程和社团活动也蓬勃发展，"家长课堂"日益完善。

"课程整合自主排课"探索实践历时三年，不仅推动了学校的内涵建设和特色发展，还将心理健康、剪纸、京剧、排球等特色活动整合进了学校的特色课程体系中，为学校未来发展奠定了坚实的基础。2013年，海淀区启动了"绽放计划"，在海淀区"四个十"特色学校评比活动中，我与学校领导班子深入讨论、细致分析学校的特色定位，凭借课程整合实践成果，学校成功被评为"海淀区课程建设先进学校"。中国教育电视台、《北京教育》《中国教育报》《语言文字报》《北京晨报》等多家权威媒体纷纷报道了学校的办学理念与实践经验。我手捧金牌，心中虽然充满鼓舞，但对于学校的未来发展仍怀有无限深思和期待。

2. 基于核心素养，构建"康+"育人体系

2014年，教育部《关于全面深化课程改革落实立德树人根本任务的意见》提出"组织研究提出各学段学生发展核心素养体系，明确学生应具备的适应终身发展和社会发展需要的必备品格和关键能力"，"核心素养"成为教育领域的重要命题。2016年，课题组发布《中国学生发展核心素养》正式框架，为新时期基础教育改革指明了方向，也带来了前所未有的挑战。

核心素养是党和政府对教育方针的细化，有效整合了个人、社会和国家三个层面对学生发展的要求，回答了"培养什么人"的根本问题。作为校长，我深感肩上责任之重，心中关切至深。"核心素养"如何在北医附小这片沃土上生根发芽、开花结果，成为北医附小下一步发展的核心任务。课程，无疑是实现这一愿景的关键。

（1）成为"海淀区首批新优质学校"。

无论从何种角度讲，课程都与育人相关。离开了育人，课程价值则无从谈起；离开了课程，育人也是一句空话。[①]2016年3月，海淀区为持续增加优质教育资源总量，进一步提高中小学办学质量，促进义务教育优质均衡发展，启动了"十三五"重点改革项目——"新优质学校建设工程"。全校师生对此满怀期待，备受鼓舞，我也紧锣密鼓地开始了申报实验校工作，我全身心投入，认真梳理学校办学理念及成果，在新时期、新阶段对学校发展进行规划与展望。终于，北医附小又一次成为"新优质学校建设"实验校，再次迎来历史性发展契机。

海淀区教委组织专家团队对项目校深入调研，了解实际需求，一对一悉心指导、诊断，并提出个性化建议并精准帮扶。借助这一绝佳平台和机遇，学校在发展规划、课堂变革、特色建设、师生培养等多个维度展开了更为深入的探索与实践。这期间，我积极组织学校全体教师，邀请学生家长，召开了多次"关于学校未来发展的顶层设计大讨论"会议。经过多次研讨，我们在继承与发扬原"心育"办学理念的基础上，明确了"康+"特色定位，即"身心健康+全面发展"。"康"，不仅代表着良好的身体状态，更象征着顺畅的生命气质，涵盖的不仅是身心健康，还包括言行举止、为人处世、待人接物等与个人修养息息相关的各个层面，这是对原"心育"文化的深化。

我始终认为，育人体系的构建是学校建设的核心工作。因此，在原有的"灵动"课程体系基础上，学校创设了"康+"育人体系来贯彻落实"康+"文化理念，其核心是"身心健康+全面而有个性的发展"，包括课程、课堂、管理、文化四大板块。通过深入实施，让课程更具特色，让课堂变革真实发生，让管理更有温度，让学校文化更具魅力。

① 张传燧. 基础教育课程改革十年：政策引领、重大创新与未来展望——基于《义务教育课程方案（2022年版）》的解读[J].课程·教材·教法，2024，44（01）：13-22.

2016 年，学校被评为"北京市艺术特色校"。2017 年，我代表学校作"三十九载传承剪纸梦想，艺术滋养弘扬中华国粹"的专题报告，通过专家考察，学校被评为"北京市金帆书画院"。同年 10 月，学校被评为"全国中小学中华优秀传统文化艺术传承学校"。2018 年 5 月，我再次代表学校通过"北京市中小学文明校园"申报答辩，最终入选"市文明校园"。

随着项目深入推进，学校的社会认可度显著提升。2018 年 6 月，时任国务院副总理孙春兰慰问学校师生，对学校办学理念、办学特色、课程建设给予了充分认可，对教师的奉献精神、学生的优秀品质给予了高度评价，称赞："这是一所好学校！"2018 年 12 月，我代表学校在全区进行了申述汇报，顺利通过审核，北医附小正式成为"海淀区首批新优质学校"，得到了时任海淀区副区长刘圣国和教委领导的高度认可，表示北医附小近几年的发展历程，让我们看到了一所自认为普通的小学，一所教委审定的新优质学校，一所总理称赞的好学校。这所由四校合并而成的、与共和国同龄的小学，办学活力逐渐焕发，特色发展日益显著，教师队伍的凝聚力不断增强。

（2）传承"心育"理念，构建"康 +"育人体系。

作为海淀区首批新优质学校，我认为北医附小的"新"就"新"在教育理念、教学行为、课程设置和学生发展。学校在保留原有心理健康教育、剪纸文化特色和推进课程研究优势的基础上，遵循教育规律，构建'康 +'育人体系，为学生成长服务。"康 +"，即身心健康 + 自主而全面发展。学校秉承"护生命之花，育灵动之心"的办学理念，通过"康 +"课程体系、"康 +"课堂质量、"康 +"管理机制、"康 +"育人文化，让每一个生命灵动生长、自主发展，实现"健康'美'一面，筑就好学校"的目标。

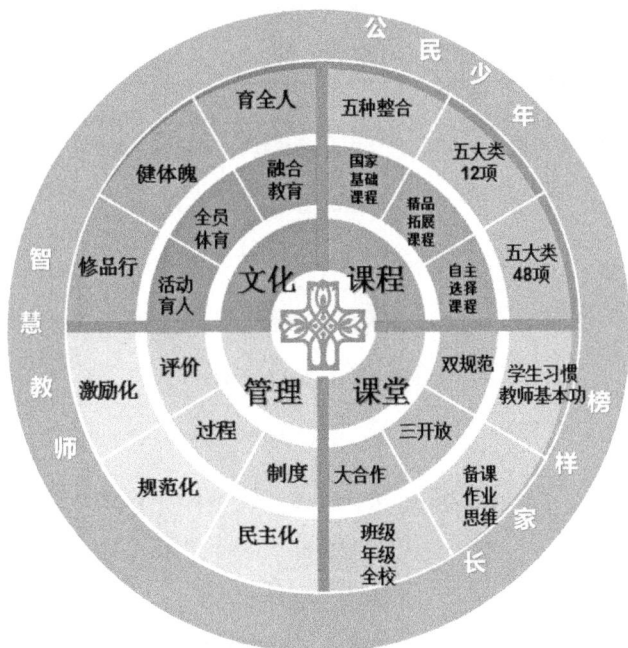

"康 +" 育人体系

① "康 +" 课程体系。

2012 年，北医附小加入海淀区"课程整合、自主排课"实验校。结合学校发展、学生成长需求，初步建构起学校课程体系。北医附小恪守"护生命之花，育灵动之心"办学理念，秉持"健康'美'一面"发展愿景，努力实现"培养新时代灵动少年"的育人目标。在办学文化的引领下，学校课程体系从 1.0 版的灵动课程逐步发展到 3.0 版的"康 +"课程，探索出一条适合北医附小自身特色的课程改革实践路径。学校通过构建科学合理的课程体系，实施灵活多样的教学方法以及建立全面细致的评价机制，打造出一个充满活力、和谐共进的教育生态，为学生的全面发展奠定了坚实的基础。

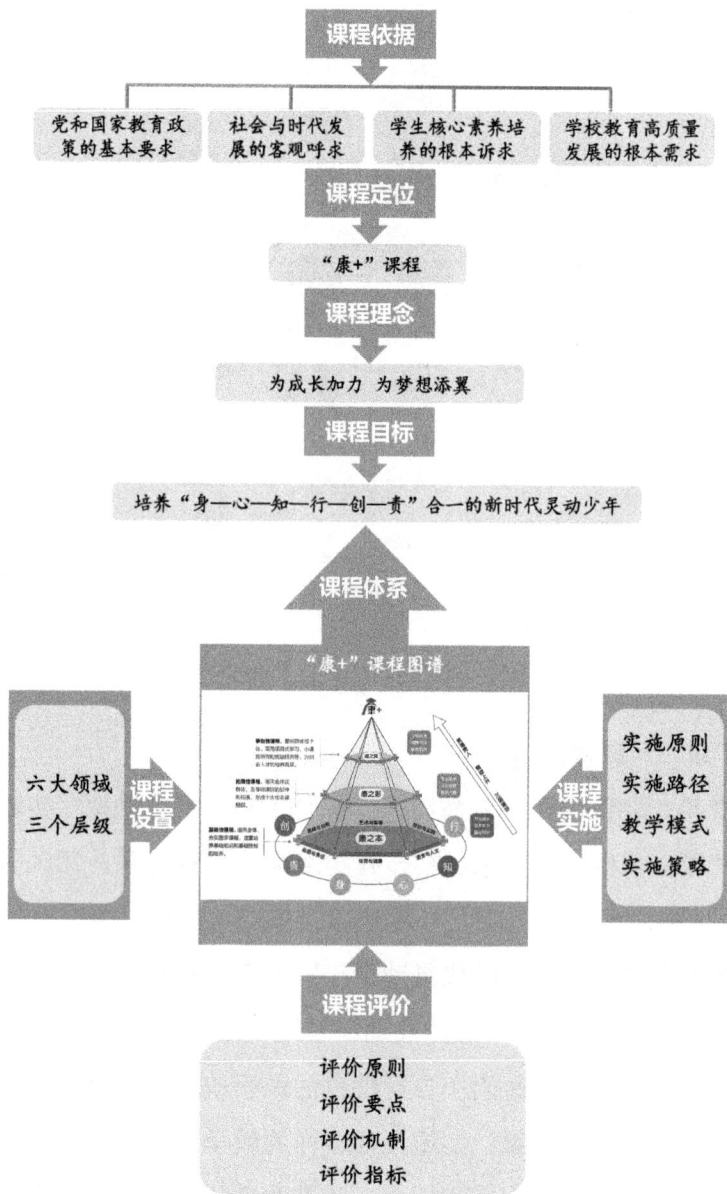

北医附小"康+"课程体系建设图示

"康+"课程在实践过程中遵循以下原则：

第一，关注学生学习，开展教学改革。立足课程改革背景，落实以人为本的教育理念。在教学中，以生为本，从关注教到关注学，从学科教学走向学科教育，让教室成为学习的会所，快乐的学堂。为了构建生本课堂，学校进行了一系列教学改革。

第二，重组教学内容，实施单元统整。转变以往的单课书的教学方式，基于单元主题和任务情境，进行单元统合教学，帮助学生从碎片化、无序化的学习走向结构化、序列化的学习，以利于知识的掌握和能力的形成。

第三，转变学习方式，体验合作并进。学校课堂多以体验式学习和合作学习为主，采用教案和学案双案互动的备课模式，提出了"学习任务活动化，学习方式小组化"的备课主张，目的就是让孩子们在玩中学，在做中学，在合作探究中学，在分享交流中学。通过这些实践研究，实现了先学后教，多学少教，以学定教，顺学而导，学生真正成了学习的主人，学习兴趣浓厚，学习质量提升。

第四，丰富课程内容，遵循自主选择。学校为学生提供丰富的、可供选择的拓展性课程和研创性课程，孩子们可自主选课。我们围绕不同学科领域设置不同类别课程，通过课程的"丰富性"应对学生个性的"独特性"，通过课程的"层次性"应对学生认知的"差异性"。

②"康+"课堂质量。

学校课程体系的重构必然带来课堂教学的改革，课堂始终是学校教育教学的生命线，是学校教育的核心阵地，是教师施展才华的舞台，更是学生茁壮成长的摇篮。

为了在课堂上更加精准地贯彻课程改革的精神实质，学校从"双规范、三开放、大合作"三个维度出发，即规范学生良好的学习习惯，规范教师的基本功；备课、作业、思维开放；开展"基于问题的合作学习"研究。通过不断提升课堂质量，持续探索并实践着课堂模式的创新，构建一个多维度、立体化的教学体系，追求自主、合作、探究的课堂学习方式，打造"朴实、灵动、开放"的课堂文化。

"康 +"课堂质量

"康 +"课堂质量	双规范	规范学生良好的学习习惯	
		规范教师的基本功	
	三开放	备课开放	以年级、学科为单位进行模块式集体备课，包括英语单词、阅读、绘本模块等
		作业开放	给学生的作业必须分层布置，提倡个性化，包括探索一周一次的课外实践性作业
		思维开放	在"合作学习"中，鼓励学生大胆参与、独立思维、合作创新
	大合作	基于问题的合作学习研究	

　　在此基础上，学校积极响应新的教育形势，引入了"小组合作学习教学方式改进"项目，经过两年半的不懈探索与实践，学校的课堂面貌发生了翻天覆地的变化。基于问题的合作学习成为教学常态，课堂变得生本灵动；思维工具引入课堂，学习方式更加多元。

在中国教育学会基于合作学习的教学方式改进专题活动中，学校的李冉、
王光艳、孙艳梅、李程、肖丽红、耿海云 6 位教师作展示课，
北京大学教育学院陈向明教授给予充分肯定

在全国教学研讨会上，学校的陈颀、李冉、邢颖、肖丽红 4 位老师作展示课。
与会人员对北医附小教师的课堂教学与学生的课堂表现评价为：
令人眼前一亮、耳目一新

在全国"学习方式变革"教学研讨会上，学校的陈顿、戚笑男、邢颖、李程、耿海云5位教师作展示课。与会专家一致认为，北医附小的学习方式走在了教改前沿，符合学生身心发展规律，能够有效促进学生思维的发展

在第三届北京市基础教育发展论坛暨北京教育学会分论坛上，我校师生的精彩展示，获得与会人员一致赞誉："北医附小课程一体化创新实践，充分彰显出'小课堂、大世界，小空间、大健康，小学校、大文化'的办学特色！"

老子曰："合抱之木，生于毫末；九层之台，起于累土。"近年，学校成功承办多次全国、北京市主题研讨会，进行了数十节开放课堂的展示，不仅赢得了与会者的广泛赞誉，更为学校赢得了宝贵的交流与学习的机会。同时，学校干部、教师30余人赴四川、山东、台湾、内蒙古等地以及兄弟学校送课交流，在课改大会上作经验分享和主题报告，将学校的课改理念与实践经验传播到了更广阔的天地，向来自全国各地的教育工作者展示了学校课堂改革的成果与经验。

陶行知曾说："在教师手里操着幼年人的命运，便操着民族和人类的命运。"学校开展课题研究之初，仅有三年级 8 位语、数、英教师与 240 名学生参与。三年后，就发展到全校师生共同参与，初步形成大合作学习氛围。每周，老师们带着自己的问题与专家共研；每年，有 60 余节学科研究课，40 余人次的教学经验分享。研究重点始终关注学生的发展与需求，促进教师研究能力提升。2012 年以来，学校先后开展了包括"课程整合自主排课实验""思维工具撬动深度学习研究""合作学习促进学习方式变革""未来学校课程再造的实践研究""剪纸课程与学校文化融合的模式研究"等多项研究，吸引了超过 180 人次的教师积极参与。

"十三五"时期，学校成功申报了《未来教学方式变革的学科教学实践研究》《通过技术赋能教学方式转变提高教育质量的研究》《基于小学生阅读素养提升的可视化方案设计研究》《核心素养视域下的"康 +"课程一体化构建与研究》《小学语文课程与传统文化的项目化融合研究》等 22 个国家、市区课题和《"中国 STEM 教育 2029 行动计划"种子校》《家校社一体化育人能力提升项目》等 4 个项目，共有教师 155 人次参与研究实践。学校有 30 人次干部、教师在全国各地课改大会上做研究课、经验分享，有 300 余人次教师在各级课堂教学、论文大赛中获奖。在承办的全国、市区研讨会上，与会专家和教师赞扬北医附小"课漾灵动，生盈灵性"。此外，我还作为课题负责人，主编了《以心育心让生命灵动绽放》著作，出版发行了《民族剪纸》《经典润心》等校本教材。

"十四五"时期，学校成功申报了"中华优秀传统文化课程对外交流路径与方法的研究""基于学生发展核心素养的小学课程一体化建设与实践研究""提升小学生阅读素养的可视化方案设计研究""北京医科大学附属小学美育体系构建与实施的研究"等 38 个国家、市、区级课题和"家校社一体化育人能力提升"等 4 个项目，其中 23 项由一线教师直接担当课题负责人，教师 363 人次参与研究实践。学校还承办了"第三届北京市基础教育发展论坛暨北京教育学会分论坛"现场会，13 位教师上展示课、参与圆桌论坛，得到市区领导及专家的高度好评。教师参加市区教科院、市区教育学会的教科研论文征集，共计 230 人次获奖，一批有责任、敢担当、有情怀、勇奉献的优秀教师脱颖而出。

③ "康 +" 管理机制。

现代管理学之父彼得·德鲁克说："归根到底，管理是一种实践，其本质不在于'知'而在于'行'，其验证不在于逻辑，而在于成果。"围绕"规范建设，内涵发展"年，探索管理制度民主化、管理过程最优化、管理评价激励化，不断优化学校管理，为教育教学营造积极向上的管理氛围，有效地激发了教职工的工作热情与主观能动性，为学校的持续发展注入了强劲动力。

首先，在广泛吸纳教职工意见与建议的基础上，通过建立健全参与机制，如定期召开教职工代表大会、设立意见箱和在线反馈平台等，确保每位教职工的声音都能被听见和重视。其次，管理过程的优化则侧重于提升工作效率与服务质量。通过引入先进的项目管理理念和技术手段，如流程再造、信息化建设等，实现管理流程的精简与高效。同时，强化部门间的沟通与协作，打破信息孤岛，确保决策与执行的快速响应与无缝对接，从而有效提升管理效能。再者，管理评价的激励化旨在通过建立科学合理的绩效评价体系，既关注结果也重视过程，既评价个人贡献也考量团队协作，确保评价的公正性与全面性。通过设立多样化的奖励机制，如年度优秀教职工表彰、职称晋升优先权、绩效奖金等，有效激发了教职工的进取心和创造力，形成了积极向上、追求卓越的工作氛围。

针对"三重一大"事项，即重大问题决策、重要干部任免、重大项目投资决策、大额资金使用，该机制创新性地采用了提案式、会诊式、决策式等多种参与形式。特别是在职称评选、绩效奖励等关乎教职工切身利益的重大问题上，充分发挥教代会的作用，通过集中会诊研究，确保评选标准的合理性与程序的公正性，有效维护了教职工的合法权益，增强了教职工对学校的信任与支持。"康+"管理机制以其独特的"三化"理念与实践，不仅优化了学校的管理体系，更激发了教职工的潜能与活力，为学校的长远发展奠定了坚实的基础。

④"康+"育人文化。

学校办学思想从最初的依据优质资源建立心理健康特色项目，到围绕全面育人思想，提出"心育"教育理念，再到自下而上广泛听取意见，统一思想认识，最终凝练出"康+"教育文化特色。

基于"康+"文化，提出了"护生命之花，育灵动之心"的办学理念。"护"与"育"，即爱护、呵护、培育、教育。"灵动"体现在生命、活力、别致、多元、开放、宽容。每个孩子都有自己的闪光点，这是孩子的灵性之源，而学校要挖掘孩子的潜能，因材施教，扬长避短，护育他们心中的灵动。"护生命之花"，让其尽情灿烂；需要"育灵动之心"，让其身心饱满。护生命之花，育灵动之心，捍卫每个孩子生命与灵性，让他们能够健康茁壮地成长。

教育愿景是"健康'美'一面"。以健康为基点、成长为方向、生命为依托、美丽为期愿，关怀面面俱到，满含真诚祝福，尽显悉心呵护，倡导全面育人。每个孩子都是含苞欲放的花蕾，每个孩子都有自己的闪光点，学校教师将用爱与责任，呵护、培育学生健康成长，护育他们心中的灵动，让每一朵生命之花绚烂绽放。

学校育人目标是"培养新时代灵动少年"，具体体现在六个方面："身姿灵敏""心理灵健""思维灵慧""生活能动""创意生动""责任主动"。经过长期实践探索的积淀，学校确定校训为"巧手灵心，乐知健行"，并逐渐形成"严谨灵动，勤思笃行"的校风，"尊重个体，启智明德"的教风，"诚信乐善，博学多思"的学风。

3.加盟北大附中，开启集团化办学新征程

2023年12月，学校正式迈出了历史性的一步，加盟北大附中教育集团。海淀区教委《关于北京医科大学附属小学、北京市海淀区枫丹实验小学加盟北大附中教育集团的决定》，明确了加盟后的北医附小在保持其独立法人建制的基础上，将采用创新的联盟式集团化办学模式，充分利用北大附中教育集团深厚的文化底蕴、丰富的教育资源以及先进的办学理念，为北医附小的发展注入新的活力。

之所以全力支持学校加盟北大附中教育集团，是因为我深刻地认识到，这不仅是北医附小迎接新发展机遇的关键一步，更是实现教育资源优化配置、提升区域教育整体水平的明智之举。此次加盟，预示着北医附小将站在一个全新的起点上，依托北大附中教育集团的品牌影响力和资源优势，进一步提升自身的教育质量，扩大品牌影响力，为培养更多德智体美劳全面发展的社会主义建设者和接班人贡献力量。学校将深度融入北大附中集团化办学的体制中，与集团内的其他成员校携手并进，共同探索教育教学改革的新路径，促进教师资源的优化配置与交流轮岗，打造独具特色的课程体系，以及实现人才的贯通培养。

未来，北医附小将在北大附中教育集团的引领下，持续推动高质量发展，不断探索教育创新，为海淀乃至全国的教育事业贡献更多的力量。

后 记

我曾经看过这样一句话："渔夫出海前并不知道鱼在哪儿，但依然选择出海，是因为相信会满载而归。很多时候选择了才有机会，相信了才有可能。"从读师范开始，我的内心便开始充盈着对理想教育的美好憧憬，期待着美好的生命在五育融合的沃土中，生根发芽，绽放出璀璨的花朵。

小学阶段是人生的奠基，在"五育融合"背景下，基础教育如何开展教育教学成为亟待解答的时代课题。正是基于这样的思考，本书应运而生。一本书的创作如同一场马拉松长跑，终于完成时，我心中涌动的不仅是释然，更多的是在北医附小这片广袤的教育田野上，数十年如一日探索与实践的深深感慨。于我而言，这本书的独特意义在于：它是学校启动"课改"以来，课程体系构建的探索与实践的全面梳理，较为系统地展现了学校多年来课程实施成果的集中展示。至今，学校"康+"课程体系经过多次迭代更新，已经愈发成熟和完善。

教育的本质是点燃火焰，而非灌满瓶子。"康+"课程的实施成效显著，我见证了教师们如何在有限的课堂时间内，巧妙地融入德育元素，让学生在学习数学的同时，学会尊重与合作；体育课上，目睹孩子们在汗水与欢笑中，锻炼了体魄，学会了坚持与合作；看到孩子们在艺术的熏陶下，心灵得到了净化，创造力得以激发……这些生动的"康+"课程实施案例，如同珍珠般串联起"五育融合"的美丽图景，让我们更加深刻地体会到，教育不仅仅是知识的灌输，更是灵魂的触碰与塑造。尤其让我感到骄傲的是，在"康+"课程体系的引领下，学校的美育、体育、科技、劳动教育、传统文化等方面已经形成了鲜明的特色品牌，成为引领学校未来发展的强劲动力。

我也深知，"康+"课程体系探索的阶段性总结，仅仅是一个新的起点。我衷心希望这本书能被更多人看到，与我们共同交流、研讨，为构建更美好、更适合学生发展的学校教育生态贡献智慧与力量。在这本书的编写过程中，我遇到了不少挑战，但正是有了上级主管部门领导的指导、课程专家对顶层设计的精准指正、各位编辑们对文字表达上的精雕细琢，以及学校同事们的广泛调研与支持，我才能顺利完成，在此我要向他们致以最诚挚的感谢。

最后，我要向一路走来带给我工作启迪、生活启迪、教育启迪的各位同人致以崇高的敬意。特别是在北医附小相遇的各位同事，正是有了你们的鼎力支持与并肩作战，学校的发展才能越来越好。未来，希望我们继续携手并肩，以更加坚定的步伐奔跑在追求教育理想的道路上，给孩子们的成长撑起一片广阔的天空。

田国英

2024 年 12 月